KB077671

Z의 스마트폰

Z의 스마트폰

박준영 지음

쌤앤파커스

추천사

마케터에게 Z세대를 이해하는 것은 미래를 미리 보는 마법열쇠 같은 것이다. 늘 그들을 관찰하고, 이해하고, 마음을 얻기 위해 노력한다. 이 책은 Z세대의 스마트폰이라는 멋진 아이디어를 통해 그들의 생생한 삶 한가운데로 이끌어준다. 마케터뿐 아니라 앞으로 펼쳐질 3년, 5년 후의 세상이 궁금한 모든 사람에게 이 책을 권한다.

류정혜 | 카카오 엔터테인먼트 마케팅 신사업본부장

25년이 넘는 마케터의 삶 속에서 내게 가장 유효했던 레퍼런스는, 나의 그녀를 관찰하는 것이었다. 그녀의 스마트폰 속에는 그녀의 세상이 존재한다. 그렇게 그녀의 세상을 통해, 그녀의 시대를, 우리의 새로운 소비자들을 만난다. Z의 시대와 생각을 세밀하게 관찰하고 기록한 이 책을 통해, 더욱 많은 그녀들을 만나며 내가 마주한 이 시대의 새로운 생각들을 포용하는 멋진 기회를 얻었다. 이 책이 동시대를 다르게 살고 있는 여러 세대를 잇는 좋은 연결점이 되리라 믿는다.

서은아 | 메타Meta 글로벌 비즈니스 마케팅 상무

MZ세대를 이해하기 위한 여러 책을 읽었지만 피상적이거나 개념적인 경우가 많았다. 이 책은 피상적이지 않고 Z의 스마트폰 속으로 파고 들어가 그들의 활용과 경험을 생생하고 깊이 있게 해부한다. 이를 통해 그들이 무엇을 원하고, 어떻게 소비하고 즐기며 생산하는지, 또 그 기저에 있는 철학과 가치와 관점이 무엇인지 통찰을 도출해낸다. Z세대의 라이프스타일을 생생하게 이해할 수 있는 탁월한 책이다.

신수정 | KT 엔터프라이즈 부문장, 메타버스산업협회 회장

오랫동안 과학기술과 인문·문화의 융합영역에서 직관적인 핵심파악과 문제해결능력을 가진 저자는 정책 입안과 대국민 소통에 꼭 필요한 역할을 해왔다. 이 책은 새로운 디지털 세대인 Z, 미래사회, 과학기술문화, 비즈니스에 대한 저자의 송곳 같은 통찰이 담겨 있다. 오피니언리더, 경영자, 미래 세대를 위한 정책 입안자라면 반드시 옆구리에 끼고 두고두고 볼 책이다.

정한근 | 한국방송통신전파진흥원 원장

미지의 우주, 컨슈머 Z! 그들의 스마트폰 사용패턴 분석을 통해서 미래를 엿본다. 저자의 이론과 현장의 경험이 그대로 녹아 있는 재미있고 유익한 책이다. Z와 함께 새로운 기회를 선점하고 싶은 모든 사람에게 필독서로 추천한다.

조창환 | 연세대학교 언론홍보대학원장, 제28대 한국광고학회 학회장

Z의 스마트폰 300개를 일일이 열어 찾아낸 보석 같은 통찰. 전무후무한 기획과 방대한 조사에 뛰어난 마케팅 인사이트까지…, 올해 가장 주목해야 할 책이다. 새로운 세대를 즐겁게 이해하고 완전히 받아들일 때, 우리는 더 큰 기회와 앞선 세상을 만날 수 있다. 가슴을 뛰게 하는 책이다.

최재붕 | 《포노 사피엔스》 저자, 성균관대 기계공학부 교수

목차

Part 1.
Z의 손가락 끝에 '시장의 열쇠'가 있다

1 리얼 Z라이프, 그들이 사는 세상

2 '밀어서 잠금 해제' Z의 스마트폰 속으로

Part 2.
Z의 진심이 향하는 곳에 '새로운 기회'가 있다

Part 3.
Z가 만들어낸 세상 속에 '다음 세계'가 있다

Z를 이해하는 것은
우리가 살아가야 할 세상을 이해하는 것이다

기업의 커뮤니케이터로서, 브랜드 비전 수립가로서, 컬처코드 발굴자로서 저는 웹1.0에서 웹3.0에 이르는 디지털 변화과정을 직접 경험했습니다. 새롭게 진입하는 10대, 20대를 해마다 만나 계속해서 뜨고 사라지는 트렌드에 이들이 어떻게 반응하고 변화하는지, 기업의 커뮤니케이션과 마케팅에 어떻게 연결되는지를 직접 겪으며 확인해볼 수 있는 시간들이었습니다.

그간 신세대를 만나며 느낀 것은 시대를 막론하고 각 세대가 10대와 20대에 겪은 문화에는 공통점이 있었습니다. 젊은 세대는 기성세대의 관습과 타성에 저항해 새로움을 추구하며, 그들만의 언어로 소통하고 새로운 문화를 만들어갑니다. 그런 문화적 차이가 세대갈등을 만들기도 하죠(메소포타미아 수메르 점토판에도 '요즘 젊은이들은 버릇이 없어'라고 쓰여 있을 정도니까요). 세대갈등은 어느 시대, 어느 곳에나 있었습니다. 그런데 디지털 네이티브인 Z세대는 전혀 다른 흐름을 만들어내고 있습니다. 단순한 세대갈등 수준을 뛰어넘는 전 지구적 변화를 이들이 주도하기 때문입니다.

저는 2013년부터 컬처코드를 발견하는 작업과 함께 메가트렌드에서 시그널을 포착하고, 기술이 삶과 비즈니스에 미치는 영향을 보면서 새로운 문화흐름의 확산을 데이터로 검증한 후에 미래 비전을 담은 브랜드 비전과 현장에서 먹히는 마케팅 전략을 세웠습니다. 그런데 Z는 너무 달랐습니다. 사고방식, 소통방식, 일하는 방식, 관계를 형성하는 방식, 경제활동 방식, 소비패턴 등에서 Z는 기존 세대와 너무나 다른 흐름을 만들어가고 있었습니다. 그러한 변화의 중심에 스마트폰이 있습니다. Z에게 스마트폰은 하루 9시간 이상을 보내는 나만의 공간이자, 신체의 일부입니다.

이것이 제가 Z의 스마트폰을 열어보고, 관찰하고, 그들을 만나 깊은 대화를 나누는 긴 여정을 시작한 이유입니다. 먼저 중고등학생, 대학생, 사회인으로 다양한 삶의 스테이지에 있는 300명의 'Z의 스마트폰'을 수집했습니다. **대부분의 시간을 보내는 앱을 살피는 것은, 그들의 일상 전체를 현미경으로 당겨보는 것과 같습니다.** 거기서 발견한 새로운 앱들을 라이프스타일별로 분류하고, 모바일 인덱스의 앱데이터에서 연령별 사용량과 월별 사용량 증가 추이를 확인해서 실제로 Z 친구들이 활발하게 사용하고 있음을 확인했습니다.

그러한 분석과정에서 특별한 기능과 서비스로 Z의 일상을 변화시킨 앱, 이전과 달라진 문화를 보여주는 앱, Z의 면모와 행태를 잘 보여주는 앱, 새로운 비즈니스 모델을 만들어낸 앱 등을 선정했습니다. 그리고 그 앱에서 가장 두드러지게 활동하는 Z를 직접 만나 심층 인터뷰를 했습니다. 앱의 사용자가 아니어도 메타버스, 블록체인, NFT 같은 커뮤니티에서 아티스트로 활동하는 Z, 커뮤니티의 구성원으로서 활동하는 Z를 전방위적으로 만났습니다.

슈퍼 컨슈머의 프라이빗 공간을 열어보다

이제 스마트폰은 개인의 은밀한 다이어리와 같습니다. Z는 특히 더합니다. 그래서 Z의 스마트폰을 수집하는 과정에서 기획의 취지와 의미를 하나하나 전달하며 설득하는 것이 쉽지 않았습니다. 인터뷰이가 되어준 Z의 반응도 각양각색이었습니다. 내밀한 일상 공개를 경계하는 친구들도 있었지만, 반대로 인터뷰 자체를 흥미로워하고 거리낌 없이 소셜미디어 활동을 공개해준 친구들도 있었습니다. 어떤 친구는 앱에서의 활동과 스마트폰 화면은 흔쾌히 보여주었지만 유튜브의 '반모방'만은 절대 안 된다며 사수하기도 했죠. 이런 다양한 유형의 Z 친구들과 '밀당 인터뷰'를 이어갔습니다.

이들은 웃고 공감하고 신나게 대화에 몰입하는 사이에 마음을 활짝 열어주었습니다. 덕분에 저 역시 그들의 일상에 뛰어들어, 그들의 관점에서, 그들이 사는 세계를 경험할 수 있었습니다. 한 명의 Z는 그야말로 하나의 우주였습니다. 그 세계를 탐험하며 수집한 모래알처럼 많은 정보 속에서 유독 반짝이는 보석들을 채굴해 의미를 발견했습니다. 기표 뒤에 있는 결핍, 니즈, 바람, 욕망들을 심층적으로 파고들었고, 방대한 분량의 기록에서 그 의미들을 연결해 입체적인 구조와 흐름을 만들었습니다. 이러한 흐름 속에 전체를 관통하는 인사이트가 있었습니다.

Z의 스마트폰을 직접 열어보는 것은 한 사람의 소우주를 발견하는 작업이었습니다. 그들의 스마트폰에서 가치관, 놀이, 경험, 소비 패턴, 소통방법, 문화를 통찰했습니다. 이 소우주들이 모여 새로운 세계가 열리고 있음을 세포 깊숙이 체험했습니다. 그들은 함께 살고 있지만, 전혀 다른 세계를 살아가고 있었습니다.

이 책에는 기록으로 남기는 순간 과거가 되어버리는 마이크로 트렌드 속에서도 변하지 않는 원리와 근본을 잡기 위한 과정이 고스란히 녹아 있습니다. 거대한 변화 흐름 속에서 인간이 가진 근본 열망desire은 변하는 않는다는 사실도 확인했습니다.

이러한 시대에 Z는 일방적으로 이전 세대의 지식과 경험을 전수받기보다는 디지털 생태계에서 스스로 자신에게 맞는 경험을 터득하고 선별해 나가며 디지털 문명을 새롭게 창조하고 있습니다.

본격적인 '개인의 시대'가 열렸습니다. 우리는 스마트폰 덕분에 하나의 미디어로서 발언권을 가질 수 있게 되었고, 생산자로서 수익을 창출하면서 개인의 영향력도 커졌습니다. 팬데믹이라는 전무후무한 사건을 경험하며 디지털 생태계에서 나타났던 변화의 흐름은 더욱 선명해졌고, Z는 메타버스에서 새로운 터전을 만들고 NFT 커뮤니티에서 웹3.0의 다양한 실험을 주도적으로 실현하고 있습니다.

소비문화의 주체이자 여론형성의 주체로 떠오르고 있는 Z, 이들과 공명하면서 새로운 미래를 열어가려면 어떻게 해야 할까요? 우리나라의 2030 인구는 1,327만에 육박하며 전체인구의 약 26%입니다. 그러니 여러분의 주요 고객이 (지금은) Z세대가 아니더라도, 언젠가는 고객 밴드 내에 새롭게 진입하는 신규고객으로서 그들을 맞이하게 됩니다. 그리고 대기업이든 스타트업이든 기업의 리더라면 외부의 Z 고객뿐 아니라 내부의 Z 직원들을 제대로 알고 이해해야 합니다. 그래야만 Z에 대한 막연한 오해와 선입견, HR 고민 등을 말끔히 해소할 수 있습니다.

이 책은 Z세대를 대상으로 서비스하는 기업의 경영자, 마케터, Z의 라이프스타일이 궁금한 앱 기획자, Z의 가치관과 욕구를 이해해야 하는 브랜드 캠페인 기획자, Z와 함께 일하고 있는 기관이나 단체, 오피니언리더와 정책 전문가에게 실질적인 도움과 지침이 될 것입니다. 알파세대나 Z세대 자녀를 둔 부모님에게도 대화의 물꼬를 트고, 영감을 주고받으며, 새로운 아이디어와 연결되는 기회로 쓰여지기를 기대합니다.

Z를 이해하는 것은, 끊임없이 출현하고 진화해나가는 새로운 세대들과 미래를 이해하는 것입니다. 이 책을 통해 다가올 미래를 좀

더 깊이 들여다보고, 준비된 마음으로 친숙하게 다가가시기를 바랍니다.

박준영

Part 1.

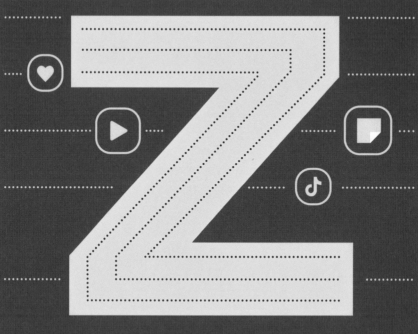

Z의 손가락 끝에
'시장의 열쇠'가 있다

1

리얼 Z라이프,
그들이
사는 세상

2000년대생이 디지털 지구에 착륙했습니다. 함께 있지만 다른 세계를 살아갑니다. 우리가 그 세계로 직접 들어가지 않으면 알 수 없습니다. 분명 바로 옆에서 숨 쉬고 있는데 다른 언어를 사용하고, 다른 가치관을 가지고, 다른 삶의 방식으로 살아갑니다. 이 생경하고도 낯선 인류를 이해하는 지름길은 그들이 24시간 지니고 다니는 스마트폰을 줌으로 당겨서 보는 겁니다. 자칫 그냥 지나쳐버릴 수 있는 사소한 현상에 주목했습니다. 스마트폰으로 연결된 세계를 현미경으로 당겨서 날것 그대로 건져 올렸습니다.

Z의 목소리를 직접 듣고 관찰하고 발견하고 탐구했습니다. 거기에 '다음' 세계로 통하는 열쇠가 있습니다.

Z

불확실함 속에서 삶을 확신하는 '요즘 애들'의 등장

분명 같은 세계를 살아가고 있는데, 다른 세계에 있는 이들이 있습니다. 우리는 그들을 신인류, 디지털 원주민, 모바일 네이티브, 소셜세대 그리고 'Z세대'라고 부릅니다. 나라나 연구기관마다 연령 구분이 조금씩 다르긴 합니다만, 일반적으로 Z세대는 1990년대 중반에서 2000년대 초반에 태어난 세대로, 어릴 때부터 디지털 환경에서 자란 '디지털 네이티브(디지털 원주민)'입니다. 밀레니얼 세대라고 불리는 Y세대의 다음 세대라서 Z세대라고 부릅니다.

'디지털 네이티브'는 2001년에 미국 교육학자인 마크 프렌스키 Mark Prensky가 〈디지털 원주민, 디지털 이민자Digital Native, Digital Immigrant〉라는 논문에서 처음 사용했습니다. 태어날 때부터 디지털 기기에 둘러싸여 살아온 세대로, 디지털 언어를 자유자재로 사용할 수 있는 세대라는 의미입니다. 이 논문에서 '디지털 이민자'와 '디지털 원주민'에 대한 개념을 처음 언급했지요. 밀레니얼 세대가 디지털 이민자라면 Z세대는 온전한 디지털 원주민입니다. 디지털 이용 경험과 태도에서 밀레니얼과 Z세대는 확연히 구분되는데, 국내에서는 이들을 통칭하여 MZ세대라고 부릅니다.

그러나 밀레니얼 세대는 아날로그와 디지털이 혼재된 환경에서 자랐습니다. 나이대로 보면 1980년 이후에서 1990년대 중반까지를 일컫는데, 이는 20대 후반에서 40대 초반까지입니다. Z세대와 공통된 세대로 분류하기에 너무 폭넓지요. 따라서 밀레니얼 세대와 Z세대를 하나로 묶어서 통칭하는 것은 적절치 않습니다. 실제로 두 세대는 매우 다른 가치관과 라이프스타일, 디지털 수용도를 가지고 있습니다.

'Z세대'라고 부르지 말아주세요

우리는 'Z세대'라고 부르지만, 사실 이들은 '세대'라는 이름으로 묶이는 것을 원하지 않습니다. 고유성을 가진 개개인으로 봐주길 원하죠. 2018년 미국 일간지 〈뉴욕타임스〉는 Z세대들에게 자신들을 무엇이라고 부르면 좋을지 직접 정해보라는 과제를 주었는데요. Z들이 지은 이름에는 이런 것들이 있습니다.

1. 엄지손가락 좀비(Thumbies) : 손가락으로 세상과 만나는 세대

2. 밈세대(Meme Generation) : 밈으로 모든 것을 표현하는 세대

3. 제넥스세대(Xanax Generation) : 우울증약을 달고 사는 세대

4. 델타세대(Delta Generation) : 수학의 '델타'처럼 시시각각 변화
하고 불확실한 세대

5. I세대(i Generation) : 아이폰을 좋아하는 세대

'엄지손가락 좀비', 이름만 들어도 짐작 가시죠? 이들은 태어나면
서부터 누군가의 도움 없이 클릭 몇 번으로 모든 정보를 얻었습니
다. 하지만 불확실한 시대에 자아형성기를 보내고 있기에 다른 세
대보다 불안과 외로움을 느끼는 강도가 높습니다. 정체성이 시시각
각 변하기도 합니다. 이는 디지털 세계의 속성과 연결되어 '유동적
인 특성'을 가졌다고 말할 수 있습니다. 인간관계는 SNS, 생활에 필
요한 노하우는 유튜브로 익혔고요.

　보통 '세대론'은 비슷한 시기에 태어나 특정한 역사적 시기를 같
이 겪으며 다른 세대와 구분되는 집단적 특성을 비교합니다. 특히
어린 시절의 정치, 사회, 문화에 대한 공통적인 경험은 전 생애에 걸
쳐서 중요합니다.

　많은 매체와 자료들에서 Z세대의 주요 역사적 사건을 미국의
9·11테러와 2008년 금융위기로 보고 있습니다. 경제 침체기에 성
장하여 부모보다 가난한 세대라는 특성으로 Z세대를 정의하고 있
는 것인데 대한민국의 Z세대를 설명하기에는 적합하지 않습니다.
코로나 팬데믹 같은 전 지구적 경험과 미국의 금융위기는 한국에서
체감하기엔 차이가 있으니까요.

　오히려 이들의 특성을 형성한 공통적인 배경은 '모바일 라이프'

라고 보는 것이 합리적입니다. 스마트폰을 처음 접한 시기와 소셜 미디어를 사용한 시점이 언제인지에 따라 도구 활용도와 가치관, 소비방식 그리고 디지털 세계에서의 언어와 놀이, 소통방식에 유의 미한 차이가 있습니다. Z가 성장 시기에 어떤 경험을 했는지, [그림 01]을 통해 살펴보면 더 이해가 잘될 겁니다.

'모바일 라이프'와 함께 태어난 14~28세

스마트폰의 등장은 아이폰이 미국에 처음 출시된 2007년입니다. 국내에서는 2009년 KT에서 아이폰을 처음 출시했습니다만 본격적 인 국내 스마트폰 시대는 갤럭시 출시 이후인 2010년이기 때문에, 모바일 라이프의 시작 역시 2010년 전후로 보고 있습니다.

모바일 라이프와 함께 살펴봐야 하는 것이 인터넷 연결의 양상 입니다. 월드와이드웹의 등장 이후 1995년 웹1.0이 시작되었고, 웹 2.0의 시작이 2005년, 그리고 지금의 웹3.0 패러다임 전환을 거치고 있습니다.

따라서 이 책에서 다루는 'Z'는 웹1.0이 시작된 1995년 이후에 태 어난 연령층입니다. 이들은 청소년기부터 스마트폰과 소셜미디어 를 경험했습니다. 2022년 기준 **14세**에서 **28세**에 해당합니다. 또 본 격적으로 스마트폰이 보급된 2010년 이후에 태어난 세대를 '알파 세대'라고 합니다. 10대 초중반의 Z세대와 알파세대는 스마트폰을 이용한 디지털 소통과 정보습득 방식에서 상당한 유사성을 보이며, 여기에서 알파세대 연구를 위한 중요한 단서들을 발견할 수 있습

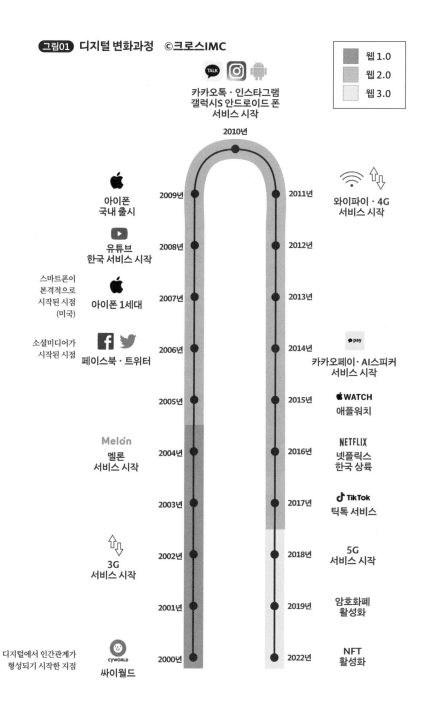

그림01 디지털 변화과정 ©크로스IMC

웹 1.0
웹 2.0
웹 3.0

카카오톡 · 인스타그램
갤럭시S 안드로이드 폰
서비스 시작

2010년

아이폰
국내 출시
2009년

2011년
와이파이 · 4G
서비스 시작

유튜브
한국 서비스 시작
2008년

2012년

스마트폰이
본격적으로
시작된 시점
(미국)
아이폰 1세대
2007년

2013년

소셜미디어가
시작된 시점
페이스북 · 트위터
2006년

2014년
카카오페이 · AI스피커
서비스 시작

2005년

2015년
WATCH
애플워치

Melon
멜론
서비스 시작
2004년

2016년
NETFLIX
넷플릭스
한국 상륙

2003년

2017년
TikTok
틱톡 서비스

3G
서비스 시작
2002년

2018년
5G
서비스 시작

2001년

2019년
암호화폐
활성화

디지털에서 인간관계가
형성되기 시작한 지점
CYWORLD
싸이월드
2000년

2022년
NFT
활성화

니다.

1995년에 태어난 경우, 초등학교 때 싸이월드를 경험하고 중학교 때 스마트폰과 웹2.0 시대를 경험했습니다. 웹2.0은 참여, 공유, 개방이라는 새로운 패러다임으로 디지털 이용방식에 전격적인 변화를 불러왔습니다. [그림02]에서 보이듯, 학창시절에 디지털 문화를 경험한 것은 디지털 이용행태와 소통방식 등에서 큰 영향을 미칩니다. 스마트폰을 주요 소통수단으로 사용한 10대들의 경우 디지털 세계에서 행동하는 방식과 이용행태에서 확연한 차이를 보입니다.

2009년 이후에 태어났다면 유년기에 이미 스마트폰을 사용할 줄 알고, 유튜브로 필요한 정보를 얻고, 친구들과 카카오톡으로 대화하고, 게임을 즐기고, 간단한 이미지 편집이 가능합니다. Z세대에는 10대 청소년, 20대 대학생, 20대 사회인이 모두 분포하고 있습니다. 이들은 각기 다른 라이프스타일을 가지고 있죠. 마케팅에서는 소비에 주 영향을 미치는 요소로 생애주기를 의미 있게 봅니다.

가령 K-POP 팬덤의 경우에 10대는 좋아하는 아이돌에 대한 집중도가 높고 팬활동에 더 적극적입니다. 2차 콘텐츠를 직접 제작하고 공유하는 데에도 월등합니다. 직접 굿즈를 제작해서 수익을 창출하기도 합니다. 20대에 접어들면 특정 아이돌에 대한 팬덤보다 덕질 자체를 취미 생활하듯이 즐기는 경향으로 변화합니다.

메타버스 플랫폼의 경우도 이용태도부터 다릅니다. 즐기는 방식과 태도 면에서 10대가 좀 더 자연스럽게 받아들입니다. 메타버스앱 제페토, 로블록스, 마인크래프트 등의 주이용층은 10대 초반입

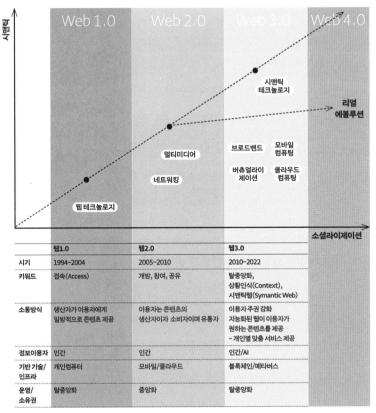

	웹1.0	웹2.0	웹3.0
시기	1994~2004	2005~2010	2010~2022
키워드	접속(Access)	개방, 참여, 공유	탈중앙화, 상황인식(Context), 시맨틱웹(Symantic Web)
소통방식	생산자가 이용자에게 일방적으로 콘텐츠 제공	이용자는 콘텐츠의 생산자이자 소비자이며 유통자	이용자 주권 강화 지능화된 웹이 이용자가 원하는 콘텐츠를 제공 - 개인별 맞춤 서비스 제공
정보이용자	인간	인간	인간/AI
기반 기술/ 인프라	개인컴퓨터	모바일/클라우드	블록체인/메타버스
운영/ 소유권	탈중앙화	중앙화	탈중앙화

그림02 웹 패러다임의 변화 ©크로스IMC

니다. 이들의 주목적은 놀이와 소통이죠.

제페토의 경우 '아바타 꾸미기' 같은 서비스는 10대 초중반 여성 이용자들이 많습니다. 이들은 주로 아바타로 '역할놀이'를 즐깁니다. 로블록스는 소통 목적으로 게임을 즐기는 친구들이 많습니다. 그들에게 중요한 건 단순하더라도 직접 만든 게임을 친구와 함께 경험하는 데 있습니다. 화려하고 멋진 그래픽이 필요하지 않죠. Z는 새로운 플랫폼이 열릴 때, 본능적으로 인플루언서로서의 새로운 가능성을 먼저 살핍니다.

반면 그 이상 세대는 스마트폰을 활용해 메타버스 플랫폼을 탐색하고 적응하는 데 시간이 걸립니다. 또 플랫폼 방문목적에 부합하는 기능이 훨씬 더 명확해야 합니다. 메타버스에서 실감 나는 경험을 하기 위해 HMDHead Mount Display와 같은 웨어러블 기기를 착용하지 않고 단지 스마트폰으로 접속해서 아바타로 활동합니다.

디지털 세계의 새로운 무브먼트에 올라타라

디지털 네이티브를 이해하고 다른 연령층과 구분 짓는 중심에 '스마트폰'이 있습니다. 이들을 정확히 이해하기 위해 그들의 일상을 점유하고 있는 앱을 분석했습니다. 네이티브 앱의 연령별 이용자수, MAU, DAU와 같은 정량적인 데이터는 모바일인덱스의 협조로 이루어졌습니다.

이 책은 디지털 네이티브의 스마트폰 화면을 분석하고, 그들이 주로 이용하는 앱을 관찰하고, 각 앱의 책임자와 핵심 이용자의 온라인 설문과 심층 인터뷰에서 발견한 통찰을 담았습니다. 심층 인터뷰에 참여한 연령층 또한 Z세대의 구분과 큰 차이가 없습니다. 따라서 이 책에서 다루는 대상을 'Z'라고 부르고자 합니다. 세대라는 틀에서 바라본 군집의 대상이 아닌 개개인의 세밀한 일상과 스마트폰을 엿본다는 의미가 있습니다. 물론 이 책의 Z가 Z세대 전체를 대변할 수는 없습니다. 하지만 한 사람의 스마트폰과 내밀한 일상의 이해는 입체적이고 심층적으로 이 세대를 파악하는 데 밑거름이 될 것입니다.

Z의 인구수가 대한민국 전체 인구의 17.6%인 910만 명을 차지합니다. 밀레니얼 세대까지 합산하면 총 2,000만 명에 가깝죠. 전체 국민의 38%에 이르는 숫자입니다. 이들은 본격적으로 경제활동인구에 진입하고 있습니다. 이들이 백화점 명품 소비의 주체가 된 것은 이미 여러 데이터에서 확인되었고, 무엇보다 이들은 가족의 핵심 의사결정권자이자 영향력자입니다. 디지털에서 여론을 형성하고 신속하게 유행을 확산시킬 수 있기에 인구수에서 차지하는 비중 대비 실제로 체감되는 영향력은 더욱 큽니다. 특히 디지털 세계에서 사는 법은 이들에게 배워야 합니다.

디지털 세계에서 새로운 무브먼트가 일어나고 있습니다. Z와 함께 가야 이 무브먼트의 파도에 올라탈 수 있습니다. 파도 아래에서 일어나는 무브먼트는 올라타지 않으면 존재조차도 알 수 없습니다. 올라타시겠습니까? 아니면 모른 채 바라보고만 계시겠습니까?

Z
인스타그램의 '나'와 페이스북의 '나'는 한 팀이다

'디지털 세상에서 유동하는 삶'이란 무엇일까요? 모바일 라이프의 시작으로 디지털 세상과 현실의 경계는 흐릿해졌습니다. Z는 현실과 디지털 세계를 물 흐르듯 유영하고 있습니다. 그들은 스마트폰, 태블릿, 컴퓨터, TV를 넘나들며 끊임없이 이동하고 자신이 원하는 것을 찾아다닙니다. 디지털 세상에서는 플랫폼과 플랫폼, 콘텐츠와 콘텐츠 사이를 넘나들고 있죠.

목적과 컨셉에 따라 순간순간 충실하게

Z는 소셜미디어에서 각각의 정체성을 가진 여러 계정을 보유하고 있습니다. 이를 일컬어 '멀티 페르소나', '부캐', '파편화된 정체성'이라 부릅니다. Z의 유동성을 살펴보려면, Z가 하루 중 가장 많은 시간을 보내는 소셜미디어에서 Z를 만나면 됩니다. 이정은 님

(22세)의 하루를 따라가 보겠습니다.

✓ 아침 6시 : 미라클 모닝 챌린지 인증. 정은 님은 눈뜨자마자 미라클 모닝 챌린지 인증을 하는 카카오톡 단체채팅방에 접속합니다. 미라클 모닝 챌린지 인증을 위해 글을 쓰고 사진을 올립니다.

✓ 아침 7시 25분 : 브이로그 촬영. 오늘 영상통화로 커뮤니티 모임이 있습니다. 메이크업 브이로그 영상과 함께 아침을 시작합니다.

✓ 아침 9시 30분 : 인스타그램 셀피selfie 포스팅과 DM 확인. 유튜브 브이로그와 틱톡 포스팅을 마친 후에 인스타그램에 셀피를 올리고 댓글에 유튜브와 틱톡 계정을 연동시킵니다. 정은 님은 3개의 인스타그램 계정을 가지고 있습니다. 친한 친구들과만 공유하는 비공개 계정, 뷰티 인플루언서가 되기 위해 화장과 패션 계정들만 팔로우하는 계정, 남자친구와 둘만의 데이트 기록을 남기는 럽스타그램 계정을 보유하고 있죠. 밤사이 친구들에게 온 DM을 열어봅니다.

✓ 아침 9시 56분 : 페이스북 메신저 확인. 정은 님은 장래 마케팅 분야에서 일하고 싶어 합니다. 마케팅 전문가들의 인사이트를 엿볼 수 있기에 페이스북에 들어가 관심 있는 회사의 마케터 계정을 살핍니다. 페이스북은 친구들이 지금 접속 중인지 확인할 수 있어서, 주로 친구들과 실시간 메신저를 이용합니다. 요즘 공부하는 블록체인, 마케팅 커뮤니티와 소통하기 편하기 때문이죠. 오늘 오후에 계획된 모임을 메신저로 확인합니다.

✓ 오전 10시 13분 : 트위터 알림 확인. 최근 좋아하는 아이돌이 바뀌었

습니다. 가장 빨리 정보를 얻기 위해 트위터를 이용합니다. 트위터는 K-POP 최신 정보를 가장 빠르게 알 수 있습니다. 실시간 트렌드와 지금 유행하는 밈을 쉽게 파악할 수 있어 하루에 4~5회 이상 들어갑니다. 또 요즘 NFT 아트에 관심이 많아져 좋아하는 아티스트의 민팅 소식을 트위터에서 받아봅니다. 같은 팬덤을 가진 해외 친구들과도 신속하게 정보를 교류할 수 있어 요즘 트위터 방문 횟수가 더 잦아졌습니다.

✓ 낮 1시 ~ 6시 : 학교 수업 및 과제 참여.

✓ 오후 3시 : 틱톡 포스팅. 틱톡은 일상 중에 틈틈이 방문합니다. 틱톡은 팔로워가 빠르게 늘어서 뷰티, 패션 인플루언서로 자리 잡는 데 도움이 됩니다. 브이로그로 메이크업을 한 상태여서 요즘 틱톡에서 유행하는 노래를 골라 립싱크 뮤직비디오를 포스팅합니다.

✓ 오후 7시 : 줌 미팅. 마케팅 스터디 커뮤니티 모임을 위해 줌을 켭니다. 다음 모임은 메타버스 플랫폼 '게더타운'에서 만나자고 제안해봅니다. 영상통화는 얼굴이 나오기 때문에 신경을 써야 하는데, 아바타로 만나면 조금 더 자유롭게 소통할 수 있을 것 같아 기대됩니다.

✓ 저녁 9시 15분 : 블로그에서 디지털 다이어리 기록. 2년 전부터 꾸준히 블로그에 일상을 기록하고 있습니다. 블로그는 사진, 영상, 텍스트 편집이 모두 가능하고 긴 글과 짧은 글, 포스팅 꾸미기도 가능해 마치 디지털 다이어리 같습니다. 그 시간을 함께했던 친구와의 추억을 공유할 수 있고, 나의 성장 기록이 담겨 있어서 각별합니다.

✓ 밤 10시 : 디스코드 대화 참여. 시간 여유가 생기면 MMORPG 게임을 인

친(인터넷친구)들과 종종 즐깁니다. 이때 통화 음질이 끊김 없이 깨끗한 디스코드를 애용합니다. NFT 아티스트가 알려준 NFT 프로젝트에 참여해서 홀더가 되었는데 최근에 커뮤니티가 디스코드로 이주해 매일 이곳에서 일상 이야기부터 투자 정보까지 다양한 이야기를 나누고 있습니다. 디스코드는 게임할 때만 사용했었는데, 커뮤니티에 참여해보니 아이디를 공유하지 않고도 모르는 사람들과 교류할 수 있으니 커뮤니티 활동은 디스코드가 제일 잘 맞겠다고 생각합니다.

이정은 님은 목적에 따라 플랫폼을 선택적으로 이용합니다. 그리고 SNS 계정별로 소통하는 대상과 목적이 다릅니다. 관계가 가까운 정도에 따라서도 이용하는 소셜미디어와 계정이 각각 다르죠.

이정은 님을 페이스북에서 만났을 경우와 인스타그램 뷰티 계정에서 만났을 경우, 두 사람은 각기 다른 사람으로 인식됩니다. 하지만 페이스북과 인스타그램에서 만난 이정은 님, 트위터에서 아이돌 덕질하는 이정은 님, 디스코드에서 NFT 커뮤니티 사람들과 소통하는 이정은 님, 틱톡에서 노래하고 춤추는 이정은 님은 모두 '이정은'이라는 본캐를 도와주는 부캐입니다. **이정은 님을 온전한 한 사람으로 이해하고 그녀의 일상을 따라가야 합니다.** 아마존에서 말하는 '0.1세그먼트'는 디지털 데이터로 순간순간 만나는 이정은 님을 표현하고 있습니다. **하지만 실제로 우리가 만나는 이정은 님은 모두 '진짜 나'입니다.** 욕구와 열망을 가진 한 사람을 온전히 이해해야 Z와 만날 수 있습니다.

모바일 미디어는 우리가 경계를 넘나들며 계속 유동하게 합니다. Z는 태어나면서부터 이러한 환경에 놓였습니다. 소셜미디어에서 자신의 목적과 컨셉에 따라 그 순간순간에 충실하며 살아갑니다. 익명으로 활동할 수 있기에 잠재된 욕망들이 더 솔직하고 적나라하게 드러납니다. 허구와 실제를 가르는 것이 아니라 모두 '진짜 나'입니다. 서로 다른 인격으로 살아간다기보다는 '본캐'인 '나'를 위해 모든 '부캐'가 한 팀으로 움직인다는 관점으로 바라봐야 합니다. 페이스북의 나와 인스타그램이 나는 한 팀으로 움직입니다.

공간보다 시간의 희소성이 중요해지다

이정은 님의 하루 일상을 따라가면 Z가 선호하는 소통방식을 이해하게 됩니다. 먼저 개인정보가 노출되는 데 민감합니다. 익명성이 보장된 공간에서 원하는 사람들과 안전하게 대화하길 선호하죠. 디스코드가 환영받는 이유입니다. 자신이 설정한 경계boundary 내의 사람들과 원하는 만큼의 정보를 공유하죠.

사회적인 관계에서는 의무적으로 교류하지 않아도 되는 느슨한 관계를 선호합니다. 원할 때 원하는 대상과 즉각적인 소통을 할 수 있는 환경을 선호하죠. 상대방이 접속 중인지, 현재 위치가 어디인지, 소통할 수 있는 환경인지를 바로 확인하길 원합니다.

메타버스와 같은 공간웹은 우리가 어디에 있든 즉각적인 만남이 가능하기에 물리적인 거리의 문제를 해결했습니다. 이로 인해 시간의 가치는 더욱 중요해졌습니다. 시간은 한정된, 희소한 자원이기에 더욱 가치가 큽니다.

시간의 희소성은 기록의 가치를 재발견하게 합니다. Z는 지나간 트렌드를 다시 불러일으킵니다. 팬덤의 힘으로 트위터를 다시 소환시켰고, 웹2.0의 상징이었던 블로그를 일상 기록용으로 다시 소환시켰습니다.

블로그가 다시 주목받은 이유는 지금 지나가면 다시 오지 않을 시간을 충실히 기록하는 데 있습니다. 또 취향대로 선택하고 꾸밀 수 있는 부분이 많아서입니다. 사진, 동영상, 글씨체, 크기, 카테고리 등을 자유자재로 꾸밀 수 있고, 짧은 글뿐만 아니라 긴 글을 쓰기에도 적합해 마치 '일기장' 같은 역할을 해줍니다. 네이버에 따르면 2021년 새로 생성된 블로그가 전년 대비 7.14% 증가했습니다. 이 중 2030의 비중이 무려 70%입니다.

소셜미디어에 올린 일상은 박제되기 때문에 Z에게 부담스러운 부분이 있습니다. Z가 '인스타그램 스토리'를 선호하는 것은 친구들과 가볍게 일상을 공유하기 위함이기도 하지만, 24시간이 지나면 사라져버리기 때문입니다.

SNS, 나의 존재를 인증하는 시간

Z는 소셜미디어에 어디를 갔는지, 무엇을 샀는지, 어떤 음식을 먹었는지를 숨 쉬듯 공유합니다. 셀피를 올리기도 하고요. SNS 속 일상이 '내가 누구인지'를 보여줍니다. 페이스북과 인스타그램의 '좋아요'와 '댓글' 같은 피드백 장치는 타인을 통해 나를 바라보게 하

죠. 자아정체성은 타인과의 관계 속에서 나를 확인하고 인정하는 과정이기에 외부로 시선이 향해 있습니다.

Z가 다시 소환시킨 블로그의 경우, 기억하고 싶은 순간의 감정, 생각, 함께했던 사람들을 상세하게 기록으로 남길 수 있습니다. 스스로에게 솔직해지고, 자아에 집중하게 됩니다. 외부로 향해 있던 타인과의 관계 속에서 나를 규정하는 것입니다. 소셜미디어에 기록된 인증을 통해 존재를 확인하고 있지요. Z는 네트워크로 촘촘하게 연결된 세계, 타자의 시선을 끊임없이 의식할 수밖에 없는 환경에서 성장했습니다.

어느새 스마트폰과 소셜미디어는 일상이 되었습니다. 'SNS 중독'이라는 오명을 쓰기도 합니다. 하지만 환경을 거부하기보다 기술이 주는 기회와 가능성을 취해야죠. 여기서 소외되지 않도록 교육을 통해 균형감 있는 단단한 자아를 형성하도록 돕는 것이 필요합니다. Z의 자기발견에 대한 욕구와 고유한 개성, 자아탐색 과정을 이해하기 위해, 이들의 삶으로 더 깊숙이 들어가 보겠습니다.

'기승전 MBTI'로 끝나는 대화가 우리에게 말해주는 것

Z에게 MBTI는 일종의 '놀이'입니다. 본인뿐 아니라 남들의 결과도 궁금해하죠. 처음 만나는 사람과 어색한 분위기를 푸는 '아이스 브레이킹'에도 활용합니다. 스몰토크로 친구들과 즐겁게 이야기할 수 있는 소재가 되기도 합니다.

원래 MBTI는 기업의 직무적성검사 용도로 사용됐습니다만 Z의 놀이문화로 재탄생했습니다. Z는 소셜미디어 프로필에 #ENFP, #봄 웜라이트 같은 방식으로 스스로를 표현합니다. 심지어 인터뷰에서 특정 브랜드의 인상에 대해 물으면 MBTI 유형 중 하나로 응답합니다. 입사 후에 직무배치를 위해 진행한 MBTI가 이제는 트렌드에 편승해 입사 전 '채용홍보를 위한 테스트'가 되었습니다. 나의 직무 성향과 궁합을 알려주는 퀴즈이벤트로 유행을 만들고, 기업 이미지에도 긍정적인 영향을 미칩니다.

모 기업의 채용공고에 특정 MBTI 유형은 지원하지 말라는 차별 문구가 등장하기도 했죠. Z의 놀이문화인 MBTI를 잘못 사용한 사례입니다. Z는 오래전에 묻혔던 이야기도 다시 불러일으켜 유행으로 만들고, 무엇이든 밈으로 만들어 다른 세대에도 영향을 미칩니다. Z가 관심을 가지면 Z 소비자를 둔 기업이 발 빠르게 움직이고, 가정의 절대 권력자인 Z가 부모와 다른 가족에 영향을 미칩니다. Z가 트렌드를 주도하고 전 세대로 확산시키는 주인공이 된 거죠.

이전부터 존재했던 MBTI 검사가 왜 이렇게 갑자기 부상한 걸까요? Z는 왜 MBTI에 과몰입할까요?

거울에 비춰보듯 자아를 탐색하는 과정

Z는 자아를 탐색하고 내면의 새로움을 발견하는 데 적극적입니다. MBTI 검사는 짧은 질문 몇 가지로 나의 성향을 알려줍니다. 테스트 응답과정도 재밌지만, 분석결과를 소셜미디어에 게시하는 데 의미를 둡니다. 나의 성향을 주변에 알림과 동시에 친구들과 공감대를 형성하는 놀이가 될 수 있죠.

Z는 성격유형을 알려주는 MBTI뿐만 아니라 다른 테스트들에도 적극적입니다. 이는 '자신'을 스스로 '거울에 비춰보는 것'에 비유할 수 있습니다. 거울을 바라보는 행위는 나를 삼인칭, 타인의 시점으로 바라보는 행동이라고 할 수 있죠.

프랑스의 정신분석학자 자크 라캉Jacques Lacan은 프로이트의 정신분석 이론을 구조적으로 발전시키며 "나, 즉 주체에게 반응함으로

써 '나'를 확인하게 해주는 모든 것이 일종의 거울"이라고 말했습니다. 우리의 자아가 우리를 비춰주는 거울에 따라 달라지는 것이라면, MBTI를 통해 가시화된 자아의 모습으로부터 나의 존재감을 느끼고 때론 나르시시즘에 매료되는 것은 자연스러운 일이겠죠.

라캉은 "주체가 스스로를 발견하고 제일 먼저 느끼는 곳은 타자 속이다."라고 말합니다. MBTI 결과는 나의 시선이 나에게 머물게 합니다. 나의 내면을 드러내어 보여주는 도구와 같습니다. 그뿐 아니라 타자의 응시를 통해 재구성된 나를 바라보기도 합니다.

MBTI 질문지에 답하면서 우리는 알게 모르게 자신이 바라는 모습을 투영하기도 합니다. 또 테스트 결과를 공유하고 사람들의 댓글과 반응을 살피며 자기확신의 과정을 거치기도 하고요. 그러니 이 결과를 확인하는 과정은 거울에 비친 내 모습일 수도, 아니면 나를 특정된 모습으로 구별 지으려는 행위일 수도 있습니다.

만난 적 없어도 #MBTI로 서로를 알아본다

Z는 자신만의 독특함과 고유함을 중요하게 생각하죠. MBTI 검사는 나를 다른 사람과 구분 지어줍니다. 자신을 남들과 다른 특별한 사람이라고 생각함과 동시에, 한편으로는 같은 성향을 가진 사람들끼리의 **소속감과 동질감**을 느끼고 싶어 합니다. 인터뷰에 참여했던 21세 김온유 님은 "학교에서 별 교류가 없던 과 선배와 우연히 MBTI가 같다는 걸 알고 동질감을 느꼈어요. 같은 MBTI를 가진 사람들끼리 밥도 먹었죠."라고 합니다.

같은 MBTI끼리 만들어진 커뮤니티가 활발한 것도 흥미롭습니다. 카카오톡 오픈채팅방에서 가장 활발한 커뮤니티 중 하나가 #EN, #INFJ 또는 #T만 참여하는 MBTI 유형별 방입니다. 채팅방에는 특정 상황에서 각자 어떻게 생각하고 행동하는지 24시간 활발하게 대화가 이어집니다.

MBTI 채팅방의 주제는 망한 조별 과제를 어떻게 해결해야 할지, 첫 데이트 장소로 어디가 좋을지, 친구나 가족이랑 싸웠을 때 어떻게 풀어야 할지, MBTI 유형별로 선호하는 여행 스타일과 준비과정은 어떤지 등입니다. 관계에서 오는 갈등부터 취향, 일상의 모든 것이 MBTI라는 프레임에서 대화주제가 됩니다.

내가 누구인지, 나에게 다가오는 방법을 알려주는 일종의 '나 사용법' 같은 것입니다. 서로의 차이를 인정하고 갈등을 해결할 때 상대를 이해하는 수단으로도 활용하고 있습니다. 실제로 10개 대학의 대나무숲 게시글을 2019년 6월에서 2020년 5월까지 분석해보면, 전체 글의 64%가 교우관계나 연애 등 '인간관계'에서 오는 어려움을 가장 많이 호소했습니다.

실제로 Z에게 MBTI는 관계에서 오는 어려움을 해결하는 실마리입니다. 이미 알고 있는 사이에서도 서로의 다름을 인정하는 계기가 됩니다. 비슷한 유형의 사람들과 힘듦을 나누고 나를 이해해주는 동조자들을 만날 수 있죠. 무엇보다 온라인에서 처음 만날 때, 서로 상대의 MBTI를 알게 되면 어떨까요? 오래 교류하지 않았어도 그 사람의 성향이나 성격을 입체적으로 그려볼 수 있죠. 온라인과 오프라인 친구에 구분을 두지 않는 Z에게 MBTI가 소개된 프로필은 상대를 데이터가 아닌 온기가 흐르는 사람으로 인식하게 해줍니다. 스마트폰 너머의 상대를 이해하는 현실적인 '도구'가 되는 셈이지요.

개성과 취향을 반영한 연결 짓기 놀이

개인의 성격과 행동의 관계를 설명해주는 'MBTI Myers-Briggs Type Indicator'는 정신분석학자 융의 심리유형론을 토대로 심리학자 마이어스와 브릭스가 만든 자기보고식 성격유형 검사입니다. 외향-내향(E-I). 감각-직관(S-N), 논리-감정(T-F), 판단-인식(J-P)라는 4가지 선호 지표를 조합해 16가지 성격유형 중 하나로 결정합니다. 회사에서 성격유형과 직무적성 파악을 위해 100가지 이상의 질문지에 답했던 기억을 가지고 계신 분들도 있을 텐데요. 근래 온라인에서 주로 참여하는 MBTI 유형 검사는 10개 내외의 간단한 질문으로 구성되어 있습니다.

MBTI 유행이 끊이지 않는 데는 기업들이 마케팅 수단으로 간단한 심리검사들을 쓰고 있기 때문입니다. '나에게 맞는 여행 스타일은?', '나를 표현하는 과일은?', '나에게 어울리는 공부법은?' 같은 것들입니다. Z는 테스트 결과를 소셜미디어에 포스팅하거나 커뮤니티에 공유하며 서로의 테스트 결과를 확인합니다. 테스트 결과가 실제로 나를 반영했다는 신뢰도가 높은 경우 입소문은 더욱 빠르게 퍼지죠. 테스트 결과가 나를 표현하는 상징적인 의미를 가질 때 브

그림03 MBTI 16가지 유형 표

랜드와 Z는 놀이를 통해 서로 연결됩니다.

　기업 입장에서 MBTI는 자발적인 참여와 공유가 일어나기 좋은 마케팅 콘텐츠입니다. 또한 잠재고객의 성향 데이터를 보유하게 되는 효과가 있습니다. 무엇보다 브랜드를 통해 나를 표현하는 수단이 되기에 Z와 브랜드가 흥미로운 콘텐츠로 연결되죠.

　MBTI는 '내가 누구인지' 스스로 탐색하는 과정에서 즐거움을 줍니다. 자기애가 각별한 Z에게 나를 표현하고, 무엇보다 상대를 인정하고 서로를 알아가는 도구가 됩니다. Z가 쏘아 올린 MBTI 열풍은 기업의 개인화 마케팅 수단으로서 계속해서 모습을 바꿔가며 진화할 것입니다.

Z

자주 혼자 있고 싶고,
항상 함께하고 싶은

Z는 어려서부터 스마트폰으로 연결된 세상에서, 디지털 미디어로 정보를 검색하면서 자랐습니다. Z가 다른 세대에 비해 개인주의 성향이 강하고 혼자 있는 데 익숙한 것은 자연스러운 일입니다.

누구나 자기 채널을 가질 수 있고, 정보 발신자가 되면서 미디어의 주도권이 개인에게로 넘어갔습니다. 개인의 시대, 원한다면 누구든지 주인공이 될 수 있는 시대가 열린 것이죠. 소셜미디어는 세상과의 소통, 새로운 가능성과의 연결, 개인의 영향력을 극대화하는 결과를 가져왔습니다.

개인이 미디어인 시대

스마트폰은 개인의 힘이 강해지게 만들었습니다. 이들이 다른 세대에 비해 혼자 있는 것에 익숙하고 독립적인 성향이 잘 드러나는 현상은 미디어 환경 때문입니다. 스마트폰은 웹2.0에서는 플랫폼이 주도권을 가지고 있었으나 웹3.0은 크리에이터 생태계를 변화시키고 있습니다. 스마트폰을 활용한 Z가 미디어의 생산자이자 소비 주체가 되면서 미디어의 주도권이 개인에게로 넘어가고 있습니다.

Z는 손에서 스마트폰을 놓지 않습니다. 언제든 연결 가능한 세계가 손안에 있다는 안정감 때문이죠. 친구가 물리적으로 어디에 있는지, 얼마나 가깝게 있는지 알 수 있을 뿐만 아니라, 지금 하고 싶은 이야기를 나눌 사람들이 있는 곳을 바로 찾을 수도 있습니다. 그 모든 환경이 손안에 있고, 손끝에서 시작됩니다.

혼자 밥 먹고, 혼자 영화 보고, 혼자 노는 것을 어색해하거나 꺼리지 않습니다. 오히려 편안해하죠. 옆 테이블에 누가 앉든지 전혀 개의치 않습니다. 하던 일을 계속하며 내 시간에 집중합니다. 따로 있으면서도 같이 있는 것에 익숙하기 때문입니다.

요즘 학교 식당이나 힙플레이스로 불리는 카페에도 대형 테이블이 많이 놓여 있습니다. 그곳에는 함께 방문하지 않은 사람들이 한 테이블에 함께 앉아, 서로를 크게 의식하지 않고 제각기 스마트폰에 집중합니다. 이제는 많이 흔해진 모습이기도 하죠. 혼자 잘 사는 Z세대. 그러나 아이러니하게도 홀로 있는 시간은 외로움이라는 감정을 동반합니다. 혼자 있음과 동시에 연결되고자 하는 욕구가 함께 커지는 것이죠.

항상 연결되어 있는 사람들

Z는 같은 관심사나 취향을 공유하기 위해 원하는 커뮤니티와 곧바로 만날 수 있습니다. 커뮤니티가 마음에 들지 않으면, 굳이 불편한 관계를 유지하려고 에너지 쏟을 필요가 없습니다. 원한다면 언제든 다시 새로운 커뮤니티를 찾고, 본인이 원하는 커뮤니티가 없다면 직접 만들면 되니까요. 그래서인지 Z는 복잡한 인간관계 유지에 에너지를 소비하는 대신, 그 시간에 나를 지키고, 발견하고, 성장시키는 데 집중합니다.

Z는 각자 취향에 맞는 카카오톡 오픈채팅방을 찾아 들어가고, 인스타그램 해시태그를 통해 관심사가 비슷한 사람들을 모읍니다. 매일 아침 달리기를 하고 싶은데 함께 뛰기엔 부담스럽고 혼자 하기엔 귀찮다면 SNS에 '아침 습관 기르기' 방을 만들면 됩니다. 함께 할 사람을 모아 네이버 밴드에서 달리기 인증 미션을 시작할 수도 있습니다.

네트워크의 양적, 질적 무게중심이 실친(현실친구)보다 인친(인터넷친구)에게 더 기울어져 있습니다. 코로나 시기에 줌 수업이 계속 이어지고, 현실 세계에선 인원제한이 존재했습니다. 때문에 디지털에서의 네트워킹은 더욱 활발해졌죠. Z는 관심사와 취향에 맞는 커뮤니티뿐만 아니라 성장과 관련된 전문가, 정보교류를 위한 인친, 사회진출을 위해 만나고 싶은 사람과 언제 어디서든 연결될 수 있습니다.

초연결hyper connected 시대, 소셜미디어를 통해 다른 사람의 삶과 연결될 수 있고, 관심사와 취향이 맞는 커뮤니티와 제약 없이 연결될 수 있습니다. Z는 개인이 미디어인 시대, Z가 주인공이 되는 시대가 열린 겁니다. 스마트폰과 소셜미디어를 통해 새로운 기회와 가능성을 만납니다. Z는 혼자 있지만 동시에 같이 존재하고 있습니다.

Z

스마트폰은 스마트하게,
일상을 지키는
'진화된 도구'로 사용한다

Z는 스마트폰과 태블릿 PC 같은 모바일 기기들을 익숙하게 다루지만, 오히려 PC는 생경합니다. 가정에서 서재나 거실에 두고 공용으로 쓰는 경우가 많죠. Z가 사회로 진출하기 시작하면서, 회사 내에서는 이전 세대와 Z가 다루는 도구가 서로 달라서 당황하는 상황이 심심치 않게 발생합니다.

Z는 앱으로 모든 것을 해결했기에 PC가 익숙하지 않습니다. 엑셀, 포토샵과 같은 소프트웨어를 다뤄야 하는 상황도 어색하지요. PC 키보드보다 핸드폰 타이핑이 더 빠르고, 정보를 읽는 속도는 따라가기가 어렵습니다. 익명의 커뮤니티에서 Z와 어울리려 해도 금방 티가 나죠. Z는 대화할 때 텍스트 없이 이모지로 모든 대화가 가능하거든요. 화면은 일단 터치부터 하고, 줌 확대를 위해 본능적으로 엄지와 검지가 먼저 나갑니다. 이처럼 앱으로 모든 것이 가능하

기에, 일상의 모든 활동에 스마트폰이 함께합니다.

주체적인 삶에 대한 욕구

팬데믹으로 인해 등교하지 않고 출근하지 않는 일상을 맞게 되면서, 불규칙적이고 나태해지기 쉬운 환경에 놓였습니다. 그러한 가운데 Z는 스스로 삶을 관리한다는 의지로 슬기롭게 스마트폰을 활용하고 있습니다.

'열품타'라는 앱을 아시나요? '열정 품은 타이머'의 줄임말인 이 앱은 캠 스터디(웹캠과 공부를 합한 신조어. 각자 PC나 스마트폰으로 앱에 접속한 후, 자신이 공부하는 모습을 찍어 상대방과 공유하면서 학습 능률을 올리는 방식)가 가능한 스톱워치입니다. 과목별 스톱워치를 이용하는 동안 다른 앱 사용을 완전히 차단해줍니다. 스톱워치를 통해 측정된 시간으로 과목별 스터디 플랜을 자동으로 만들어주기도 합니다. 단체방도 개설할 수 있어서 함께 스터디하는 스터디원이 공부 중인지 휴식 중인지도 실시간으로 확인할 수 있습니다.

무엇보다 시험 카테고리별로 같은 공부를 하는 다른 이들의 공부 상태를 확인할 수 있고, 나의 공부 집중도 위치가 어디인지 보며 계속 자극받을 수 있습니다. 나의 공부 기록을 통계로 볼 수 있고, 스스로 평가할 수 있도록 색상의 진하기로 구분해볼 수도 있죠. 실시간으로 커뮤니티에서 다른 사람들과 고민을 나누고 정보공유도 하며 자극을 통해 더욱 집중하게 합니다.

오프라인에서 반 친구들과 함께 공부할 때와 비슷한 환경이 디지털 세계에 그대로 옮겨와 있는 듯합니다. 학교 정보를 입력하면 시간표와 급식표가 자동으로 생성되기도 합니다. 초중고 학생들은 '열품타 스쿨'에서 학교 시간표, 급식표, 학사일정 등을 조회할 수 있습니다.

취준생, 공시생 등 각종 시험을 준비하는 Z는 공부 계획을 세우고 같은 목표, 같은 시험을 준비하는 이들끼리 정보를 공유하며 자극을 주고받습니다. 과목별, 기간별로 집중했던 시간이 통계로 나오고, 그룹에 가입하면 그룹원의 공부 시간을 확인할 수 있어서 서로의 동기부여가 돼주기도 합니다.

스마트폰으로 무언가를 하는 동안은 주의를 기울이고 있는 세계가 넓어집니다. 자연스럽게 주의가 분산되는 환경에 놓이죠. 이런 환경에서 집중력을 잃지 않고, 하고 있는 일에 몰입할 수 있도록 돕는 앱이 있습니다. 바로 '포레스트'라는 앱인데요. 최소 10분에서 최대 120분까지 설정한 시간 동안 집중하면 나무가 자라 코인을 얻을 수 있습니다. 반면 유혹을 이기지 못하고 다른 앱을 실행하거나 포기 버튼을 누르면, 생생하게 자라나던 사랑스러운 나무는 말라 죽습니다.

'놀이'와 '육성' 코드를 끌어와 집중도를 높여주는 앱입니다. 일, 공부, 휴식, 운동 등 일상의 모든 행동을 5~10분 단위로 설정해서 집중할 수 있고, 다른 앱을 실행할 수 없어서 한 가지 일에 집중하는 데 효과적입니다. 이러한 행동이 쌓이고 집중도가 올라가면 내가 원하는 나무가 자라 숲이 되는데 여기서 얻는 뿌듯함, 그리고 자신의 일상에 좀 더 집중하게 되는 성취감을 충족시켜주는 앱이죠. 식물이나 반려동물을 키우며 갖게 되는 애착과 육성 마인드를 자기계발 앱에 적용한 사례입니다.

Z는 팬데믹으로 혼자 공부해야 하는 상황에서도 모트모트 메타버스 독서실에서 만나 서로를 독려하며 함께 공부합니다. 유튜브 채널인 '모트모트TV'는 공부할 때 집중하기 좋은 음악을 들려주고 공부 팁에 대한 정보도 공유합니다.

스마트한 일상을 위한 최고의 도구

스마트폰을 효율적으로 사용하는 Z의 마인드는, '스크린타임' 같은 앱에서도 잘 나타납니다. 이는 앱별 사용시간 통계를 보여주는 앱인데요. 내가 각 앱을 얼마나 사용했는지 파악함으로써 스스로 앱 사용시간을 조절하고 통제할 수 있습니다.

'챌린저스'는 습관 형성 플랫폼입니다. 돈을 걸고 목표달성을 도와주는 자기관리 앱이죠. 달성하고 싶은 목표에 자발적으로 돈을 걸고 목표를 달성하면 돈을 돌려받습니다. 참가자들끼리 서로를 응원하고 매일 인증사진을 올리며 목표달성 여부를 확인합니다. 참가비는 5,000원에서 20만 원까지인데 목표달성에 실패하면 차감, 성공하면 100% 환급에 상금까지 추가로 획득할 수 있습니다.

촬영날짜와 시간이 함께 찍히는 '타임스탬프' 앱도 이용합니다. 인증사진을 카카오톡 오픈채팅방에 올리면서 기상인증, 독서인증, 운동인증 등 각종 챌린지를 함께합니다. 인증사진으로 사람들과 함께 서로의 목표달성을 확인하고 응원하는 것이죠.

　이런 앱을 이용하는 Z의 모습을 살펴보면, 그들이 자기 삶을 스스로 설계하고 통제하면서 성실하게 살고자 하는 방향성이 매우 뚜렷하다는 것을 알 수 있습니다. 동시에 그러한 삶을 함께 공유하면서 더 발전시키려는 마음도 엿볼 수 있죠. Z는 스마트폰 안의 세상을 자신의 일상으로 가져왔습니다. 일상이 흐트러질 때면 스스로 삶의 질서를 찾습니다. 일상의 리듬을 회복하기 위해 주체적으로 삶을 계획하고 통제하며 '스마트한 수단'으로 진화시켜 사용하고 있습니다.

Z

건강한 루틴을 추구하는 삶, #프로갓생러와 #K-댓걸의 탄생

Z는 일상을 지키는 노력을 통해 심리적 안정감을 얻고 '회복하는 삶'을 추구합니다. 꾸준한 루틴으로 작지만 확실한 성취감을 느끼고, 유연한 자기조절로 최대의 효율을 추구하며 앞으로 나아갈 원동력을 얻습니다. 미래에 대한 불확실성은 현재를 잘 가꾸는 꾸준한 자기계발로 극복하려 합니다.

그들의 루틴을 살펴보면 지속가능한 삶을 지향하고, 성장하는 과정 그 자체를 즐깁니다. 클럽하우스에서 매일 아침 서로를 응원하는 사람들이 있습니다. "달리기 요정 보내드려요.", "공부 요정 보내드려요.", "다이어트 요정 보내드려요."와 같은 말들을 서로 주고받죠. 요정을 보내준다는 인사말은 남다른 의미가 있습니다. 일상을 지켜나가는 것은 힘들지만 서로 응원하고 있다는 메시지를 전하는 것이죠. 에너지를 나누며 교감하고 함께 나아가자는 것입니다.

서로의 매일을 응원하는 동시에 데일리 루틴을 지켜나가고자 하는 개인의 의지도 함께 있습니다. Z가 인증 키워드로 가장 많이 올리는 것은 '공부 > 기상 > 운동 > 달리기 > 독서' 순입니다. Z의 일상이 어디를 향해 있는지 보이시나요?

내 삶을 건강하게 지켜주는 루틴의 힘

루틴 관리 서비스 앱 '마이루틴'은 소소하지만 확실한 성취를 실천하도록 돕습니다. 건강한 음식을 먹고, 물을 하루에 2L 마시고, 산책이나 스트레칭을 하고, 짧게라도 일기를 쓰는 것…. 단순히 하루 일정을 계획하는 것이 아니라 그야말로 '루틴'을 만들 수 있습니다. 건강한 하루를 보내도록 말이죠.

루틴 실천율은 캘린더 신호등을 통해 확인할 수 있습니다. 물 마시기, 이불 개기, 유산균 챙겨 먹기 같은 일상 속 작은 성취들을 경험하고 자연스럽게 습관으로 자리 잡도록 합니다. 오늘 하루를, 한 주를, 한 달을 잘 지켜온 것을 보면서 스스로 현재의 삶을 잘 가꾸고 있다는 안도감을 가집니다. 이는 실제로 좋은 습관으로 형성되어 선순환을 이루고요.

앱을 통해 루틴을 공유하면서, 나와 같은 루틴을 가진 사람들이 얼마나 있는지, 다른 사람들은 얼마나 달성했는지도 알 수 있습니다. 서로 응원하고 동질감을 느끼면서 습관형성 과정에 더 재미를 느끼고 동시에 효과적인 동기부여가 됩니다.

한국의 Z에게 인증, 챌린지, 데일리 루틴은 2019년부터 나타나고

6월 19일 토요일　　my routine

1	8:00	🦠 유산균 챙겨 먹기	💊
2	샤워 후	🍙 아침 꼭 챙겨 먹기	🍙
3	업무 중	👀 중간 생산성 점검	💬
4		💜 오늘 나를 위한 행동 하나	💜
5	점심먹고	🌿 10분 산책하기	💬
6	볼때마다	🦕 이거 보면 목 스트레칭	💬
7	22:00	✍️ 짧게라도 일기 쓰기	💬
8	침대에서	🌑 하루 마무리 스트레칭	💬
9	틈틈이	💧 하루 물 2L 마시기	💬

그림04 **마이루틴**

있습니다. 흥미로운 것은 이러한 흐름이 코로나19로 인해 더욱 활
발해졌다는 사실입니다. Z뿐 아니라 다른 세대에게도 영향을 미쳤
습니다. 세대 간 확산만이 아닙니다. 해외 Z세대들 사이에서는 '댓
걸that girl' 인증 문화가 유행을 했는데요. '댓걸'은 틱톡과 유튜브를
통해 등장한 Z세대의 '웰빙 라이프 스타일' 트렌드입니다. 미라클
모닝, 운동습관, 독서습관, 피부관리 등 하루의 작은 목표를 세우고
루틴화해서 적당한 성취감을 느끼는 건강한 삶을 추구합니다.

누구나 될 수 있다! '댓걸'의 등장

주목할 점은 댓걸이 하나의 흐름이 된 과정입니다. 댓걸은 틱톡에서 최초로 형성되었는데, 그 콘텐츠를 본 Z세대가 이에 동조하면서 1020이 동참하게 됐습니다. 이는 밈으로 확산됐고, 틱톡과 유튜브를 중심으로 하나의 트렌드가 되었죠.

댓걸은 건강한 음식을 먹고, 건강한 일상을 지켜내고, 건강한 라이프스타일을 추구하는 삶의 태도가 여실히 나타난 현상입니다. '잇걸'이 남다른 패션 감각으로 이목을 집중시키는 사람이라면, '댓걸'은 나 자신에게 집중하며 스스로를 지키고 더 나은 삶을 추구하는 사람, 그리고 그것을 성취할 수 있도록 서로를 격려하는 사람입니다. 이는 마음만 먹으면 누구나 될 수 있죠. "나도 할 수 있다!"라는 자신감과 함께 스스로 멋진 사람이 되고 싶게 만들고, 또 그렇게 될 수 있습니다. 틱톡에 올라오는 댓걸 영상에는 어떤 어드바이스들이 있을까요?

1. 매일 산책하세요.

2. 과일과 채소를 더 많이 드세요.

3. 자신만의 시그니처 향기를 찾으세요.

4. 당신의 음악 취향을 찾으세요.

5. 자신에게 어울리는 헤어스타일을 찾으세요.

6. 수업 시간에 더 열심히 해보세요.

7. 핀터레스트에서 마음에 드는 옷을 찾으세요.

8. 꿈의 옷장을 가지려면 먼저 돈을 모으세요.

9. 누군가 당신에게 상처를 준다면 그들을 떠나세요.

10. 책을 더 읽으세요.

11. 어떤 일이든 대비할 수 있도록 슬픈 플레이리스트를 만드세요.

12. 모두에게 친절하세요.

13. 비키니를 사세요.

14. 해로운 관계를 버리세요.

15. 패스트푸드를 그만 드세요.

16. 원하는 건 직설적으로 말하세요. 하지만 절박해 보이지 않게.

17. <u>스스로 드라마 주인공이라고 착각하지 마세요.</u>

18. 다른 친구들을 칭찬해주세요.

19. 쓸데없는 남자는 잊어버리세요.

20. 따뜻한 조명을 당신의 방에 두세요.

보통 사람들의 작고 확실한 노력, 갓생 살기

'갓생(God-生)'이란 목표를 정해 성실하게 하루를 성취해나간다는 의미의 신조어입니다. 생산적인 루틴을 실천할 때 '갓생 산다'고 표현하죠. 한 온라인 커뮤니티의 '하루라도 갓생 사는 법을 알려줄게'라는 글이 조회수 17만을 기록하면서 주목받게 되었고, 이후 너도나도 따라 한 것이 그 시작입니다.

네이버 데이터랩에서 확인해보면 '갓생'이라는 키워드는 2020년 상반기에 등장해 2021년 8월에 정점을 찍습니다. 데이터 검색량도

100배 정도 증가했습니다. 유튜브에서 갓생을 검색하면 '09년생 갓생 브이로그', '고3 수험생의 갓생 브이로그', '06년생 엉망진창 브이로그-갓생 살기 프로젝트' 등 다양한 갓생을 만나볼 수 있습니다.

그런데 갓생은 목표를 위해 시간을 관리하고 자신을 통제하는 자기계발과는 조금 다릅니다. 오히려 틱톡과 유튜브의 '댓걸' 밈에서 보았던 것처럼 **삶을 대하는 태도, 라이프스타일**과 관련이 깊습니다. 갓생 브이로그에서 나타나는 정서는 **'나도 노력하면 할 수 있다'는 공감대**입니다.

보통 사람의 평범함, 나도 따라 해볼 법한 열심, 비슷한 환경에서 살아가는 성실한 사람들을 보고 내일은 열심히 살아야겠다고 다짐하죠. 갓생 살기는 내 삶의 균형을 위해 나의 마음을 잘 보살피고, 내 몸을 건강하게 가꾸고, 이러한 내가 모여 성장할 수 있다는 가치관과 연결됩니다. 평범한 친구 같던 유튜버의 갓생 일상을 지켜보며 '나도 할 수 있겠다', '어쩌면 내가 더 잘할 수도 있겠다'라는 자신감을 갖습니다. 또 갓생에 동참함으로써 행동의 힘을 발휘하는 것입니다.

갓생은 스마트폰을 중심으로 한 디지털 혁명과 팬데믹으로 인해 촉발된 삶의 방식입니다. 팬데믹에 대한 불안과 미래의 불확실성이 현재를 더욱 충실히 살아야 한다는 삶의 태도로 나타난 것입니다. **누군가와 삶을 공유하고 싶다는 열망이 '#프로갓생러'와 '#K-댓걸'을 탄생시켰습니다.** 의미 있는 행동을 하고, 건강한 루틴으로 일상을 풍요롭게 만드는 것은 심리적인 안정감을 가져다줍니다. 이들은 어쩌면, 그 어떤 세대보다도 일상의 소중함을 알고, 자신만의 루틴을 통해 삶을 안정적이고 아름답게 가꾸어 가고 있을지도 모르겠습니다.

Z
우리가 말하는 공정은
그런 게 아니고요

Z가 무엇보다 우선하는 가치는 바로 공정함입니다. 개인의 노력으로 바꿀 수 없는 것은 받아들이지만, 노력에 대한 정당한 대가와 보상이 따르지 않는 것에는 매우 민감하죠. Z가 생각하는 공정함의 대상은, 놀이문화부터 브랜드 소비, 기업의 채용과 성과급에 이르기까지 전방위적입니다.

공정하지 못한 성공은 원치 않는다

Z는 자신이 좋아하는 아티스트가 성공하기를 바랍니다. 하지만 공정하지 못한 성공은 결코 원치 않습니다. 소속사의 공식 입장문을 애타게 기다리던 이전 세대와 달리, 불공정 이슈가 발생하면 소속사에 당당하게 소신을 밝히며 개선을 요구하죠. 팬들의 덕질 문화도 함께 진화했습니다. 지금 K-POP을 즐기는 팬덤은 디지털 기

술을 활용해 자신이 좋아하는 아티스트와 온라인으로 직접 소통하고 직접 아티스트를 성장시키는 적극적인 생산자입니다.

대기업이 음원시장에 꼼수를 부려 차트를 흐린다면, Z는 공정함의 잣대를 들이밀며 비난합니다. 소속사가 자신이 좋아하는 아이돌에게 과도한 활동을 요구하거나, 그룹 내 인기가 상대적으로 많은 특정 멤버에게 기회를 몰아주는 것도 공정함에 어긋나죠. Z세대 팬덤이 생각하는 '노력한 만큼의 대가를 얻어가는' 공정함의 기준에서 벗어나기 때문입니다.

공정함은 덕질을 하는 팬들 사이에도 적용됩니다. 주로 집단으로 움직이는 팬덤에선 기준에 맞춰 열심히 덕질을 한 팬만을 '찐팬'으로 인정합니다. 자신의 아이돌을 위해 스밍(스트리밍), 총공, 투표 등을 하지 않는 팬들은 진짜 팬이 아니라고 판단하고, 콘텐츠를 공유하지 않습니다.

좋아하는 아이돌의 컴백을 앞두고 팬 커뮤니티에 보내는 트위터 메시지에는 다음과 같은 독려의 글이 실립니다.

"여러분, 내일 꼭 1위 해요. '나 하나쯤이야'가 아니라, '나 한 명이라도'라는 생각으로 투표해주셨으면 좋겠어요. 덕질의 기본은 스밍과 투표라고 생각해요. 우리에게 음악을 선물해주는 내 아이돌에게 해줄 수 있는 일이 뭐가 있을지 생각하시고 다 같이 스밍도 투표도 해요. 다 같이 공평하게 덕질해요."

무엇보다 자신이 좋아하는 아이돌 외에 다른 팬들의 덕질도 존중하는 '정당함'도 중요합니다. 아이돌이나 다른 팬들에게 피해를 주는 팬들은 단체에서 배척당하죠. 개인의 행복만이 아닌, 팬덤의 룰을 따라야 편하고 재미있게 덕질생활도 할 수 있습니다.

'스트릿댄스 걸스 파이터'(이하 스걸파)는 '스트릿 우먼 파이터'의 스핀오프 프로그램으로 10대들의 댄스배틀을 다룬 엠넷의 댄스 프로그램입니다. 참가크루인 클루씨와 스퀴드가 K-POP 안무창작 미션을 수행하는 과정에서 각 팀이 안무의 일부분을 서로 교환해야 하는 안무 트레이드 구간이 있었습니다. 이때 클루씨가 스퀴드에게 준 안무가 막춤 수준이어서 Z 시청자들이 들고일어났습니다. 공정하지 못하다고 판단한 것이죠. Z들은 클루씨의 비매너에 대해 문제 제기를 했습니다. '경쟁은 누군가의 발목을 잡고 올라가는 것이 아니라 자기의 실력으로 가는 것'이라며 비난했죠. 이기적이지 않게 매너를 지키면서 경쟁해야 한다는 공론이 제기되었습니다.

또 Z는 무임승차에 민감합니다. 상대의 노력에 대해 정당하게 보상하지 않는 데도 민감하죠. 좋아하는 아티스트의 디지털 음원이나 유료 웹소설 등의 무단복제 파일을 누군가 커뮤니티에 무료로 다운로드받을 수 있게 올려두면 오히려 자정의 목소리가 댓글에 달립니다. '이렇게 무료로 다운받으면 아티스트가 합당한 보상을 받을 수 없지 않냐', '그러면 아티스트는 우리에게 계속 기쁨을 줄 수 없다'는 우려의 댓글이 달리고 다수의 공감을 얻습니다.

최근 불거진 SK하이닉스 성과급 논란에서도, 임금을 많이 달라고 요구한 게 아니라 '산정기준을 투명하게 공개해달라'는 것이 포인트였죠. Z는 평가시스템에 대해 물었고, 회사가 정보를 균등하게 공유했는가를 지적했습니다. 그리고 성과 위주의 평가를 원했습니다. 사회적으로 민감했던 특혜채용이나 비정규직의 정규직화 이슈도 마찬가지입니다. Z가 그런 이슈에 유독 더 큰 분노를 보인 것은, 노력에 대한 공평한 보상이 아니라고 생각했기 때문입니다.

Z도 인생이 공평하지 않다는 것은 받아들입니다. 하지만 노력의 결과가 공정하지 않은 것은 수긍하기 어렵습니다. 선천적인 것은 개인의 노력으로 어찌할 수 없지만, 후천적인 것은 얼마나 노력하느냐에 따라 개선할 수 있다고 판단하기 때문입니다. 경쟁의 문은 점점 더 좁아지고 불확실한 미래 앞에 각자도생해야 하는 Z에게 섣불리 '이기적'이라는 판단을 내릴 수 있을까요? Z 역시 마이클 샌델의 《공정하다는 착각》을 읽고 '기회의 균등'과 '결과의 균등'에 대해 진지하게 고민합니다.

기성세대가 Z를 평가하고 판단하기에 앞서 사회 시스템이 어떻게 신인류가 안전하게 성장할 수 있도록 도울 것인가 그리고 개인의 노력에 대해 어떤 안전장치를 세울 수 있는가 고민해야 합니다. 일상의 공정함과 질서, 배려에 대해서 Z는 이미 스스로가 자정능력을 장착하고 있으니까요.

인권, 다양성 인정, 젠더 이슈에 제일 민감해요

이 책에 등장하는 Z에는 국내에 교환학생으로 공부하고 있는 외국인 친구들도 다수 포함되어 있습니다. 국내뿐 아니라 해외의 Z들 역시 인권, 젠더, 다양성 인정에 대한 가치에 우선순위를 두고 있고

민감하게 생각합니다. Z의 가치관을 반영하여 새로 출시된 이모지에도 여러 인종의 피부색을 반영하고 있고 서로 악수하는 이모티콘, 성중립 왕관, 임신한 남자 이모티콘, K-POP의 영향으로 손가락 하트 등이 포함되어 있습니다.

Z의 문화와 가치관에 가장 민첩하고 영민하게 대응하고 행동하는 브랜드인 구찌는 성평등 실현과 여성의 자기표현 장려를 목표로 기금을 모금해 전 세계 여성들을 지원하는 글로벌 캠페인 '차임 포 체인지Chime for change'를 펼치고 있습니다. 미스파운데이션 포 우먼, UN여성기구 등의 수많은 파트너들과 협력합니다. 또 젠더 기반 폭력 퇴치를 위해 힘쓰는 비영리 단체 스탠드 위드 우먼과도 기금 조성 캠페인을 펼쳤습니다.

미닝아웃, 브랜드 액티비즘을 요구하다

공정에 대한 Z의 시각은 기업의 윤리적·사회적 책임, 환경에 미치는 영향과 태도 등에 브랜드 액티비즘Brand Activism을 요구합니다. 브랜드 액티비즘은 브랜드가 실제 인격체로서 사회적 이슈에 대해 목소리를 내고 행동하는 것을 뜻합니다. Z는 가치소비를 통해 자신의 정치적·사회적 신념 등을 적극적으로 표현합니다. 자신의 소비가 사회와 환경에 미칠 영향에 대해 고려하는 것이죠.

자신의 가치관을 적극적으로 표현하고, 소비행위를 통해 이를 드러내는 것은 '내가 어떤 가치관과 신념을 가진 사람인지'를 표현하는 수단이 됩니다. 무엇을 먹고 입는가가 내가 누구인지를 보여주듯이, Z는 자신이 추구하는 신념을 행동으로 보여주는 브랜드를 응원합니다. 그것이 곧 Z의 자기표현이죠.

환경과의 공존을 위해 목소리를 내는 아웃도어 패션 브랜드 파타고니아, 동물실험을 배제하고 온전한 베지테리언 제품만 생산하는 코스메틱 브랜드 러쉬같이, 진정성 있게 친환경을 추구하는 브랜드 철학에 공감하고 존중을 보냅니다. Z의 이러한 가치소비는 코로나19로 인해 '환경'과 '건강'에 대한 관심과 의식이 높아지면서 더욱 확고해졌습니다.

그런데 여기서 유념해야 하는 부분은 친환경 윤리적 소비를 브랜딩의 전 과정과 실제 제품화에 진정성 있게 적용해야 한다는 것입니다. 진짜 친환경이어야 하죠. 마케팅 캠페인으로 가볍게 다룰 경우 오히려 그린워싱Green Washing으로 지탄받습니다. 그린워싱은 실제로는 친환경적이지 않지만 마치 친환경인 것처럼 홍보하는 '위장환경주의'를 가리킵니다. 기업이 제품생산의 전 과정에서 발생하는 환경오염 문제는 축소시키고, 재활용 등의 일부 과정만을 부각시켜 마치 친환경인 것처럼 포장하는 것이 이에 해당합니다.

한때 논란이 되었던 스타벅스의 '리유저블 컵 데이'를 살펴보면, 일회용 컵 사용을 줄이자는 의미로 다회용 리유저블 컵을 제공하는 행사였습니다. 애초 이벤트 기획목적은 환경보호였지만, 결과적으로 '리유저블 컵을 대량 생산하는 것은 과연 환경에 도움이 되나?' 하는 의구심을 불러왔습니다. 재활용이나 생분해가 되지 않는 플라스틱으로 컵을 제작한 것이 문제가 되었죠.

Z가 기업에 '완벽'한 실천을 요구하는 것은 아닙니다. 투명한 정보공개와 진정성 있는 실천을 요구하는 것이죠. 기업은 한 제품으로 친환경을 달성한 것처럼 홍보하기보다 노력하는 과정을 보여주고, 이러한 변화에 동참하기를 권유해야 합니다. 그러한 방식이 Z와 좀 더 잘 통할 수 있는 길입니다.

다만, 브랜드 액티비즘은 Z와 소통할 수 있는 필요조건이지만 반드시 소비로 연결되지는 않을 수 있습니다. Z가 브랜드의 신념과 추구하는 가치, 비전을 살피고 해당 브랜드에 대한 선호도가 올라가는 것은 분명하나 제품의 매력과 가격 측면에서 '추가비용을 지불할 것인가'는 조금 다른 문제이기 때문입니다. 분명한 것은 사회와 환경을 위한 브랜드의 윤리적 행동에 대한 요구는 앞으로 더욱더 커질 것이란 사실입니다.

그런 의미에서, 의식 있는 브랜드로서 그리고 Z 고객의 감수성과 정서적인 공감대를 붙잡기 위해 기업은 리버스 멘토링Reverse Mentoring 이나 섀도우 커미티Shadow Committee 같은 제도를 활용해볼 만합니다. 그렇게 Z세대 직원들의 적극적인 참여를 이끌고, 그들에게 중요한 역할을 부여할수록 기업의 브랜드는 Z 고객들과 더 가까워질 것입니다.

2

'밀어서 잠금 해제'
Z의 스마트폰
속으로

누군가의 공간에 들어가면, 그 사람의 취향과 소소한 라이프스타일을 엿볼 수 있습니다. 특히 프라이빗한 공간일수록 그 사람의 모습을 잘 대변해줄 가능성이 높죠. Z에게는 '스마트폰'이 바로 그런 공간입니다. 하루 중 가장 오래 머무르는 나만의 공간이자 신체 일부라고까지 말할 수 있습니다. 그들이 스마트폰을 통해 연결된 디지털 세계에서 어떤 라이프를 살고 있는지, 그들의 스마트폰 배경화면과 앱을 통해 알아보겠습니다. Z세대의 내밀한 취향과 다양한 라이프스타일에 깊이 있게 다가갈 수 있습니다.

Z
스마트폰이 만들어낸
'경계 없는' 삶

진정한 삶의 고수는 일과 놀이, 노동과 여가, 몸과 머리, 공부와 휴식을 명확하게 구분하지 않는다. 그는 2가지 중 뭐가 뭔지도 잘 알지 못한다. 무엇을 하든 그저 탁월함을 추구하고 그에 걸맞게 완성할 뿐, 그것이 일인지 놀이인지는 타인의 판단에 맡긴다. 그 자신은 언제나 2가지를 모두 하고 있다.

_ 로먼 크르즈나릭,《인생 학교 : 일》중에서

스마트폰을 손에 쥔 Z는 경계 없는 삶을 삽니다. 언제 어디에 있더라도 디지털에 연결되는 순간, 사적 공간과 공적 공간의 경계는 사라집니다. 카페에 있더라도 친구와 연결된다면 그곳은 사적인 공간이 되고, 내 방에 혼자 있더라도 온라인 팬미팅에 참여한다면 개인적인 공간은 공적인 공간으로 변모합니다. 안과 밖의 경계, 디지털 세상과 현실의 경계도 사라졌습니다.

유동하는 삶은 인류의 본능이다

Z의 경계 없는 삶은 스마트폰 화면에서도 확인할 수 있습니다. 이들은 앱 정리방식도 남다릅니다. 앱들을 단순히 교통, 금융, 쇼핑, 엔터, 게임이라는 일상적 구분으로 나누지 않습니다. 뒤에서 더 자세히 설명하겠지만 이모지형, 컬러 구분형, 아이디어 데코형 등 Z세대의 다양한 개성만큼 앱을 정리하는 방식이 다채롭습니다. 과일 색깔과 유사한 앱을 컬러별로 모아 놓거나, 좋아하는 캐릭터, 감정에 따른 기호 등으로 구분하는 것이죠.

밀레니얼 세대만 해도 이런 분류법이 낯설고 생경합니다. 디지털 네이티브인 Z세대에게는 전혀 문제 되지 않습니다. 마치 디지털 세계를 유영하듯 여러 앱을 넘나듭니다. 디지털 미디어를 이용하는 행태 역시 자유롭습니다. 멀티디바이스를 동시에 넘나들고 있죠. 스마트폰으로는 오픈채팅방에서 수다를 떨고, 태블릿으로는 라이브커머스에 참여하고, PC로는 팬픽fan fiction을 씁니다.

인류가 살아온 삶을 현재에 비추어 보면 미래가 어떻게 흘러갈지에 대한 지혜를 얻게 됩니다. 농업 중심의 농경사회에서는 일과 삶의 균형이 불분명했습니다. 대체로 주거지와 농경지가 가까운 거리에 있었기에 식사 후 산책하듯 조금만 걸어가면 일하는 곳이 있었죠. 자신의 생체리듬에 따라 일을 시작하고, 피곤하면 쉬었습니다. 부를 창출하는 동력이 땅과 가축이었기 때문에 농경지를 중심으로

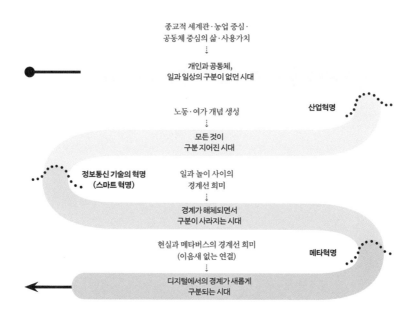

종교적 세계관·농업 중심·
공동체 중심의 삶·사용가치
⋮
개인과 공동체,
일과 일상의 구분이 없던 시대

노동·여가 개념 생성   산업혁명
⋮
모든 것이
구분 지어진 시대

정보통신 기술의 혁명   일과 놀이 사이의
(스마트 혁명)   경계선 희미

경계가 해체되면서
구분이 사라지는 시대

현실과 메타버스의 경계선 희미   메타혁명
(이음새 없는 연결)

디지털에서의 경계가 새롭게
구분되는 시대

그림05 **모바일 라이프가 촉진한 경계 없는 삶**   ⓒ크로스IMC

공동체가 자급자족하며 모여 살았습니다. 한마디로 일과 여가의 구분 없이 생활했던 것이죠.

19세기 산업혁명을 계기로 본격적인 산업화가 이루어지면서 노동은 공장을 중심으로 집단화·규격화됐습니다. 이때부터 일과 여가라는 개념이 구분되기 시작했죠. 일하는 시간이 노동의 가치로 환산되었기 때문에 일하는 시간은 정확한 스케줄에 의해 돌아갔습니다. 찰리 채플린의 걸작, 영화 '모던타임즈'는 산업사회에서 노동하는 시간을 벌기 위해 기계적으로 반복되는 현대인의 삶을 풍자했습니다. 컨베이어 벨트에서 같은 동작을 반복하는 주인공의 모습은 가장 유명한 명장면 중 하나입니다. 이렇듯 인류는 산업사회에 들어서면서부터 일과 여가가 정확히 구분된 삶을 살아왔습니다. '일 하는 시간'과 '쉬는 시간'이 뚜렷이 구분되는 생활을 하게 되었죠. 이 분리가 확실할수록 쉬는 시간과 내가 거주하는 공간이 보호받는 다고 생각했습니다. 시간과 공간의 개념이 중요해진 것이죠.

20세기 정보화 사회는 '1인 1스마트폰' 시대를 열었습니다. 스마 트폰은 다시 일과 여가의 구분을 없앴죠. 언제 어디서든 스마트폰 만 있으면 일상의 모든 순간과 연결될 수 있습니다. 스마트 혁명은 인류의 본능에 새겨진 유목민과 같은 삶의 방식을 불러왔습니다. 프랑스의 철학자이자 사회학자인 질 들뢰즈Gilles Deleuze와 프랑스의 심리치료사이자 철학자인 펠릭스 가타리Felix Guattari는 유목의 개념 이 적용되는 공간을 '노모스Nomos'라고 칭했습니다. 노모스의 어원 은 '방목하다'라는 뜻의 'nemo-'에서 왔는데, 이 어근은 '노마드No-mad'의 유래가 됩니다. 자유롭게 경계를 허무는 디지털 네이티브의 삶은 노모스에 가깝습니다.

스트리밍 라이프는 경계 없는 삶으로의 이동을 더욱 앞당겼습니 다. 스트리밍은 인터넷상에서 음성이나 영상을 실시간으로 재생하 는 것입니다. 어디서나 서비스에 접속해 스트리밍할 수 있을 뿐만 아니라, 언제든 다른 스트리밍으로 갈아탈 수 있죠. 이러한 유목민 적 삶은 시공간의 제약을 사라지게 하고, 어디에서나 일할 수 있게 했으며, 한 공간에 모여 있지 않아도 되기에 다양한 양상의 모빌리 티 라이프를 살아갈 수 있도록 만들었습니다.

여가는 가장 적극적으로 활동하는 시간이다

경계 없는 삶은 일과 여가, 놀이와 쉼, 여행의 경계를 해체했습니다. 일반적으로 여가는 남는 시간, 즉 개인의 자유시간이라는 의미입니다. 우리의 하루에서 생리적 필수시간(식사, 수면 등), 일하는 시간, 일하기 위해 사용하는 부속 시간(출퇴근 등 이동)을 제외한 나머지 시간으로 보면 되겠죠.

그런데 어려서부터 스마트폰으로 친구와 연락하고, 온라인상에서 만나 함께 게임하고 팬덤 활동을 해온 Z에게 여가는 일의 반대 개념, 그러니까 일하고 '남은 시간'이 아닙니다. **Z에게 여가는 하루 중 가장 적극적으로 활동하는 시간**입니다. 개인의 사회적, 문화적 욕구를 충족하는 시간이기 때문이죠.

이들에게 있어서 '재미를 추구한다는 것'은 일과 여가라는 이분법을 넘어선 개념입니다. 디지털 네이티브인 그들에게 일과 여가의 경계 없음은 일상이고, 내가 어디에 있든 자유로운 상태임을 뜻합니다. 동적인 활동이든 정적이 활동이든, 집에 있는 시간이든 학교에서 보내는 시간이든, 스마트폰을 손에 쥐면 '경계를 넘나들며 여가를 즐길 수 있는 시간'이라고 인식하는 것입니다.

이들에게 '쉼'은 아무것도 하지 않는 게 아닙니다. 심신의 안정을 도모하는 명상, 내면과 외면의 웰니스wellness를 위한 적극적인 개념의 휴식시간입니다. 심신의 안정을 도모하는 것뿐만 아니라, 적극적인 활동을 통해 마음의 안정을 찾는 것까지 '쉼'의 영역에 포함됩니다. Z는 쉼과 여가를 가장 적극적인 활동으로 채우고 있습니다.

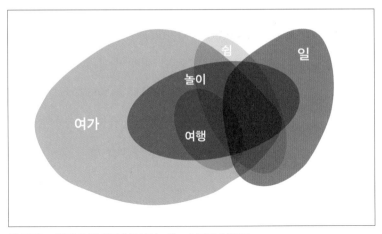

좋아하는 일을 자발적으로 직접 선택하기에 만족도가 높을 수밖에 없지요.

Z의 놀이에는 재미있는 특징이 있습니다. 특히 '즐기면서 일해주는' 팬덤은 놀이와 노동의 측면을 함께 가지고 있습니다. 스마트폰을 통해 자발적으로 팬덤 활동에 참여하는데, 이는 노동에 대한 대가 없이 자유의지로 행하는 것입니다. 좋아하는 아이돌을 위해 음악 플랫폼에서 지속적인 스트리밍 총공(총 공격)을 하고 2차 창작물에 전문가 수준의 공을 들입니다. 2차 창작물은 커뮤니티를 통해 판매로 이어져 수익이 생기기도 합니다. 자투리 시간에 쓰기 시작한 소설에 어느 날은 하루 5시간을 매진하기도 합니다. 우연히 방문한 라디오 플랫폼에서 시작한 방송이 10시간 넘게 이어지는 경우도 있죠.

인기 유튜버 우왁굳 님은 구독자와 함께 '마인크래프트'라는 게임으로 집을 짓고 분양하는 놀이를 합니다. 여기에 참여했던 구독자들은 방대한 시간과 정성을 쏟아 가상세계에 집을 짓습니다. 이 모든 놀이가 '여가시간'의 수준을 넘어서는 것들이죠.

Z의 놀이는 단순 취미에 머무르지 않습니다. 즐거움을 추구하며 그 과정 자체를 즐기는 건 이전 세대와 다르지 않지만, 몰입도가 완전히 다릅니다. 일과 놀이, 노동과 여가, 몸과 머리, 공부와 휴식을 명확하게 구분하지 않습니다. 무엇을 하든 그저 탁월함을 추구하고 그에 걸맞게 완성할 뿐이죠. 그것이 일인지 놀이인지는 타인의 판단에 맡깁니다. Z는 언제나 2가지를 함께 하고 있습니다. 일과 여가의 경계를 넘나들면서 말이죠.

경계 없는 삶은 여행의 의미도 함께 변화시켰습니다. 어떤 목적을 가지고 다른 곳으로 이동하여 일상에서 벗어나는 경험을 하는 것이 여행이라면, 메타버스 세계를 넘나들고 있는 Z는 이미 일상에서 선택적 몰입을 통해 여행하고 있습니다. 디지털에 접속하여 일상의 순간순간 일탈하고 있는 셈입니다.

노마드적 삶은 '모바일 라이프가 촉진한 경계 없는 삶'에서 인류가 살아온 삶의 양식, 본능과 연결되는 지점이 있다고 말씀드렸습니다. 스마트폰은 우리가 원하는 사람과 만나고, 원하는 시간에 활동하고, 원하는 일을 집단지성으로 성취할 수 있게끔 해주었습니다. Z의 취미가 놀라운 성과로 이어진 것은 그들이 '하고 싶은 것을 직접 선택'했기 때문입니다.

일과 삶의 균형은 판타지일 수 있습니다. 진정으로 좋아하는 일을 할 때 일과 여가의 밸런스는 깨집니다. 스마트폰이 촉발한 경계 없는 삶에서 디지털 네이티브에게 가장 필요한 건 '창조적 자유'와 '자율성'입니다. 자신의 삶에서 중요한 부분을 직접 선택하는 것이 행복 수준을 높이기 때문이죠.

Z

왜 하필
스마트폰일까?

디지털 네이티브인 Z에게 스마트폰은 세상과의 연결입니다. 스마트폰으로 소통뿐만 아니라 여가, 쇼핑, 금융, 여행, 건강, 자기계발 등 일상의 모든 영역을 즉각적으로 수행하기 때문입니다. 스마트폰에는 개인의 취향과 관심사가 담겨 있고, 디지털에서의 행동과 기록이 있습니다. 디지털 세계로 입장하는 주요 도구가 스마트폰으로 이동하면서, 이제 스마트폰은 매일의 기록이자 사회화가 일어나는 소통의 창입니다. 때로는 혼자서, 때로는 친구들과 만나서 노는 플레이그라운드이자 개인의 취향을 표현하는 창작도구가 되었습니다.

일상의 모든 것을 앱에서 해결

Z세대는 정기적으로 앱스토어에 들어가 새로 나온 앱을 직접 확

인하고 사용해봅니다. 그리고 자신의 스마트폰에 계속 둘지 바로 삭제할지 빠르게 판단합니다. 새로운 서비스에 높은 관심을 보이고 적응도 빠르죠. 앱이 제공하는 서비스가 자신들의 문화를 이해하고 있는지, 주변 친구들의 반응은 어떤지, 평점은 어떤지 등을 파악하는 데 그리 오래 걸리지는 않습니다. Z는 자신에게 의미 있는 앱에 높은 애착심을 보입니다.

디지털 네이티브의 선택을 받는 앱들은 어떤 영역의 앱들인지, 실제로 유저들은 거기서 어떻게 시간을 보내고 있는지, 어떤 행동들을 보이는지 파악하는 것은 **이들의 관심사가 어디로 향하고 있는지 직관적으로 보여줄 뿐만 아니라, 이들과 소통하는 데 필요합니다. 그들의 문화를 단적으로 파악할 수 있기 때문이죠.** 앞으로 어떤 서비스와 트렌드가 부상할지 예측 또한 가능해집니다.

코로나19로 인해 개인 공간에서 보내는 시간이 늘어나면서, 모바일 앱 사용량과 다운로드수가 사상 최고치를 기록했습니다. 커머스 미디어 플랫폼 '크리테오'의 〈2020 앱 사용자 행동에 대한 보고서〉에 따르면 Z세대가 가장 많이 다운로드한 앱 분야는 '엔터테인먼트'입니다. 넷플릭스와 같은 비디오 스트리밍, 게임, 음악, 오디오 앱 등의 이용시간이 급격히 늘어난 것입니다. 영화관, 테마파크, 전시회장 같은 야외 여가활동들이 모바일로 이동해 새로운 양상으로 즐길거리를 제공하고 있습니다.

디지털 세대뿐만이 아니라 전 연령층에서 많이 이용한 것은 배달 앱입니다. 코로나 이후 배달 앱으로 집에서 식사를 해결하는 것이 보편화되었기 때문입니다. 배달 앱의 진화는 눈부십니다. 꼭 식당을 방문해야만 먹을 수 있었던 고급 음식, 디저트, 음료 등이 대부분 배달 가능해졌습니다. 유명 디저트 가게의 타르트를 집에서 편하게 받아볼 수 있는 거죠.

주목할 부분은 이들이 선호하는 앱 분야의 양상이 X세대와 베이비부머, 세대와 다르게 나타난다는 점입니다. 이전 세대가 가장 많이 다운로드한 앱 분야는 배달, 금융, 리테일, 쇼핑 순으로 나타납니다. 특정 목적을 위해 사용하는 것이 대부분이지요. 반면, 디지털 네이티브 세대는 일상의 놀이와 여가를 모바일 앱에서 즐기고 있음을 확인할 수 있습니다. OTT 서비스, 게임, 소셜네트워크, 팟캐스트, 오디오, 홈트레이닝 같은 놀이와 여가, 건강관리 앱을 많이 다운로드했다는 것은 이들이 여가시간을 어떤 방식으로 채우고 있는지를 말해줍니다.

Z
소비의 최전선에서
일어나는 일들

Z가 주로 사용하는 앱에 주목해야 합니다. 이들이 유독 그 앱을 즐겨 이용하는 이유는 무엇인지, 그 안에서 어떻게 소통이 이루어 지고 있는지 살펴보는 것은 Z세대의 디지털 생태계를 이해하는 중 요한 단초이자 시작점이기 때문입니다. 이것은 비단 Z만의 문화가 아니라 매일 새롭게 진화하는 디지털 문화의 잠재성을 이해하는 일 입니다. 앞으로의 흐름을 예측하는 데에 있어 가장 눈여겨봐야 하 는 포인트가 될 것입니다.

Z가 반응하는 새로운 서비스나 관심 영역을 살피는 것은 브랜드 입장에서 충성심 있는 고정 유저를 확보할 좋은 기회입니다. 앱을 다운로드하고, 이용하면서 좋은 경험을 했다면 이들은 지속적으로 방문합니다. 그 수가 적더라도 지속적인 관심을 창출하는 것은 브 랜드의 향후 성장과 확장에 매우 의미가 있습니다.

유저를 '찐팬'으로 만들어라

누가 브랜드의 '찐팬'인지, 어떤 경험이 유저를 '찐팬'으로 만드는지, 앱에서 어떤 콘텐츠를 특별히 선호하는지, 어떤 캠페인에 반응하는지, 어떤 패턴으로 구매가 나타나는지, 유형별로 어떤 방문 패턴을 가지는지 등을 파악할 수 있다면 마케팅 안테나를 정확하게 세울 수 있습니다.

특히 고객유지율을 보면 서비스에 대한 유저의 반응과 향후 행보를 예측할 수 있습니다. 브랜드에 의미 있는 핵심고객을 정의하고 누구에게 어떻게 브랜드 경험을 전달할 것인지, 입체적으로 마케팅 방향을 세울 수 있죠.

모바일은 소비의 최전선에서 무슨 일이 일어나고 있는지 파악할 수 있게 합니다. 또 소비패턴의 변화를 보여줍니다. Z가 어디서, 어떻게 결제하고 있는지를 보면 소비문화의 변화까지도 읽을 수 있죠. Z의 인앱 결제(앱 유료 콘텐츠 결제 시 앱스토어에서 자체 개발한 시스템을 활용해 결제하는 방식) 증가와 후원문화, 관계를 기반으로 한 콘텐츠 소비가 활발하게 일어나는 현상도, 향후 소비지형이 어떻게 변화할지 예측해볼 수 있는 중요한 지표입니다.

그들만의 소통방식을 이해해라

스마트폰 화면에서 Z의 소통방식과 삶에 대한 태도도 엿볼 수 있습니다. 특정 세대, 집단을 구분하고 그들의 문화를 이해하는 중심에는 언어가 있습니다. 그리고 그들만이 알아들을 수 있는 소통방식과 신조어를 가장 잘 엿볼 수 있는 곳이 바로 스마트폰입니다.

소통 목적의 앱을 보면 가까운 관계의 실친, 인친들과 어떤 방식으로 소통하는지, 앱 내에서 어떤 언어를 구사하는지, 얼마나 자주 얼마나 오랫동안 SNS와 메신저를 이용하는지, 카카오 오픈채팅방은 언제, 어떤 방식으로 이용하는지를 보면 커뮤니케이션의 변화를 확인할 수 있습니다.

뒤이어 살펴보겠지만, Z의 스마트폰 바탕화면에는 텍스트가 거의 없습니다. 일상 대화도 이모티콘으로, 앱 구분도 컬러와 이모티콘으로 합니다. 메신저 대화창에도 초성이나 이모티콘이 눈에 더 많이 띕니다.

스마트폰을 다이어리처럼 꾸미고 자신을 위한 주문을 걸듯이 스스로에게 전하는 메시지를 남기기도 합니다. 일상을 기록하기도 하고, 자신의 주요 일정을 제일 잘 보이도록 설정해 놓기도 했지요. 스마트폰을 보면 그 주인의 관심사와 하루일과, 성향을 유추할 수 있습니다. 개인의 디지털 라이프를 이해하는 것은 그가 누구인지를 이해하는 것입니다. 한 사람의 일상과 관심사를 알아가는 중요한 단서이자, Z와 소통하기를 원한다면 반드시 이해해야 하는 가장 중요한 요소입니다.

Z

바탕화면은
글씨 대신
'이것'으로 정리한다

그럼 이제 Z세대의 스마트폰을 본격적으로 들여다보겠습니다. 일단 잠금 해제하면 가장 먼저 보이는 것은 '배경화면'이죠. 이 배경화면에 어떤 앱들이 있는지 보이고, 배경화면을 무엇으로 해두었는지도 보이고, 시계, 날씨 등을 보기 쉽게 세팅해놓은 위젯도 보일 것입니다. 배경화면은 마치 스마트폰의 얼굴과 같네요.

Z세대의 스마트폰 배경화면은 어떨까요? Z의 배경화면 정리법을 한번 모아봤습니다.

Z세대의 배경화면 정리법

[그림07]은 이모티콘을 활용해 각 폴더의 용도를 구분한 모습입니다. 이모티콘으로 컬러를 표현한 것을 넘어 용도까지 표현하고 있죠. 각각 어떤 용도인지 맞히셨나요?

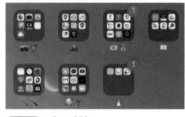

그림07 이모지형1

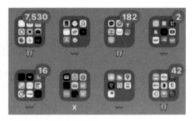

그림08 이모지형2

　자세히 들여다보면 그 의미를 해석할 수 있는데요. 카메라와 비디오 모양은 '사진 및 비디오' 앱, 자동차 모양은 '교통' 관련 앱, 달러 모양은 '금융' 앱, 책 모양은 '사전' 앱, 망치 등 공구 모양은 '유틸리티' 앱, 하트 모양은 '즐겨찾기' 앱입니다.

　마지막으로 불이 활활 타오르는 모양의 이모지는 어떤 앱일까요? 이 폴더 안에는 '공부' 카테고리 앱들이 들어가 있습니다. '열정을 불사른다'는 의미의 불꽃이겠네요. 이모티콘으로 대화하는 게 익숙한 만큼 폴더 이모티콘을 활용하여 특별하게 정리했습니다.

　[그림08]은 나비가 날아다니는 모습으로 정리된 바탕화면입니다. 중간의 X표시는 사용하지 않는 앱들을 모아 놓은 폴더라고 하네요. 이렇게 보고 나니 이모티콘을 활용한 폴더 정리가 생각보다 직관적으로 다가와 알아보기 쉬운 정리법이라는 생각이 듭니다.

　[그림09]는 앱의 카테고리가 색깔별로 분류되어 있습니다. 앱이 가지고 있는 컬러들을 무지개 순서로 정리하고, 폴더 이름을 해당 컬러가 담겨 있는 이모티콘을 사용해서 정리했습니다. 마치 핸드폰 화면도 패션처럼 '예쁘게' 꾸몄습니다. 앱아이콘을 활용한 서비스 아이덴티티를 잡거나 마케팅에 활용할 수 있는 중요한 포인트입니

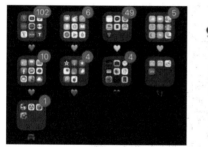

그림09 컬러 구분형 **그림10** 아이디어 데코형

다. Z에게 컬러가 상당히 중요하고 유의미한 요소라는 것을 보여주는 대목이기 때문이죠.

앞의 컬러별 폴더 정리에서 한 단계 발전된 버전도 있습니다. [그림10]은 다양한 아이콘을 사용하거나 투명 폴더를 만들어 원하는 배열로 화면을 꾸민 모습입니다. 유튜브에는 위의 화면처럼 배경화면 꾸미는 방법을 담은 영상도 공유되고 있습니다. 매일 들고 다니는 자신의 분신과도 같은 존재인 만큼, 다이어리를 꾸미듯 폴더를 정리해서 개성을 표현합니다.

Z세대의 핸드폰에서 자주 발견된 앱 중 '타임블록TimeBlock'이라는 스케줄 정리 앱이 있습니다([그림11]). 그 외에도 다양한 종류의 스케줄 앱을 Z의 스마트폰에서 발견할 수 있는데요. 시간 단위로 일과표를 짜고 좋은 습관과 효율적인 학습을 위한 루틴을 만들고자 하는 Z의 야무진 모습이 나타난 배경화면입니다. 스마트폰이 촉발한 경계 없는 삶에서 스스로의 삶을 통제하고, 단단하게 지켜나가고자 하는 의지를 엿볼 수 있습니다.

제법 익숙한 모습의 배경화면이 드디어 나왔습니다. [그림12]는

그림11 실속형 **그림12** 기능구분형

20대 후반의 스마트폰 화면입니다. 용도에 따라서 앱을 구분하고 폴더로 정리한 모습입니다. 이렇게 깔끔하게 정리된 스마트폰 화면을 보면 마음이 편안해지는 기분이 들기도 합니다. 몇몇 폴더는 이모티콘을 활용해서 표현하기도 했는데요, '텍스트'가 기반이 되고, 앱의 용도를 세밀하게 구분해서 사용하고 있는 모습입니다.

Z의 스마트폰 속에 나타난 앱

Z의 스마트폰에는 평균 125개의 앱이 설치되어 있습니다. 그럼 이 많은 앱을 전부 매일 사용할까요? 그렇지는 않습니다. 이들은 한 달 동안 약 58개의 앱을 사용하는 것으로 조사되었습니다. 다른 세대와 비교하면 어떨까요? 지난해 우리나라 스마트폰 사용자들은 평균 102개의 앱을 설치하고, 한 달 동안 평균 39개의 앱을 사용했습니다. 팬데믹 영향으로 모바일 앱 사용이 전체적으로 증가했음을 감안하더라도, 전체 대비 Z세대의 앱 사용률이 더 높다는 것을 알 수 있습니다.

Z는 시간이 날 때마다 주기적으로 앱스토어에 들어가서 새로운 앱을 설치하고 사용합니다. 유용하다고 판단되면 스마트폰에 남겨놓고, 인상적이지 않다면 바로 삭제합니다. 이들은 기업이 계획한 대로 앱을 사용하지 않습니다. 자신들의 니즈에 맞게 규칙을 만들

고 앱 기획자가 예상치 못한 새로운 이용방식과 소통법들을 발견해내죠. 원하는 기능과 서비스를 당당하게 요구하기도 합니다.

Z는 어떤 앱을 깔고 지우고 또 이용하고 있을까요? Z세대 300명의 스마트폰에서 자주 이용하고 있는 80개의 앱을 11개 카테고리로 분류해보았습니다(2022년 1월 기준 모바일인덱스 조사결과). 앱스토어에는 산업의 관점에서 앱의 주요 기능별로 나뉘어 있는데, [그림13]은 Z세대 개인의 일상으로 들어가 라이프스타일 관점에서 앱들을 자세히 들여다본 것입니다. 카테고리 구분 기준은 각 앱에 들어가는 목적, 해당 앱이 그들의 삶에서 점유하고 있는 부분을 기준으로 했습니다.

1. 소셜네트워크

Z세대가 가장 많은 시간을 사용하고 있는 카테고리의 앱입니다. 소셜네트워크 앱은 커뮤니케이션 기반이 되는 기능에 따라 다시 5가지 유형으로 나눌 수 있는데 [그림13]과 같습니다. 메신저, 이미지, 비디오, 텍스트, 커뮤니티로 구분하였습니다. Z는 각 메신저 앱을 특성에 따라 자신에게 맞는 용도로 이용합니다. 관계의 친밀도에 따라 각기 다른 메신저 앱을 사용하기도 하죠. '카카오톡'이 전 세대 모두 활발하게 사용하는 국민 메신저 앱이라면, 다른 4개의 앱은 Z가 특히 즐겨 쓰는 앱입니다.

먼저 '젠리'는 위치 기반 메신저입니다. 친구를 맺은 사람들의 위치를 실시간으로 알려주죠. 우리는 친구와의 대화 중에 으레 '지금

그림13 Z가 가장 자주 이용하는 앱 지도 ©크로스IMC

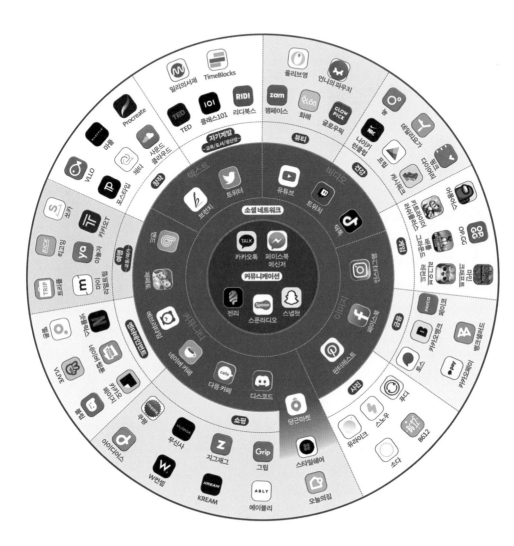

어디야?'라고 묻곤 합니다. 이런 대화에서 착안해 나온 메신저인데 젠리는 정말 친한 친구와 가족 사이에서 사용하는 앱입니다. '스냅챗'은 메시지를 볼 수 있는 시간을 1~10초 사이로 설정 가능한 메신저 앱입니다. 톡 대화에서 1이 없어지지 않는 것을 초조하게 기다려 본 경험이 있는 분들은 이 기능이 얼마나 유용한지 이해하실 겁니다. '디스코드'는 게임과 호환이 되어 10대, 20대 게임 유저가 즐겨 사용하는 앱인데 근래 NFT 커뮤니티들의 주요 소통 채널로 급부상 했습니다.

2. 뷰티

라이프스타일은 뷰티 외에도 패션, 인테리어, 쇼핑 등 다양한 삶의 영역을 포괄합니다. 그럼에도 뷰티 카테고리를 따로 구분한 이유는 Z세대가 초등학교 저학년 때부터 메이크업을 시작하고 있기 때문입니다. 메이크업은 그들의 놀이문화로 자리 잡았습니다. 특히 Z세대는 유튜브, 블로그, 카페와 같이 밀레니얼 세대가 화장을 배웠던 채널이 아니라 '잼페이스'라는 앱에서 원하는 정보만을 골라보는 특징이 두드러집니다. 오프라인에서 자주 볼 수 있는 '올리브영'을 제외하면, 모두 앱 기반 서비스입니다. 화장 노하우와 관련된 하우투 정보는 유튜브가 절대적인 우위를 점하고 있음에도, Z는 뷰티 관련 앱에서 정보와 트렌드를 확인하고 있습니다. '화해'에서는 시중에 판매되는 화장품의 성분과 안전성을 확인하고, '글로우픽'에서는 사용후기를 모아봅니다. '언니의 파우치'에서는 포스트와 리뷰를 통해 팁과 포인트를 얻습니다.

3. 건강

Z는 건강과 자기관리에 각별합니다. 그들이 건강 및 피트니스 카테고리에서 사용하는 앱을 살펴보면 몇 가지 특징이 보입니다. 그들은 '배움이 있는 여가시간'을 보내고 있고, 건강을 위해 달리는 중에도 디지털로 연결되어 서로 응원하고 자극을 주고받습니다. '캐시워크' 같은 적립형 만보기로 알뜰하게 건강과 실속을 모두 챙기기도 합니다. 코로나의 영향으로 홈트, 다이어트 관련 앱인 홈트레이닝, 번핏, 인바디, 바디캘린더, 미핏Mifit, 스튜디오메이트StudioMate 같은 앱들이 순위권에 올라와 있습니다.

4. 게임

Z에게 게임은 놀이이자 친구들과 소통하는 수단입니다. 게임은 가장 많은 시간을 소비하는 엔터테인먼트이면서, 무엇보다 소속감을 느끼게 해주는 매개체이기도 하죠. 혼자 즐기는 게임보다 '함께 연결되어 노는' 문화가 두드러져 보입니다. '리그오브레전드 와일드 리프트'는 PC버전과는 다른 모바일 게임으로, 무작위로 등장하는 챔피언을 통해 최고의 전략가를 가리는 라운드 기반 전투 게임입니다.

'어몽어스'는 일명 '마피아 게임'의 모바일 버전으로 트위치와 유튜브에서 입소문을 타 Z세대 사이에서 폭발적인 인기를 얻었습니다. 'OP.GG'는 랭킹이 부여되는 게임의 전적을 검색할 수 있는데, 단순 검색뿐만 아니라 '리더보드 랭킹' 시스템도 존재하죠. '마인 크래프트'는 건축, 보스 잡기 등 정해진 목표 없이 자유롭게 즐기는 '오픈월드' 게임입니다. '카트라이더 러쉬플러스'는 2004년에 넥슨이 발표한 카트라이더 게임을 모바일 버전으로 옮겨 온 레이싱 게임입니다. '배틀그라운드 모바일'은 PC 버전의 '플레이어 언노운스 베틀 그라운드PUBG' IP를 기반으로 만든 서바이벌 슈팅 게임입니다. '쿠키런'은 캐릭터 성장 시스템을 바탕으로 전투와 소셜네트워크를 수행하는 게임입니다.

5. 금융

금융 카테고리에서는 전통적인 금융권이 아닌 핀테크 플랫폼들이 눈에 띕니다. Z가 새롭게 올라온 금융 솔루션들을 이용하고 있음을 확인할 수 있죠. 송금 및 결제 편리성이 Z세대에게 중요하다는 것을 확인할 수 있습니다.

6. 사진

단일 카테고리에서 개인이 보유한 최대 앱 상위권이 바로 '사진' 카테고리입니다. Z세대가 얼마나 사진을 중요하게 여기고 활발하게 사용하는지 확인할 수 있습니다. 유료 앱들임에도 불구하고 '힙한 감성'을 얻기 위한 Z의 열정이 느껴집니다.

7. 쇼핑

쇼핑에는 오픈마켓, 패션, 인테리어, 중고거래, 홈쇼핑, 마트, 백화점, 면세점, 생활용품에서 배달 앱까지 포함됩니다. 이처럼 가장 다양한 양상이 나타나는 카테고리가 바로 쇼핑입니다. 커뮤니티 서비스로 출발해 커머스 앱으로 성장한 앱, 커뮤니티와 커머스 기능이 함께 작동하고 있는 앱, 라이브 커머스로 진화한 앱, 최근 Z의 호응으로 부상한 리셀러 마켓을 담은 앱 등이 있습니다. 쇼핑 중에서도 패션 영역에 특화된 앱이 다수 포함된 것을 확인했습니다.

8. 엔터테인먼트

엔터테인먼트 또한 Z의 시간을 가장 많이 점유하는 카테고리입니다. 이 카테고리에는 OTT 서비스, 음악, 개인 방송, 만화, 도서, 팬덤 등의 영역을 담았습니다. Z가 좋아하는 취향과 코드를 읽을 수 있는 영역이죠. 코로나 상황에 콘텐츠를 보고 듣는 방문 빈도와 집중도가 높아진 것을 확인할 수 있습니다.

9. 여행

여행 카테고리에 교통과 여가를 함께 둔 것은, Z들이 자신의 스마트폰 카테고리에 두 영역을 함께 포함해놓은 것이 매우 흥미로웠기 때문입니다. 이는 삶의 변화 양상과 Z의 여행에 대한 인식과 관련 있습니다.

10. 자기계발

Z는 실용적인 정보부터 교과 학습 지식까지 모두 유튜브에서 얻습니다. 무엇보다 스마트폰 메인 화면에 자기관리와 관련한 내용을 체크리스트로 사용하고 있죠. 기존 앱스토어에서 도서, 교육, 생산 분야의 카테고리를 모아 자기계발 카테고리로 묶었습니다.

11. 창작

창작이라는 카테고리는 앱스토어 어디에도 없지만, Z의 문화를 관찰하며 이들이 강력한 콘텐츠 소비자이자 동시에 생산자임을 확인했습니다. 이들은 스스로 무엇인가를 만들어내는 데 거리낌이 없습니다. 뜻이 맞는 또래와 함께 협업해 새로운 창작활동을 하기도 하고 친구들에게 공유하기도 합니다.

그림을 그릴 수 있는 앱, 직접 디자인한 굿즈를 제작할 수 있는 앱, 자작곡이나 커버곡을 공유할 수 있는 앱, 직접 채팅형 소설을 쓰고 작가로 등단할 수 있는 앱, 브이로그 영상을 편집할 수 있는 앱, 직접 창작한 웹툰을 판매할 수 있는 앱 등이 발견되었습니다.

지금까지 [그림13]의 Z의 스마트폰에서 발견한 앱들을 살펴보았습니다. Z세대에게 호응을 얻어서 전 세대로 확산한 경우도 있고, 트렌드가 지나간 앱을 Z가 다시 소환시킨 경우도 있습니다. 아직 Z세대 사이에서만 인지되고 있는 앱이라면 이를 분석하는 것은 그들의 문화를 이해하고 시장의 흐름을 예측하는 데 도움이 될 것입니다. 앞으로 이 책의 2부와 3부에서 이 앱 지도에서 언급된 앱 중 몇 가지를 좀 더 살펴보려고 합니다. 이 책에서 함께 알아보고 인사이트를 건져 낼 앱 10개의 선정 기준은 다음과 같습니다.

- ✓ Z의 열망을 잘 반영하여 라이프스타일을 변화시킨 앱
- ✓ 기존에 없던 새로운 서비스와 기능으로 혁신을 구현한 앱
- ✓ Z의 호응을 얻어 새로운 문화를 창발시킨 앱

Z
'유튜브'는
동영상 콘텐츠 플랫폼이
아니다

그렇다면 Z세대가 가장 많은 시간 동안 사용하는 앱 카테고리 TOP 5는 무엇일까요? 1위는 소셜네트워크 카테고리입니다. Z의 스마트폰 화면 속 소셜네트워크 앱들은 기반이 되는 소통수단과 목적 (텍스트, 이미지, 동영상, 메신저, 커뮤니티)에 따라, [그림14]처럼 크게 5가지로 나눠볼 수 있습니다.

그림14 가장 많이 이용하는 앱 카테고리

유튜브는 커뮤니티다

주로 영상을 찾아보는 유튜브 앱이 왜 소셜네트워크 카테고리에 있을까요? Z세대는 정보를 찾거나 관심사를 보기 위해 '동영상 스트리밍' 기능으로만 유튜브를 사용하진 않기 때문입니다. 유튜브의 크리에이터와 구독자 간에는 유대감이 형성되어 있습니다. 구독자는 크리에이터를 후원할 수 있고 크리에이터는 커뮤니티의 활동 정도에 따라 '배지' 컬러와 사용권한에 차별을 줄 수 있습니다.

서로 몰랐던 구독자 간에도 정서를 교감하는 느슨한 커뮤니티가 형성됩니다. 유튜브에서 '반모방'을 보신 적 있으신가요? 일명 '반말모드방'인데요. 간단한 규칙을 설명하는 영상 하나를 띄워놓고

그림15 소셜네트워크

댓글로 자신을 소개하면서, 자신과 비슷한 취향을 가진 친구들을 사귀는 커뮤니티 공간입니다. 인터뷰와 조사에 참여했던 Z들이 스마트폰 화면만큼 공개하기 꺼리던 영역이 바로 이 '반모방'이었습니다. Z에게 '반모방에서 함께 대화한다'는 것은 반말해도 되는 편한 관계라는 의미와 더 가깝고 특별한 관계가 되었다는 의미를 담고 있습니다. 유튜브를 단순히 영상 콘텐츠와 정보 검색 미디어로 활용하는 수준을 넘어서, 커뮤니티처럼 활용하는 것이죠.

주인공이 댓글이다

Z세대는 유튜브를 '보는' 플랫폼에서 '듣는' 플랫폼으로 활용합니다. 각종 컨셉의 플레이리스트가 인기를 얻고 있죠. 그중 '때껄룩 Take a look'이라는 채널의 플레이리스트를 소개하며 댓글을 통해 어떻게 커뮤니티가 형성되는지 말씀드리려 합니다.

보통 플레이리스트는 1개의 고정 이미지로만 재생하는 것이 일반적인데 때껄룩은 각 음악에 맞는 영상과 이미지를 세심히 고릅니다. 그리고 비주얼과 음악을 감상한 사람들이 구체적인 상상을 댓글로 올리면서 '댓글놀이'가 시작됩니다.

먼저 제목부터 댓글놀이에 판을 깔아줍니다. '이 언니들 목소리에서 꿀 떨어진다 양봉해야지'라는 제목이 달립니다. 여기에 '유자차 뽑았어요. 여러분도 얼른 내 차 마련하시길…'이라는 댓글이 달립니다(좋아요 6,600개). 라임을 맞춘 드립력 충만한 대댓글 250여 개가 순식간에 달립니다. 댓글의 향연이 펼쳐지는 것이죠.

'전 홍차요. 외제차라 좀 무리했어요.'

'전 유모차요.'

'전 녹차요. 승차감이 꽤 괜찮더라고요.'

'뭐니 뭐니 해도 제일 좋은 차는 월차죠.'

'약간 노을 지는데 차 타고 드라이브하다가…'

'미드 여주인공으로 빙의하는 건 기본…'

'웹소설 읽고 싶은데 돈이 없을 때 여기 옴.'

이쯤 되면 하이틴 로맨스 소설을 방불케 하는 장문의 댓글들이 넘쳐납니다. 댓글 구경하러 채널에 놀러 오는 현상이 만들어지죠. 댓글 중에 메인 상단에 고정되거나, 때로는 댓글이 제목으로 승격하는 일도 일어납니다. 이렇게 채널과 댓글이 서로 티키타카 하면서 특별한 유대감이 만들어지고 구독자들 사이에도 공감의 웃음 코드가 만들어집니다.

때껄룩의 플레이리스트에 담긴 노래가 좋아서 방문했다가 '댓글놀이'의 일원이 되어 새로운 콘텐츠 생산자로 변신하는 사람들도 많습니다. 이들이 플레이리스트 음악을 듣고 떠오른 나의 추억 이야기나 즉흥 스토리를 웹소설 작가처럼 댓글에 올려놓으면서 유튜브의 새로운 놀이문화로 발전한 것입니다.

댓글이 콘텐츠가 된 것이죠. 요즘엔 영상에 달린 댓글까지 읽어야 콘텐츠를 제대로 봤다고 판단합니다. '선댓글 후감상'처럼 일단 댓글부터 쭉 내려보고 나서 영상을 보기도 하고요. 영상 콘텐츠가 단순히 소비되는 콘텐츠 플랫폼이 아닌, 댓글을 통해 양방향 소통이 활발하게 일어나는 소셜네트워크가 된 것입니다.

Z가 플랫폼의 성격을 재규정한다

Z세대의 소셜네트워크 앱 중에 트위터와 네이버 밴드도 눈에 띕니다. 트위터는 2006년에 시작된 서비스로 도입 초기에 국내에서 정보확산 영향력이 매우 큰 SNS였습니다. 기업의 바이럴 마케팅 수단으로도 주목 받았죠. 그러다가 정치적 목적으로 이용하는 층이 늘어나고 페이스북이 떠오르면서 외면받는 시기도 있었습니다.

최근에는 트위터가 Z의 K-POP 덕질과 밈 문화 플랫폼으로 다시 떠올랐습니다. 트위터에는 '실시간 트렌드'라는 공간이 있는데요, 포털사이트의 실시간 검색어와 같은 역할을 합니다. 트위터에서 자주 언급되는 단어들을 실시간으로 집계해서 보여주는 이 공간에서 Z는 자신들이 응원하는 아티스트의 이름이나 활동이 1위에 노출되도록 많은 양의 게시물을 올립니다. 일명 '실트 총공'이라고 하죠. 다른 팬클럽과의 경쟁으로 이어지기도 합니다. 전 세계 사람들이 사용하는 트위터 '실시간 트렌드'에서 자신이 응원하는 아티스트가 1위를 차지하면 그것이 홍보효과로 이어지기 때문입니다.

트위터는 밈 문화를 이끌고 있는데요. 한 예로, 트위터에서 '세일러문 그리기 챌린지' 붐이 일어 다른 SNS에까지 확산되기도 했습니다. '세일러문'이라는 애니메이션 주인공을 자신의 그림체로 그리거나, 재미있게 표현하는 챌린지입니다. 생각보다 고퀄리티인 그림들도 많아서 더욱 관심을 끌었습니다. 특히 자신을 '덕후'라고 표현하는 사람들이 트위터에서 활발하게 활동하는 경우가 많기 때문에 Z세대의 유행이 궁금하다면, 그때그때 '밈', '팬덤', '덕후'와 관련된 멘션을 참고하면 좋습니다.

네이버 밴드는 4050 이상이 주로 동창회나 특정 목적의 모임을 위해 폐쇄적으로 이용했던 커뮤니티입니다. 그러다 최근 코로나 19로 인한 원격수업이 늘어나면서 출석 체크를 네이버 밴드로 하게 되어 사용량이 늘어났죠. Z세대는 네이버 밴드에서 '미션 인증' 놀이를 하고 있습니다. 주변 친구들 또는 익명의 사람들과 함께 미션을 수행하고, 수행결과를 공유하고 확인하는 방식으로 이용하고 있는데요. Z는 자신의 건강한 생활 루틴을 만들기 위해 이런 미션 활동을 활발히 합니다.

Z는 특정 플랫폼을 관계의 가까운 정도와 이용 목적에 따라 자유자재로 넘나들며 이용합니다. 플랫폼을 만든 기업의 의도와 달리 디지털 네이티브인 Z가 특정 기능을 어떻게 이용하고 플랫폼의 성격을 규정하는지에 사업의 성패가 달려 있습니다.

핵심은 '실시간'이다

Z세대가 선호하는 소셜네트워크 앱의 핵심은 '실시간', 즉각적인 연결입니다. 친구나 가족과의 메신저 대화를 살펴보면 보편적으로 하는 말이 "지금 어디야?", "뭐해?"처럼 상대의 위치나 상황을 묻는 질문일 겁니다. '젠리'라는 어플은 바로 이런 질문들을 대체할 수 있

는 메신저입니다. 젠리에서 친구를 맺으면 서로의 위치를 실시간으로 알 수 있고, 어떤 친구들이 모여서 노는지, 심지어 나를 빼고 모이는지도 알 수 있습니다. 또 상대방의 핸드폰 배터리가 몇 퍼센트 남았는지까지 알 수 있죠.

Z세대가 페이스북 메신저를 많이 사용하는 건 친구들의 접속상태 확인이 가능하기 때문입니다. 젠리와 '스냅챗'은 친구의 접속상태뿐만이 아니라 친구와 나의 물리적 거리도 확인할 수 있습니다. 스냅챗은 메시지를 확인하고 나면 설정한 시간에 따라 자동으로 사라지기 때문에 사생활에 민감한 유저들이 선호합니다.

Z는 소통과 관련된 앱들을 물리적 거리에 따라, 소통의 목적에 따라, 대상에 따라 다양하게 활용하는 것을 확인할 수 있습니다.

마지막으로 '스푼라디오'는 오디오와 댓글을 통해 실시간으로 사람들과 연결될 수 있는 방송 플랫폼입니다. 기존의 FM라디오가 단방향의 일방적인 정보제공 플랫폼이었다면, 스푼라디오는 방송을 진행하는 DJ와 청취자가 양방향으로 소통할 수 있는 새로운 오디오 플랫폼입니다.

제가 스푼라디오를 메신저 카테고리에 포함시킨 것은 유튜브와 같은 오디오 방송의 성격을 가지고 있으나 약속된 시간에 청취자와 함께 비정기적으로 만나기도 하고, 타 앱에서 만난 Z들이 스푼에 와서 라이브 오디오로 소통한다는 점 때문입니다. 라디오 방송을 정기적으로 여는 DJ와 청취자를 중심으로 형성된 관계형 커뮤니티 속성을 기반으로 하고 있고요.

Z는 이처럼 다양한 플랫폼을 자신들의 니즈에 맞게 변형해 활용하면서, 누군가와 끊임없이 연결되고 싶어 합니다. 소셜네트워크로 분류된 앱들이 이미지, 영상, 텍스트 중 한 가지 기능만이 아닌 여러 기능을 통합해서 제공하고 있기 때문에 Z에게 있어서 더 이상 앱의 카테고리 구분은 크게 의미가 없어 보입니다.

Z
카메라 앱을
SNS 앱과
같은 폴더에 넣는 이유

Z의 핸드폰 화면에는 필터 카메라 앱, 사진 보정 앱들을 꽉 채워 넣은 '사진 및 카메라' 폴더를 쉽게 찾아볼 수 있습니다. 카메라 관련 어플을 가장 많이 사용하는 이용자의 폴더에는 무려 18개가 넘는 앱이 담겨 있기도 했습니다. 이들이 보편적으로 사용하는 카메라 앱 중에는 유료 앱도 많이 보입니다.

Z가 카메라 앱에 얼마나 진심인지 알 수 있죠. 카메라 앱들이 소셜네트워크 앱들과 한 폴더에 들어가 있는 경우도 43% 이상이었습니다. 소셜네트워크 앱을 이용하기 위해 사진이나 동영상 앱을 많이 사용하기 때문이죠. 이들에게 사진 및 동영상 앱은 자연스레 소셜네트워크와 연결되는 앱입니다.

금융, 엔터테인먼트 그리고 게임

앞의 [그림14]에서와 같이 금융 카테고리가 가장 많이 이용하는 앱 2위에 오른 것은 생활의 필수적인 금융 라이프가 20대에서는 모바일 중심으로 전환되었기 때문입니다. 흥미로운 점은 상위에 랭크된 앱이 모두 핀테크 기업들이라는 것입니다. 이러한 앱들은 쉽고 편리하게 이용할 수 있을 뿐만이 아니라, 게이미피케이션Gamification 즉 게임 요소를 접목시킨 간편한 송금과 즉각적인 보상 같은 시스템 적용으로 투자의 재미를 제공합니다. 2021년 10월부터 2022년 3월까지 6개월간 20대가 사용하는 금융 관련 앱에서 업비트와 같은 암호화폐 거래 플랫폼이 9위권에 올랐습니다. 송금 및 결제 시스템에 있어서는 편의를, 재테크에 있어서는 새로운 부의 창출 기회를 만들고자 하는 열망이 암호화폐와 가상자산투자로 연결되고 있음을 확인할 수 있습니다. 금융에서도 빠른 정보흡수와 재미를 추구하는 Z를 이해하고 변화하는 라이프에 맞추기 위한 끊임없는 시도가 일어나고 있습니다.

이제는 '누가 Z세대의 시간을 점유할 것인가?'로 시장의 성패가 판가름 납니다. 코로나19로 인해 일상의 더 많은 시간을 디지털 세상에서 보내게 되었고, 기업이 미래 경쟁력을 선점하는 데 Z의 선택이 핵심적인 열쇠가 되었기 때문입니다. 엔터테인먼트에는 영상 콘텐츠, 웹툰, 웹소설, 음악, 아이돌 팬덤, 영화 등을 즐기기 위한 앱들이 담겨 있습니다. Z가 머무는 시간을 붙잡기 위해서는 무엇보다 콘텐츠 경쟁력이 어느 때보다 중요해졌습니다.

특히 게임은 이제 더 이상 서브컬처subculture가 아닙니다. Z가 선호하는 주요 게임들은 친구들과 함께 놀 수 있는 게임, 커뮤니티 성격의 게임들입니다. 게임을 하며 새로운 친구를 만나거나 스스로 창작한 게임 세계에 친구들을 초대할 수 있는 게임을 즐겨 이용합니다. 게임 세계에서 내가 창조한 캐릭터는 현실에서와 전혀 다른 내가 되기도 하고, 내가 좋아하는 동물과 함께 다니기도 하고 나와 가장 닮은 모습으로 표현되기도 합니다.

개별 앱 사용량도 한번 살펴보겠습니다. Z는 유튜브를 가장 오랜 시간 사용하고, 그다음 카카오톡, 네이버, 페이스북, 인스타그램 순입니다. 소통을 위한 메신저보다 영상 콘텐츠 앱을 더 많이 사용하는 것입니다. 그렇다면 Z는 소통보다 혼자서 콘텐츠를 소비하고 싶어 하는 니즈가 더 크다고 볼 수 있을까요?

반드시 그렇지는 않습니다. 앞서 소개했던 것처럼 플랫폼의 기존 성격과는 무관하게 Z는 다양한 곳에서 사람들과 연결 활동을 합니다. 1차적인 콘텐츠 소비를 넘어, 온라인 환경에서 낯선 사람들과 자신의 의견을 나누고 취향을 공유합니다. 기존 플랫폼의 성격이나 스테레오타입과는 상관없이 자신의 취향과 라이프스타일에 따라

유튜브   카카오톡   네이버   페이스북   인스타그램

그림16 **가장 많이 쓰는 앱 TOP 5**

이를 변형하거나 섞어서 사용하는 것이죠.

Part 2.

Z의 진심이 향하는 곳에
'새로운 기회'가 있다

1

ONE & ONLY
세상에 하나뿐이고
유일한
'나'를 찾아서

이번 챕터에 등장하는 앱

잼페이스 .... **zam**

국내 유일의 동영상 중심 뷰티 플랫폼. 2019년 6월 서비스를 시작한 잼페이스는 전체 이용자 중 Z세대 여성 비율이 약 94%에 달한다. 2022년 3월 기준 가입자수는 200만 명이다.

"저희는 상상의 한계가 우리가 만들어낼 수 있는 서비스의 한계치라고 생각합니다. 상상하면서 생각해낸 아이디어들이 계속 구현되고 있거든요. 잼페이스가 글로벌 진출을 하게 되면, 화장품 중소기업이나 뷰튜버들을 글로벌 시장으로 이끄는 연결고리가 될 수 있다고 생각해요."

— 윤정하(잼페이스 CEO)

스타일쉐어

패션 정보를 공유하는 SNS 기반 패션 플랫폼. 2022년 3월 기준 가입자수 875만 명, 가입자 중 1020대 구성비는 84%로 2016년부터 2019년까지 연평균 225%의 가파른 성장세를 보였다. MAU는 100만 명이고, 재방문율은 63%이다.

"'요즘 다들 뭐 입지?'라는 궁금증에 대한 가장 믿을 만한, 그리고 진실된 답과 상품을 제공할 수 있는 서비스로 포지셔닝 되었으면 해요. 스타일의 발견과 연결, 구매라는 핵심 여정을 강화해 나가면서요."

— 정미리(스타일쉐어 PM)

Z

닮고 싶은 연예인이 아니라 '나와 닮은' 뷰튜버를 찾는다

Z는 '나'의 정체성을 탐색하고 발견해가는 과정에 있습니다. 화장은 특히 페르소나와 깊은 관련이 있습니다. 칼 구스타프 융은 페르소나를 있는 그대로의 나ego와, 자신의 본성을 감추거나 다스리기 위한 것으로 설명했습니다만, 현대에는 보통 타인에게 비치는 외적 성격 그 자체를 지칭합니다.

페르소나가 고대 그리스 배우들의 가면에서 유래했듯 화장하는 행위에는 여러 가지 함의가 있습니다. Z는 개성을 표현하기 위해 어떤 스타일이 어울리는지 적극적으로 탐색합니다. 트렌드에 민감하고 새로운 정보를 발견하는 데 능숙하며 자신에게 필요한 것이 무엇인지 잘 알고 있습니다. Z는 메이크업에서 어떤 니즈와 욕구를 표현하고 있을까요? Z의 성향을 살피는 것은 그들의 내면을 이해하는 데 도움이 됩니다.

동영상 중심의 뷰티 플랫폼, 잼페이스의 등장

수많은 뷰티 앱 중, 우리가 살펴볼 앱은 바로 '잼페이스'입니다. Z는 빠르면 초등학생 때부터 화장을 시작합니다. 잼페이스는 2019년 6월 서비스를 시작한 국내 유일 '동영상 중심' 뷰티 플랫폼으로, 전체 이용자 중 Z세대 여성 비율이 약 94%에 달합니다.

뷰티 영상을 가장 많이 보는 친구들이 Z입니다. 옷 스타일에 대해 가장 활발하게 포스팅하고 후기를 올리는 친구들도 Z입니다. 이전 세대들은 블로그나 온라인 카페에서 화장을 배웠다면, Z는 유튜브나 앱을 통해 트렌드를 확인합니다. 뷰티 관련 앱 잼페이스가 연 초보 화장 클래스는 오픈하자마자 1만 9,000명이 신청했고, 질문과 다양한 인터렉션이 활발하게 일어났습니다.

'예쁜' 것보다 '나'에게 어울리는 것

이전 세대가 성형외과에 닮고 싶은 연예인 사진을 들고 갔다면, Z는 필터로 보정된 자신의 사진을 가져와 "이렇게 만들어주세요." 라고 합니다. 무작정 유명인을 따라 하기보다 조금 더 나은 자신의 모습을 갖고 싶어 하죠.

화장에서도 비슷한 현상이 나타납니다. 그저 메이크업만 잘하는 뷰튜버를 찾는 것보다, **자신과 얼굴 특징이나 피부톤이 비슷한 뷰튜버를 찾는 거죠. 보편적인 미의 기준이 아니라, 자신의 취향과 개성에 어울리는 스타일을 찾아갑니다.** 뷰튜버의 브이로그 일상을 보며 친근함을 느끼고, TPO에 따라 어떻게 연출하는지 과정을 직접 보여주기에 한층 더 신뢰합니다. 조각 미모 연예인이나 유명한 메이크업 전문가가 알려주는 화장법보다 실제로 내가 '시도할 수 있고', '해볼 만한' 현실감 있는 콘텐츠를 선호하는 것이죠. 뷰튜버들도 영상을 제작할 때 '어려운 단어 없이 쉽게' 설명하는 데 집중한다고 합니다.

스무 살 김소연 님은 이렇게 말합니다. "전 무쌍에 쿨톤이에요. 꾸안꾸 스타일을 선호하고요. 그래도 가끔 어떤 날은 컬러렌즈로 분위기를 바꿔보고 싶을 때가 있어요. 그럴 땐 보통 눈동자 색이나 퍼스널컬러가 맞는 뷰튜버의 영상을 참고해요."

Z는 아무리 화려하고 뛰어난 화장법이라도 본인에게 어울리지 않으면 의미가 없다고 생각합니다. 10대 때부터 화장을 시작한 Z는 "화장을 하는 것은 어떤 의미인가요?"라는 질문에 아래와 같은 답변을 주었습니다.

> "화장으로 드라마틱한 효과를 바라는 건 아니에요. 내가 더 예뻐지면 기분 좋죠. 하지만 그보다 저한테 어떤 모습이 있는지 찾고 싶어요. '새로운 나'를 발견하는 게 더 좋아요. 그리고 그걸 기록으로 남기고 싶어요!"
> 관심태그: #무쌍 #웜톤 #데일리 #꾸안꾸 #청순 #20대
> – 잼페이스 이용자 김고은 님(22세)

> "내 얼굴을 자세히 들여다보고, 어떤 화장이 더 어울리나 살펴보는 게

나를 더 사랑하는 과정이라고 생각해요. 또 그 과정에서 자신감을 얻게 돼요. 내가 좋아하는 내 얼굴의 장점을 극대화하는 것! 이게 화장인 것 같아요."

관심태그: #겉쌍 #20대 # 화려 #성형메이크업 #쿨톤

– 잼페이스 이용자 이미연 님(23세)

Z는 타인의 시선을 위해 화장하는 것이 아닙니다. 자신의 모습을 있는 그대로 받아들이고 장점을 찾아내어 가꾸는 태도를 보입니다. Z가 유명 연예인이나 유튜버를 찾는 것이 아니라 자신과 닮은 뷰튜버를 찾는다는 것을 일찍이 파악한 잼페이스는 '페이스매칭 기술'을 활용하여 AI가 이용자의 얼굴을 인식해, 비슷한 외모의 인플루언서를 추천해주는 기능을 탑재했습니다. 또한 AR기술을 접목하여 퍼스널컬러를 진단해주는 서비스도 론칭했습니다. **Z세대가 선택하는 콘텐츠와 소비는 나를 발견하고 탐색하는 여정인 셈입니다.**

교복을 입기도 전에
화장부터 배우는 이유

뷰티와 관련해서 가장 눈에 띄는 점은 Z의 화장 시작 시기가 빨라졌다는 것입니다. 심층 인터뷰에서 만난 대부분의 Z가 초등학교 때부터 화장했다고 말했습니다. 이와 유사한 연구결과도 있는데요. 광주대학교 뷰티미용학과 박정연 교수가 초중고 학생 537명을 대상으로 조사한 결과, 절반 이상인 52%가 초등학생 때부터 화장을 시작했다고 응답했습니다. 화장을 시작하는 시기가 빨라진 데는 구체적으로 어떤 이유가 있을까요?

화장은 '놀이'이자 우리끼리 친해지는 방법

Z가 화장을 시작하는 시기가 빨라진 건 유튜브의 영향 때문입니다. Z에게 유튜브는 정보를 얻는 첫 번째 경로이기도 하고, 궁금증을 해소하는 플랫폼입니다. 나아가 살아가는 데 필요한 노하우를

얻고 자기계발로 연결시키기도 하죠. 영상을 따라 하면서 배우기에 가장 적합한 분야 중 하나가 메이크업이고요. 많은 Z세대가 유튜브를 통해 화장을 배우고, 자신의 화장법을 공유합니다.

Z에게 화장은 놀이문화입니다. Z는 인터뷰에서 공통적으로 "어릴 때부터 친구들과 화장하며 놀았어요."라는 이야기를 합니다. 이들은 화장을 잘 알지 못하는 '화알못' 친구들에게 화장해주며 친밀감을 표현하고, 친구들과 공통의 관심사를 가졌다는 데에 서로 유대감을 느낍니다.

어느새 초등학생 '뷰튜버'도 등장했는데요. 이들은 또래 친구들과 '겟 레디 위드 미get ready with me'를 위해 함께 화장을 시작하죠. 초등학생 뷰튜버들의 해시태그에는 '#곧 있으면 입학하는 빵칠년생 데일리 메이크업', '#08데일리 체육대회 메이크업', '#07년생 모여라', '#오랜만에 학교 가는 개학날'과 같은 해시태그가 달립니다. 이들에게 화장은 친구 관계를 돈독하게 만들고, 커뮤니케이션을 원활하게 해주는 **매개체**입니다.

브랜드에 인격을 부여하자

Z는 앱 관리자인 '잼페언니'에게 이런저런 소소한 일상과 고민을 이야기하곤 합니다. 잼페이스 이용자 김수연 님은 계속해서 앱을 이용하기로 마음먹은 결정적인 계기가 '잼페언니'가 질문에 댓글을 달아주었기 때문이라고 합니다. 잼페언니가 달아주는 세심하고 다정한 댓글은 이용자들에게 옆집 언니가 화장을 가르쳐주는 기분

을 느끼게 만듭니다.

Z는 이들이 브랜드 홍보 담당자라는 걸 알지만, 자신들처럼 콘셉트를 잡고 있다고 인식합니다. 브랜드에서 설정한 캐릭터와 티키타카 하며 '과몰입'해 브랜드를 진짜 사람처럼 대하며 소통하고 같이 놀죠. 이런 콘셉트에는 특정한 '성격 부여'가 중요합니다. 잼페언니의 경우, 본인 소개창에 '#속쌍 #수부지 #가을웜톤 #30대 #코쉐딩 #오렌지'라고 소개하며 '퍼스널컬러는 가을웜, 세련된 누드메이크업을 좋아하고 좋아하는 컬러는 MLBB 컬러, 피부타입은 수부지, 메이크업 MBTI는 ESTJ'라고 소개합니다. 잼페언니의 모습과 성격이 그려지시나요? 잼페이스 이용자들은 '잼페이스는 어떤 이미지인가요?'라는 질문에 "항상 신나 있는 ESFP 친구 같아요." 또는 "ENFP 친구 같아요. 화장을 매개로 저랑 같이 놀거든요. 늘 새로운 아이디어도 넘치고요."라고 답합니다.

소셜미디어에 캐릭터를 설정한 브랜드는 수없이 많습니다. 그런데 잼페언니처럼 깊은 정보와 인간적인 교감을 함께 나누어주는 브랜드 캐릭터는 손에 꼽습니다. Z는 잼페언니에게 자신의 개인적인 이야기를 DM으로 보내기도 합니다. 친구와 싸워서 힘들다며 하늘 사진을 보내기도 하고 남자친구와 헤어져서 힘들다고 고민을 털어놓기도 하죠. 잼페언니를 친근한 이웃집 언니처럼 대하면서 믿고 따릅니다.

브랜드와 신뢰가 형성되고 친해진 Z는 종종 브랜드에게 문제를 해결할 수 있는 아이디어를 주기도 하고 Z와 소통할 수 있는 '꿀팁'

도 전달해주곤 합니다. 촘촘하게 원하는 바를 피력하고 개인적인 의견을 내는 데 주저함이 없는 세대이니까요.

Z 고객의 초기 유입은 '추천'이나 '큐레이션'으로 이루어지지만 **고객유지는 브랜드가 전하는 휴먼터치, 인간적인 교감과 '개인화' 된 서비스, 제품을 통해 결정된다는 것을 알 수 있습니다.**

내가 원하는 정보만 쏙쏙

Z는 원하는 정보만 쏙쏙 뽑아내어 빠르게 보기를 원합니다. 특히 화장법 같은 경우에 뽑아낸 정보의 해당 구간을 반복해서 보기를 원하죠. 뷰티 영상은 대체로 긴 편이라 원하는 지점을 찾기가 힘들었던 겁니다. 유튜브에는 방대한 콘텐츠가 있지만 정제된 정보를 원하는 부분만 선별해서 제공하지는 않습니다. **Z세대에게는 '원하는' 콘텐츠를 핀셋으로 콕 집어주는 정보의 큐레이션이 필요합니다.** 잼페이스 이용자 김정연 님(20세)은 인터뷰에서 "유튜브에 '메이크업'을 검색했을 때, 내가 원하는 정보를 찾아낸 적은 별로 없었어요."라고 이야기합니다. 게다가 메이크업의 전 과정을 보여주는 뷰티 영상은 길이가 1시간 이상인 경우가 많아, Z는 영상을 스킵하며 보거나 끝까지 집중하기 어려워합니다. 내게 필요한 3분의 정보를 위해 30분의 시간을 허비하는 것을 용납하지 않죠. 그리고 뷰튜버들이 쓰는 화장품 정보와 해당 리스트를 알고 싶다는 니즈가 큽니다.

Z의 이러한 니즈에 부응하여 잼페이스에서 만든 기능이 '타임점

프'입니다. 원하는 메이크업 부위가 눈이라면 '무쌍 화장법과 사용 제품' 영상만 모아서 해당 구간만 무한 반복해서 볼 수 있습니다. 제품별, 부위별, 메이크업 영상 연속보기 같은 기능들이죠. 수백 개의 기초 화장품과 색조 화장품 중에 무엇이 나에게 어울리는지, 나에게 딱 맞는 정보를 찾기는 쉽지 않습니다.

패션커머스 앱인 스타일쉐어 역시 '트렌드 센싱' 역할을 하기 위해 주력하고 있습니다. 스타일쉐어 이용자 이정인 님(22세)은 '에디터 추천' 콘텐츠 때문에 스타일쉐어를 이용하게 되었습니다. 에디터들이 기획전으로 올리는 추천 스타일을 보면 트렌드를 파악할 수 있어서 즐겨보게 되었다고 합니다. 에디터 추천 콘텐츠가 방문계기를 만들어주었지만, 지금은 본인의 게시물을 올리고 원하는 정보를 찾아보기 위해 방문합니다.

스타일쉐어는 Z세대와 눈높이를 나란히 하고 평등한 위치에서 서로 정보를 주고받습니다. Z가 자주 검색하는 키워드나 게시물 데이터를 통해서 그들이 좋아할 트렌드를 미리 파악하고 제공하는 거죠. 국내뿐만 아니라 해외의 새로운 정보에 신속하게 도달 가능한 Z는 트렌드에 뒤처지지 않으면서도 자신의 개성으로 표현하는 것을 중요하게 여깁니다.

개인 맞춤형 서비스를 원하는 Z에게 큐레이션 된 정보와 서비스는 이제 필수 조건입니다. 페이스매칭으로 나와 비슷한 뷰튜버와 연결되고, 관심태그로 설정한 키워드에 해당하는 정보를 지속적으로 업데이트 받고, 여기에 잼페언니 같은 브랜드 캐릭터의 친절한 안내가 더해지니 화장을 시작하는 Z가 좋아할 수밖에 없겠죠.

Z세대는 주기적으로 앱스토어에 들어가 새롭게 올라온 앱과 콘텐츠를 경험하는 것을 즐깁니다. 그 과정에서 직관적인 사용과 필요로 하는 정보의 충족, 재미있는 경험을 제공하지 못하면 바로 스마트폰에서 삭제되죠. 그 순간, Z의 발길을 멈추게 하는 것은 필요한 정보나 관심사, 취향의 큐레이션입니다. Z의 눈에 띄어 무사히 스마트폰에 저장이 되었더라도 지속적으로 체류하게 하려면 Z의 마음을 움직일 수 있는 인간적인 정서교감과 개인 맞춤형 서비스, 직관적인 UX, 사용의 편리성 등에 초점을 맞춰야 합니다.

Z

'센 언니'부터
'공부 잘하는 날라리'까지,
콘셉트 잡기의 대가들

소셜미디어에 기반한 영상과 이미지가 커뮤니케이션의 기본 수단이 되었습니다. Z에게는 직접 포스팅한 이미지가 차별화된 감각을 보여주는 척도입니다. 아래 [그림17]은 SNS에서 한 번쯤 봤을 법한 그림입니다. 요즘 카페의 테이블 높이가 의자보다 낮아서, 의도치 않게 자세가 불편해지는 현상을 풍자한 그림입니다.

그림17 요즘 카페 의자

카페에서 이런 디자인의 의자와 테이블을 배치한 이유는, 바로 힙한 콘셉트 때문입니다. SNS에는 힙한 순간의 콘셉트를 소비하는, 일명 '컨셉러'들이 있습니다. 심지어 카페에서 사진만 찍고 메뉴를 버리는 사람들도 있다고 하죠. 갑자기 카페 이야기를 하는 이유는, 콘셉트를 소비하는 Z만의 방식을 알려드리기 위해서입니다.

남들과는 다른 방식으로 나를 표현하고 싶다

기존의 '**컨셉러**'들이 사진을 통해 한순간의 이미지를 소비했다면, **Z는 콘셉트를 가지고 '새로운 인격'을 만들어냅니다. 일명 '컨셉질'이라고 하죠.** Z는 '콘셉트 잡기의 대가'입니다. 마치 뮤지션들이 앨범을 만들 때 '앨범 콘셉트'를 잡고 그에 맞는 음악, 의상, 메이크업 등을 구현하듯 Z는 일상에서 캐릭터를 잡고 그에 맞는 설정을 하고 있죠.

잼페이스 이용자 이유진 님(24세)은 친구들과 만나기 전, 어떤 콘셉트로 만날지 미리 정한다고 합니다. "처음 만나는 친구일 경우에 첫인상은 단아하고 청순한 느낌으로 다가가고 싶어서, 주로 그렇게 스타일링을 하고 만나요. 그 이후에 친해지면 '센언니' 등 다양한 모습을 보여주고 싶어져요. 저는 저의 여러 가지 모습을 보여주는 걸 좋아하거든요."

재미있는 예로 '공부 잘하는 날라리' 콘셉트를 위해 일부러 학교에서는 잠을 자고, 하교 후에 독서실에서 불을 꺼놓고 몰래 공부를 한다는 이야기를 들려주는데요. Z는 콘셉트를 통해 '나는 다른 사람들과 다른, 특별함을 가진 사람'이라는 것을 표현하려 합니다. 콘셉트를 한층 더 완벽하게 만들어주는 것이 바로 메이크업이고요. 자주 보는 웹툰이나 영화 속 캐릭터를 그대로 따라 하거나, 자신의 라이프스타일을 그에 맞춰 바꾸기도 합니다.

스타일쉐어 이용자 한영 님(26세)은 이렇게 말합니다. "옛날 영화에서 패션에 대한 영감을 많이 받아요. '문라이즈 킹덤'이나 '플립' 등 60년대 스타일을 좋아해서 주로 60년대 영화를 많이 봐요. 정말 60년대에 만들어진 영화도 있지만, 배경이 그때인 영화도 많아서 선택지가 생각보다 다양해요. 70년대 영화도 좋아해요. 넷플릭스에 '70년대 쇼'라는 시트콤이 있는데, 패션들이 예뻐서 거기서 다 찾아 봐요. 또 화려하고 아방가르드한 걸 좋아해서 그런 콘셉트를 가진 브랜드에서 영감을 얻기도 하고 '눈호강'도 해요."

뷰튜버 이사배 님이 그룹 '싹쓰리'의 이효리 커버 메이크업을 해서 화제가 된 적이 있습니다. 메이크업만으로도 전혀 다른 사람이 될 수 있다는 점이 Z세대들에게 매력적이지요. Z는 상황에 따라 '센 언니'도 됐다가 '청순한' 모습도 보여줄 수 있는 다양한 개성을 원합니다. 설정하고 싶은 콘셉트에 맞게 #청순 #화려 #꾸안꾸 등의 해시태그와 그에 맞는 정보와 콘텐츠를 찾아서 봅니다. 바로 나에게 필요한 정보를 발견하고, 직접 적용해보면서 끊임없이 새로운 시도를 해볼 수 있기 때문이죠.

화장은 '나'를 발견하는 기회

Z에게 콘텐츠 소비는 경험의 여정이기도 합니다. '콘셉트 놀이'를 하는 것은 '새로운 나'를 발견하기 위한 욕망이 반영되어 있습니다. Z는 화장하는 이유에 대해 인터뷰에서 "내 외모가 더 예뻐지면 기분 좋죠. 그런데 예뻐지는 것보다 '새로운 나'를 발견하는 게 더 좋아요!"라고 강조합니다.

내가 원하는 모습으로 연출하기도 하고, 전혀 새로운 모습으로 변신하기도 하고, 가상세계에서는 새로운 부캐를 끌어내어 페르소나를 입히죠. 스스로 설정한 콘셉트에 따라 연출해보고 그 모습을 기록으로 남기는 것은 즐거운 놀이이기도 하지만 남들과 다른 차별화된 이미지와 정체성을 표현하고 싶은 욕구이기도 합니다.

김소연 님(20세)은 어릴 때부터 친구들과 함께 화장하는 것이 특별한 놀이라고 표현합니다. 오늘 화장하고 찍은 사진도 나중에 꺼내 보면 즐거운 추억이 될 거라고 말하죠. "네이버 클라우드를 보면 어릴 때부터 친구들이랑 찍은 사진이 많아요. 그걸 보면서 나의 새로운 모습을 발견하기도 하고, '이렇게 내 모습이 쌓이는구나' 하는 생각이 들거든요. 이 기록 자체가 저만의 고유한 색깔을 만들어주는 것 같아요. 지금도 나중에 보면 즐거운 추억으로 남을 것 같아요."

Z는 그 어떤 세대보다 자아에 집중합니다. 자신의 정체성을 발견하고, 확장해나갈 기회를 제공해주는 제품이나 서비스에 마음을 엽니다.

새로운 캐릭터를 만들어 때에 따라 모습을 바꾼다

예전에는 타인이나 사회가 만들어놓은 우월함의 기준에 부합하기 위해 노력했다면, Z는 스스로 그린 캐릭터 이미지로 보여지기를 바랍니다. 자신이 직접 창조한 콘셉트대로, 사람들이 바라봐주는 시선 자체를 즐기는 것이죠. 그들에게 중요한 가치는 단순히 학벌이나 돈만을 좇는 것은 아닙니다. 나에게 의미 있는 성공, 내가 좋아하는 것을 즐기며 사는 삶, 경제적 자유를 위해 어떤 일을 하고 어디에 투자할지에 대해 구체적으로 디자인합니다. 성공에 대한 가치가 이전 세대와 달라지고 있는 것이죠.

이러한 주체적인 삶을 위해 프리랜서가 아니더라도 소속된 회사 일과 개인적인 역량을 키울 수 있는 다른 일을 병행합니다. Z가 회사에서 보여주는 모습, 퇴근 후의 모습, 디지털 세상에서 보여주는 모습은 어디에 있느냐, 누구를 만나느냐에 따라 다를 수 있습니다. 특히 메타버스에서는 전혀 새로운 캐릭터로 매번 변신을 시도하기도 합니다. 이러한 흐름을 감지했다면 기업 역시 목표 고객을 기존과 다르게 설정해야 할 것입니다.

Z

'#'을 잘 쓰면
'Z'가 보인다

앞서 말했던 것처럼, Z는 구독자가 많은 유명 인플루언서보다 본인과 외모 유사성이 높은 뷰티 유튜버가 제공하는 정보를 좋아합니다. 내가 관심 가진 메이크업을 하는 뷰튜버의 콘텐츠를 더 신뢰하는 것이죠. 패션에서도 전문 모델이나 유명 디자이너의 스타일 제안을 챙겨보지만 '내 옆의 옷 잘 입는 친구의 스타일'을 더 알고 싶어 합니다.

이러한 특징 때문에 잼페이스는 Z에게 영상을 제공할 때 단순히 조회수가 높은 영상뿐 아니라, 이용자들이 관심 가질 만한 요소가 담긴 영상을 선별해서 보여줍니다. 원래는 추천 알고리즘을 고도화해서 만들려고 했으나 준비시간이 오래 걸리니 Z가 직접 태그를 입력하겠다고 아이디어를 낸 겁니다. 추천을 통해 영상을 보는 것보다 직접 키워드를 설정해서 자신이 원하는 영상을 골라보는 것을 선호하죠.

잼페이스는 Z의 요청으로 관심태그 기능을 만들었습니다. 사용자가 관심태그를 직접 설정해서 영상을 볼 수 있도록 한 것입니다. Z가 직접 키워드를 설정했기에 관심태그를 잘 관찰하면 Z의 마음이 어디로 향하고 있는지 발견할 수 있습니다.

해시태그만 3억 9,000만 개? #ootd의 세계

Z는 정보를 탐색하고 찾아가는 과정이 세밀합니다. 자신들이 무엇을 원하는지 잘 알고 있죠. 대체로 자신의 외모적인 특징이나 평소에 가지고 있던 콤플렉스 등을 태그로 설정합니다. 예를 들어, #무쌍메이크업 #겨울쿨톤 #여드름커버 #키작녀바지 #컬러렌즈 같은 키워드죠.

해시태그만 잘 봐도 Z가 어디에, 무엇에 관심을 가지는지 파악할 수 있습니다. 나아가 해시태그는 공통의 관심사, 공통의 취향을 발견하고 느슨한 연대의 기회를 제공하기도 합니다. Z는 내 마음을 알아주는 서비스를 찾고, 기업은 고객의 마음을 알아봐주는 브랜드가 될 기회죠.

SNS에서 #ootd라는 해시태그를 보셨을 겁니다. 'outfit of the day', 즉 '오늘의 패션'의 약자인데요. 이 해시태그를 달고, 자신의 패션을 소개하는 인스타그램 게시물은 2021년 기준 3억 9,000만 개 이상입니다.

#ootd는 Z가 패션 트렌드를 따라가는 것을 넘어 '자기다움'을 찾

고, 표현하는 수단이 되어가고 있습니다. 타인의 시선에서 벗어나 자기가 가진 고유의 개성을 패션을 통해 찾아내는 것이죠. 그리고 Z는 자신의 개성을 찾아가는 이 과정을 '힙'하다고 느낍니다.

후기로 오늘의 구매자와 미래의 구매자가 소통한다

Z는 SNS뿐만 아니라, 쇼핑몰에 옷 구매후기도 적극적으로 올립니다. 자신의 신체 사이즈까지 작성하며 세세한 후기를 남깁니다. '착용샷'을 찍어서 올리기도 하고요. 제품의 아쉬운 점과 좋은 점을 가감 없이 기록하며, 다른 구매자들을 위한 팁을 전합니다. 이전의 구매후기가 단순히 쇼핑몰과 구매자 간의 소통 창구였다면, 요즘은 후기로 구매자와 구매자가 소통합니다.

스타일쉐어 이용자 한영 님은 이렇게 말합니다. "스타일쉐어에 후기를 자세하게 올리는 편이에요. 어떤 옷이랑 코디하면 좋을지, 어떤 포인트를 줬는지 등의 정보를 세세하게 적죠. 인스타그램에는 짧은 메시지만 달아서 올려요. 굳이 부가적인 설명을 달 필요는 없다고 생각해요. 스타일쉐어는 패션 정보를 공유하겠다는 목적이 있으니까 자세하게 올리고요."

Z는 앱에서 물건만 구매하는 것이 아니라 소통을 원하죠. 이용자 간의 소통과 연결에 기반한 커뮤니티가 호응을 얻고 있는 이유입니다. 스타일쉐어 이용자 김정인 님(22세)은 "평소에 패션 정보를 공유하는 카페에서 충족되지 않는 게 있었거든요. 좀 더 전문적인 정보를 얻고 싶다는 생각이 들었어요. 그러다 스타일쉐어를 알게 됐고,

들어가서 보니까 신세계더라고요. 또래 친구들이 입은 사진들이 더 사실성 있고, 체감이 잘 된다는 점이 큰 매력으로 다가왔어요."라고 얘기합니다.

'커뮤니티 커머스의 시초'로 불리는 스타일쉐어는 'SNS 기반의 패션 정보 플랫폼'으로 출발했습니다. 이후 이용자가 스타일쉐어에서 구매한 제품의 후기를 올리면, 자동으로 상품 링크가 달리는 시스템을 구축했죠. 이것이 커뮤니티와 커머스를 연결한 스타일쉐어의 독특한 비즈니스 모델의 시작점입니다. 이용자들의 게시글과 검색어 데이터를 분석해 입점 브랜드를 선택했습니다. 브랜드 유명세보다 이용자들이 어떤 브랜드를 좋아하는지에 초점을 맞추었고, 스타일쉐어에서 본 옷은 바로 구매로 연결되는 선순환의 구조를 만들었습니다.

스타일쉐어 이용자 김정인 님은 이렇게 말합니다. "SNS 기반이라 원하는 스타일의 사진을 올릴 수 있다는 게 좋아요. 그리고 사람들이 직접 구매한 후기를 바로 볼 수 있다는 점도요. 다른 데는 상품 먼저 보고 후기를 볼 수 있는데, 스타일쉐어는 후기를 먼저 본 다음 상품을 보고 맘에 들면 바로 구매할 수 있죠." 스타일의 발견과 연결, 구매라는 핵심 여정을 강화해 나가면서 소통이 구매로, 구매가 다시 소통으로 이어지는 선순환이 만들어집니다.

스타일쉐어에서 Z세대는 다른 이용자들에게 패션 정보를 공유하기도 하고, 직접 댓글을 달아 정보를 묻기도 합니다. Z는 각자의 감성을 담은 일상 사진을 올립니다. 그런 게시물에 열광하는 이용자들의 댓글을 보고 자신감을 얻어 계속 게시물을 공유하는 선순환이 이루어지죠. 한 이용자는 "스타일링을 통해서 내가 센스 있는 사람이란 걸 표현하고 싶고, 패션을 잘 알려주는 사람이 되고 싶기도 해요."라고 이야기합니다. 스타일쉐어에 사진을 올린 후, 댓글을 통해 소통하고 인정받으며 자신감을 얻는 모습이죠.

또한 마음에 드는 게시물을 올린 이용자에게 정보를 물어보면서 'ㅈㅂㅈㅇ(정보좀요)', 'ㄷㅇㄱㅇ(담아가요)'와 같은 문화가 자연스럽게 생겨났습니다. 그들만이 알 수 있는 기호체계를 가진다는 것은 같은 문화를 공유한다는 소속감을 느끼게 해줍니다. 같은 언어를 사용하게 되면 무리 밖에 있는 사람들과 구분되는 커뮤니티만의 문화를 가진다는 의미이니까요. Z는 끊임없이 자신들만의 새로운 언어, 유행어를 양산해 내며 유대감을 형성해나가죠. 스타일쉐어는 신조어들을 활용해 스타일쉐어톡스라는 후드티 컬렉션을 출시했습니다. 'ㅈㅂㅈㅇ'는 스타일쉐어의 아이덴티티가 되었을 정도입니다.

Z
인플루언서는 되고 싶지만, 똑같아지긴 싫어

Z는 언제든 인플루언서가 될 준비가 되어 있습니다. 새로운 소셜미디어 성격의 플랫폼이 열리면 내가 활동할 만한 가치가 있는 곳인지, 내가 인플루언서가 될 가능성을 판단해보는 등 커뮤니티를 빠르게 스캔합니다. 아직 SNS 팔로워수가 미미해도 인플루언서급의 이벤트를 기획하고, 소셜미디어 프로필에는 #맞팔 #협찬문의=DM을 당당하게 표기하고 자신을 드러냅니다. 프로필에는 해시태그로 구체적인 특징과 개인적인 성향, MBTI도 함께 올립니다.

스타일쉐어에서 주최한 '#너다움을 응원해' 캠페인에는 '나다운 스타일'을 자신 있게 표현한 20명을 선정했는데 '자기다움'에 대해 이런 이야기를 들려줍니다.

'나는 뚱뚱하니까 어두운 색을 입어야 몸집이 작아 보여.' 이렇게 단점을 가리려는 생각으로 스타일링하기보다는 내가 가진 장점을 극대화하는 것이 나다움을 찾는 과정이라고 생각해요.

– '너다움을 응원해' 캠페인 시즌2 참여자 은구슬 님 (@pec9311)

'나다움'은 나와 다른 의견을 가진 누군가가 나를 안 좋게 보더라도 단단하게 나의 의견을 가지고 행동하는 모습이라고 생각해요.

– '너다움을 응원해' 캠페인 시즌2 참여자 이정아 님 (@jemjem00)

소속감과 차별화, 둘 다 갖고 싶다

Z는 타인의 시선에서 벗어나 패션을 통해 자기가 가진 고유의 개성을 찾아가고 있습니다. '나다운 스타일'을 표현할 수 있고, 자신만의 개성을 찾아가는 과정을 '힙'하다고 느낍니다. 이들은 남들이 만들어놓은 '아름다움'의 기준을 벗고 패션을 통해 자신만의 '멋'을 보여주려고 합니다.

나의 스타일을 인정받는 과정에서 자존감을 회복하기도 하고 자신을 더 사랑하는 법을 배우기도 합니다. 인터넷에는 나의 스타일을 사진으로 올리고 서로 조언해주고 격려하며 이야기를 나누는 커뮤니티가 많습니다. 커뮤니티에 가장 많이 올라오는 단어가 '나다움', '나에게 어울리는 스타일', '자존감'에 대한 것입니다. 스타일쉐어 이용자 김아라 님(20세)은 이렇게 말합니다. "스타일링은 자존감을 찾는 과정인 것 같아요. 옷을 통해서 자존감을 많이 찾았어요. 자존감이 낮다고 생각하지는 않았지만, 높은 사람이라고 생각하지도 않았거든요. 근데 저 스스로 자존감이 낮지 않다고 생각하게 된 계기가 옷이었어요."

Z의 인터뷰에서 확인할 수 있는 것은 Z가 '나에게 집중'하고 고유함, 주체적인 삶을 살고자 노력한다는 점입니다. Z를 구분하는 중요한 요소가 개성을 발견하고 취향을 표현하고 인정받는 과정에서 자신의 욕구에 솔직하고 집중한다는 점입니다. 우월적인 소비과시와는 다른 차별점입니다. 오히려 재능을 실현하는 과정에 가깝습니다.

Z세대는 자신이 동경하는 패션 인플루언서들을 보며 그들과 같은 위치에 있고 싶어 합니다. 정확히 말하면 '스타일 좋은 사람'이라는 인정을 받고, 그 그룹에 속하고 싶어 하죠. 흥미로운 것은 그들이 '스타일 좋은 사람'이라는 무리에 들어감으로써 얻는 '소속감', 그중에서도 가장 개성 있는 사람이고 싶은 '차별화'를 동시에 원한다는 점입니다.

그들은 **트렌드를 따르면서도 자신만의 고유성을 갖기 위해 노력하고 다른 사람들이 알아봐주기를 원하죠.** Z의 욕망은 스타일 좋은 무리에 들어가는 것에 멈추지 않고 끊임없이 새로운 취향 무리를 만들어서 서로 공감대를 형성합니다.

스마트폰으로 인해 소통의 공간이 앱으로 옮겨왔고 소셜미디어의 해시태그로 인해 언제든 공통의 관심사와 취향을 가진 사람들과 느슨한 연대가 가능해졌습니다. 같은 피드를 보고 댓글을 주고받으며 감상을 나눌 수 있고 댓글에서 파도타기 놀이도 합니다. 디지털 생태계에서 취향 공동체가 만들어지죠. 밸런스 게임, MBTI를 통해서도 같은 결과를 가진 사람들끼리 특별한 유대감을 느끼고 같은 취향, 비슷한 기호를 가진 사람들이 공감대를 형성합니다. 브랜드와 Z가 모두 커뮤니티의 일원으로서 같은 취향 집단을 형성하게 된 것입니다.

앞서 스타일쉐어를 통해 말씀드렸던 것처럼, Z는 나이, 학교 등을 넘어 자신의 관심사와 취향이 같은 사람과 묶이고 싶어 합니다. 이런 취향을 기반으로 한 관계들은 더 큰 동질감을 느끼게 해줍니다. 인터뷰에 참여했던 김유빈 님(23세)이 이런 말을 했습니다. "사실 일상에서는 성격은 잘 맞을지 몰라도 취향까지 맞는 사람을 만나긴 어렵잖아요. 그런데 인스타그램에서는 취향이 같은 사람을 알고리즘으로 추천받으니까 더 쉽게 친해지는 것 같아요."

Z와 지속적으로 관계를 형성하기 위해서는, 정교하게 세분화된 취향과 관심사를 기반으로 한 커뮤니티를 형성할 수 있느냐가 관건입니다. 이 커뮤니티는 그들에게 '나를 알아주는 안전한 팀에 소속되었다'는 안정감과 '특별한 커뮤니티에 소속되었다'는 자부심을 주는 것이 핵심입니다. 앞으로 브랜드는 휘발성 콘텐츠나 일회성 이벤트가 아닌 '지속적인 관계형성'과 '탄탄한 멤버십'을 통해 Z와 연결되어야 합니다. 그리고 그 연결은 Z에게 '동질감을 가진 무리에 속해 있으면서 고유성을 인정받는 느낌을 줄 수 있느냐'에 성패가 달려 있습니다.

'소통'이 '구매'로, '구매'가 다시 '소통'으로 이어지는 선순환

스타일쉐어가 중요하게 생각하는 것은 단순히 '판매'가 아니라, 커뮤니티 공간을 만들어가는 것입니다. 커뮤니티 속에서 콘텐츠를 보고, 내가 얻고 싶은 정보를 얻고, 자연스럽게 구매로 이어지는 선순환이 만들어집니다. 일명 '스쉐러'들의 소통이 구매로 연결되는 통로가 되는 것이죠.

Z의 적극적인 참여와 구매를 이끌기 위해서는 그들이 자유롭게 자신을 표현하고, 또 피드백 받을 공간을 제공해야 합니다. 이용자들이 서로 소통하며 정서적인 유대감을 만들었다면, 그 유대감으로 연결된 네트워크를 제공하는 것입니다. 고액의 연예인 모델을 내세운 광고보다 자신과 비슷한 사람들이 제공하는 콘텐츠, 댓글 후기가 Z의 소비에 더 큰 영향을 주기 때문입니다.

불안 심리와 자존감을 회복하기 위해서는 **단순히 물건을 소유하는 것보다 자기표현과 창조적인 소비를 경험하는 것**이 더 좋습니다. 가령, 자신이 직접 옷을 코디네이션 해보고 인정받는 경험, 타인의 스타일링에 피드백을 주는 경험, 직접 기획하고 창조해낸 결과물로 다른 사람과 교감을 나누는 경험을 해보는 것 말입니다. 이런 것이 Z에게 자신감을 불어넣어주고 특별한 의미를 주죠.

내가 무언가를 만들고 있다는 느낌, 내가 누군가에게 필요한 존재라는 느낌, 나의 창조성이 발휘된다는 느낌을 받을 때 우리의 자존감은 올라갑니다. 패션처럼 개인의 자기표현과 관계가 깊은 영역뿐만 아니라, 다른 분야에서도 Z가 주체로서 자기 결정권을 가지고 창조성을 발휘할 기회를 줘야 합니다. 그 기회는 브랜드와 Z가 공존할 수 있는 유일함이 될 것입니다.

자신감을 생성해주는 긍정의 마케팅

Z는 각자도생을 운명처럼 받아들여야 하는 시대를 살고 있습니다. 자기 밀도를 높일 방법을 열심히 모색하며 능동적으로 삶의 균형점을 찾아갑니다. 그래서 자신의 아름다움을 일깨워주고 자신감을 불어넣어주는 마케팅이 그 어느 때보다 중요합니다.

새로운 스타일과 감성을 제시하면서, 자신의 개성을 직접 만들수 있는 여백을 남겨줘야 합니다. 나만의 고유성, 개성을 보여주는 것이 나의 스타일링입니다. 타인과 자신을 구분할 수 있는 패션이죠. Z는 자신의 고유성, 독립성을 중요하게 생각하지만, 타인의 인정을 받을 때 자존감이 높아지는 것을 느낍니다. 스타일의 고유성을 중요하게 생각하지만, 한편으로는 영향력을 나누는 것을 즐기죠.

자신의 스타일에 대한 인정과 소속감이 가져다주는 안정감을 느끼고자 하는 욕구는 특히 패션에서 두드러지게 나타납니다. 그리고 그 스타일이 유행하면 또 다른 새로운 스타일을 찾아 떠납니다. 이것은 유행의 속성이기도 한데요. 자신의 개성을 추구하면서도 앞선 스타일이나 트렌드에 뒤처지지 않으려는 욕구가 존재하는 것이죠.

그런데 Z세대가 개성을 추구하려는 열망이 크다 보니, 이들의 유행은 빠르게 퍼지고 금방 다른 곳으로 옮겨갑니다. 새로운 유행, 새로운 콘텐츠와 또 다른 볼거리로 트렌드가 바뀌는 주기가 짧고 빨라져서 소비 트렌드 전반에 영향을 미칩니다. 제품의 생애주기가 빨라졌기 때문에 새로움을 추구하는 Z세대에게는 치고 빠지는 식의 추진이 필요합니다. 가볍게 힘 빼고 진행하되 속도가 중요해진 것이죠. 완성도에 시간을 쓰기보다 직관적인 발상, 의식의 흐름대로 신선한 감각을 만드는 브랜드가 지속적인 활기를 만들 것입니다.

Z
타고난 내 톤을 알고, 가장 빛내줄 컬러를 찾는다

스마트폰 폴더 정리에서도 드러났듯이, Z는 '컬러'에 민감합니다. 특히 요즘은 '퍼스널컬러'에 관심이 큰데요. 이들은 자신이 타고난 톤에 대해 세세하게 학습합니다. 자신에게 어울리는 스타일을 찾아 자신만의 아름다움을 발견하는 것이죠.

나만의 컬러를 알고 있나요?

인플루언서로 활동하고 있는 Z들은 대부분 자신의 퍼스널컬러를 알고 있습니다. 그리고 아직 자신의 컬러 톤을 찾지 못한 친구들은 자신에게 가장 잘 어울리는 컬러를 찾아 나섭니다. '톤체성('피부톤'과 '정체성'의 합성어)'이라는 표현이 나올 정도입니다. '톤알못', '톤팡질팡', '톤그로' 등의 신조어도 생겨났습니다.

메이크업과 패션 스타일링에서 자신에게 어울리는 컬러는 중요합니다. 전문적인 기관에서 자신의 퍼스널컬러를 찾기 위해 비용과 시간을 투자하죠.

Z가 자신의 컬러를 식별하고 알아가는 과정을 잠깐 말씀드리면, 피부 컬러는 크게 '웜톤'과 '쿨톤' 2가지로 나눕니다. 여기에서 다시 사계절이 적용된 봄웜, 여름쿨, 가을웜, 겨울쿨 이렇게 4가지로 나눕니다. 각 계절 사이에 딥톤, 뮤트톤, 브라이트톤, 라이트톤이 있습니다. 예를 들어, '여름 쿨톤'이면 그에 맞는 분위기와 스타일들을 참고합니다. 이처럼 컬러가 세밀하게 나누어져 있기 때문에 나에게 어울리는 컬러를 찾아가는 과정이 곧 자신에게 맞는 스타일을 발견해 나가는 과정입니다.

흑역사까지 모두 내 모습이다

Z는 자신의 민낯이 싫어서 화장하는 게 아닙니다. 화장이 나를 좀 더 특별하게 만들어주는 것 같아서 좋다고 입을 모아 말합니다. 화장하는 과정이 '나다움'을 찾아가는 과정이라는 생각이 들기 때문에 뿌듯함을 느끼는 것이죠. 여러 가지 스타일이나 특별한 메이크업을 시도해보며 자신의 새로운 모습을 볼 수 있고, 또 새롭게 발견한 자신의 모습을 소셜미디어로 친구들에게 보여주고 피드백 받는 걸 즐깁니다.

무엇보다 매 순간 기록되는 자신의 모습을 보며 '내 모습이 이렇게 쌓여가는구나' 하는 기록의 기쁨도 느낍니다. **가장 '나다움'을 추구하는 사람들이면서, 동시에 끊임없이 내 안의 새로운 모습을**

찾는 사람들인 것이죠. 이런 활동이 비단 스타일에 한정된 것은 아닙니다. 자신에게 어떤 스타일이 어울리는지, 어떤 것을 덜어내면 좋을지 생각하고 발견해가는 과정을 통해, 진정으로 자신이 원하는 것이 무엇인지 알아가기 때문입니다. 그 과정이 고스란히 남아 있는 사진들은 '내가 이때는 이런 모습을 가지고 있었구나' 하며 자신을 돌아볼 수 있는 추억이 됩니다. 다소 서투르게 화장한 자신의 모습도 소위 '흑역사'가 아니라, 그 당시 또 다른 나의 모습으로 인식하는 것이죠.

Z가 자신을 표현하고 인정받을 수 있는 공간

Z는 그 어느 때보다 불확실성이 큰 미래에 살고 있습니다. 장기적인 저성장과 불황, 좁은 취업 문이라는 치열한 경쟁 속에 있죠. 예측 불가능한 삶과 변화의 속도 때문에 이들의 마음에는 불안이 깊숙이 자리 잡았습니다. 사회의 구조적이고 현실적인 문제에 그대로 노출되어 있지요. 이러한 불확실성과 불안감은 Z세대로 하여금 **자신의 견고함을 추구하게 하고 자신만의 속도와 리듬을 가지고 주체적인 삶을 살고자 하는 강한 열망**을 불러일으킵니다.

'자아효능감'이란 개인이 어떤 행동이나 활동을 수행할 때 성공적으로 해낼 수 있다고 믿는 기대 또는 신념을 뜻합니다. 심리학자 앨버트 반두라Albert Bandura가 소개한 개념으로 과거에 인정받고 성공해왔던 경험을 근거로 하기 때문에 '근거 없는 자신감'과는 구별되는 개념이죠.

나의 세계 안에서 인정받고 성공했던 경험이 자아효능감과 깊은 관련이 있습니다. 무엇보다 타인의 인정, 내가 속한 단체나 조직에서 '내가 꼭 필요한 존재'라고 느낄 때 자아효능감은 높아집니다. Z는 SNS에서 타인의 인정을 통해 자신의 존재감을 확인하고 인플루언서로서 사람들이 좋아하는 콘텐츠를 직접 만드는 과정에서 내가 필요한 존재라는 경험을 했습니다. 자발적으로 참여하여 재미와 정보, 원하는 것을 얻을 수 있다는 믿음이 있기 때문에 나를 표현하고 창조할 수 있는 기회가 주어지면 적극적으로 참여합니다.

자아효능감과 주체적인 삶을 추구하는 것은 개성표현. 외모관리와 깊은 관련이 있습니다. 어릴 때부터 SNS를 통해 자신을 드러내는 데 익숙한 Z는 자신을 표현하는 것에 더 적극적입니다. 특히 Z세대 사이에서는 외모나 패션 등의 영역에서 과감하게 자신을 드러내고 평가받는 문화가 만들어져 있습니다. 직접 알고 지내는 관계가 아니더라도 자신의 스타일이나 외모를 평가해달라고 커뮤니티에 착장 사진을 올리기도 하죠. 이 과정에서 인정받고, 때론 타인에게 도움을 주며 스스로가 필요한 존재라고 느끼는 것은 Z가 자아존중감을 가지는 데 큰 역할을 합니다.

꼭 살 게 있어야
올리브영에 가나요

Z는 대부분의 시간을 온라인에 연결된 상태로 살아가기 때문에 삶의 중심이 디지털로 이동해 있습니다. 이들에게 오프라인에서 직접 체험한 경험이 특별한 이유입니다. 화장을 즐기는 Z세대에게 화장품을 구매하는 최종 여정을 질문했을 때, 인터뷰 참가자들이 공통적으로 답변한 곳이 '올리브영'이었습니다. 올리브영을 방문하는 이유에 대해 질문했을 때에는 "직접 발라봐야 하니까요."라는 대답이 돌아왔죠.

이 당연한 대답 안에는 '구매 전 테스트 필수'라는 의미 외에 Z의 구매여정에서 무엇을 고려해야 하는지에 대한 함의가 담겨 있습니다. 올리브영에 단순히 제품을 구매하러 가는 것이 아니라, 직접 발라보고 사용해보고 점원과 대화를 나누며 정보를 직접 주고받는 과정이 고객경험으로 구현된 것입니다.

올리브영은 친구들과의 약속장소로 주로 활용하는데, 친구를 기다리는 시간에 제품 인식과 체험이 일어나기도 하죠. 친구들과 만나서 다양한 경험을 함께하면서 서로의 체험을 나누는 '놀이의 장'이 되었습니다. 올리브영에서의 이러한 경험은 Z의 SNS에 좋은 콘텐츠 소재가 됩니다. 2021년 CJ 올리브영이 사상 최대의 실적을 낸 배경에는, 단순히 물건을 사는 곳이 아니라 체험의 공간, 놀이의 장, 점원과의 교감의 장을 실현했기 때문입니다. 코로나19가 기승을 부리는 와중에도 매출액이 전년 대비 13% 증가한 2조 1,192억 원, 영업이익은 38% 증가한 1,378억 원이었습니다.

발견-연결-경험-구매의 여정

Z는 올리브영에 가서 직접 화장품을 발라본 뒤, 잼페이스로 유튜브 영상들을 찾아봅니다. 이어서 해당 제품의 성분을 화해에서 꼼꼼하게 확인한 후에 구매합니다. 화해는 시중에 판매되는 화장품의 성분과 안전성을 알 수 있는 앱입니다. 온라인과 오프라인, 어디서 시작되더라도 물 흐르듯 연결된 경험을 제공하는 것이 중요합니다. 모든 고객경험을 완벽하게 설계한 대로 실행하는 건 어렵겠지만, 적어도 발견과 직접 경험의 과정은 브랜드에서 통제할 수 있으니까요.

빅데이터 분석, 메타버스, 인공지능이 빠르게 발달하고 있습니다만, 결국 이 모든 기술이 추구하는 지향점은 '고객경험CX'을 향해 있습니다. **'고객에게 어떤 경험을 줄 것인가'가 핵심이죠.** 그런 의미에서 빅데이터를 비롯한 각종 기술은 목적이 아니라 수단일 뿐입니다. 고객경험을 설계할 때 고려해야 하는 부분은 다음과 같습니다. 첫째는 '휴먼터치'의 강화입니다. 비대면 시스템이 지속될수록 사람의 온기가 더욱 그리워지고 있습니다. 고객경험의 전 과정에 어떻게 인간적인 정서와 감성을 불어넣을 것인가를 생각해야 합니다.

두 번째는 언제, 어느 순간에 고객과 연결되더라도 '진실의 순간', MOTmoment of truth를 창출하는 것입니다. Z는 오프라인에서의 경험에 만족하는 즉시, 즉각적으로 소비합니다. 다른 세대에서는 가격비교 등 구매여정이 긴 반면에, Z는 온라인이든 오프라인에서든 자신의 취향에 맞고 구매확신을 주는 경험이 일어나면 즉각적으로 행동합니다. 원하는 때에 취향을 저격하는 제품을 만나면, 평소 신뢰관계를 잘 쌓아온 경우 비교, 검색 과정을 거치지 않고 즉각적인 구매전환이 일어납니다.

세 번째는 업의 본질에 대해 생각하고 브랜드 경험과 연결 짓는 것입니다. 업의 본질에 대한 새로운 정의는 우리 브랜드 경험을 어떻게 선사해야 할지 새로운 관점과 상상력을 제공해줄 것입니다. 스마트폰을 사용하는 순간의 디지털 경험과 오프라인을 넘나드는 경험설계는 Z의 시간을 점유할 기회와 연결되어 브랜드와 특별한 관계를 형성합니다.

2

DO IT MYSELF
소유보다
경험이
더 중요하다

이번 챕터에 등장하는 앱

마이리얼트립

특별한 경험이 가능한 다양한 형태의 여행 프로그램을 현지 가이드와 연결하는 '여행 플랫폼'이다. 여행 프로그램뿐 아니라 항공권과 숙박, 입장권까지 여행에 필요한 모든 것을 검색하고 예약할 수 있는 만능 앱이다. 누적 이용자 수는 900만 명에 달하며, 코로나 이후 제주도 여행 매출은 월 100억 원을 돌파했다. 코로나로 주춤했던 여행산업을 새로운 해석으로 돌파하며 다양한 여행 콘텐츠를 만들어내고 있다. 거래액은 월 200억 원, 회원수는 450만 명이며, 누적 여행자 수 900만 명이다.

"마이리얼트립이 여행시장에서 일으킨 것은 '유통의 혁신'입니다. 기존의 여행상품 모델에는 여행자와 여행을 제공하는 사람 사이에 유통 단계가 많았어요. 저희는 여행자와 여행 제공자를 직접 연결했어요. 마이리얼트립 이용자는 내가 어떤 가이드와 무엇을 할지 선택할 수 있습니다."

— 이동건(마이리얼트립 CEO)

프립

전문성을 가진 호스트와 다양한 액티비티를 경험하고 싶은 게스트가 만날 수 있도록 돕는 '소셜 액티비티 플랫폼' 앱이다. 프립은 개성 넘치는 개개인 호스트가 주체적으로 액티비티를 운영한다. 1만 8,000명의 호스트와 120만 명의 회원을 가진 플랫폼으로, 현재 오픈된 프립의 액티비티는 5,000개가 넘는다. 코로나 이후에는 온라인으로 함께 활동을 공유하는 '랜선 프립' 프로그램도 운영하고 있다.

"프립은 경험을 파는 곳입니다. 2030을 타깃으로 하고 있지만 '뭐 할까?'에 대한 질문은 누구에게나 해당되기 때문에 모든 사람의 여가 라이프스타일을 설계해주는 서비스로 확대해 가려고 합니다."

– 임수열(프립 CEO)

Z
'나만' 아는 것,
내가 '처음' 해보는 것

우리는 반복되는 일상에서 새로운 활력을 얻고 싶을 때 여행을 떠납니다. 일상의 일탈, 의무적인 일들에서 벗어나는 해방감, 다시 일상으로 돌아오기 위한 에너지를 얻기 위해 여행을 떠나죠.

주요 관광지를 '찍고' 오는 여행에서 **현지인처럼 살아보는 체험여행**으로 트렌드가 바뀌고 있습니다. 특히 Z세대는 어려서부터 부모와 함께 역사나 문화 체험과 같은 '배움을 위한 여행'을 경험했습니다. 어떤 세대보다 여행 경험이 많고 욕구가 큰 Z는 팬데믹 시대를 지나오면서 어떻게 여행욕구를 채우고 있을까요? 또 이들이 추구하는 여행은 이전 세대와 어떻게 다를까요?

어디 가는지보다 뭘 경험하는지가 더 중요하다

Z에게 나만 알거나, 내가 처음 시도해본 경험은 곧 경쟁력입니

다. 얼마나 많은 나라를 다녀왔는지보다, 같은 나라를 여러 번 가더라도 다른 사람이 모르는 장소, 해보지 않은 경험을 하는 게 더 의미 있다고 생각합니다.

여행 프로그램을 선택할 때도 이런 니즈가 반영되고 있죠. 이들은 관광지의 유명한 음식점보다 그 나라의 전통 음식점을 선호하고, 현지 문화가 반영된 숙박도 경험해보려 합니다. 관광객이 아닌 현지인의 눈높이에서 바라보며, 현지인의 삶을 잠시 살아보는 여행을 추구하죠.

뉴욕의 사우스브롱스를 여행한다면 현지에서 헤어부터 패션까지 힙합 스타일로 꾸미고 디제잉 클럽에서 힙합 체험을 합니다. 태국 후아힌을 방문한다면 시장에서 신선한 재료를 직접 사서 팟타이, 똠얌꿍, 커리 같은 현지 음식을 직접 요리해보기도 하죠. 요리 후에는 요리에 참여한 사람들과 태국 스타일의 식문화를 체험하며 근사한 식사시간을 갖습니다. 에어비앤비 프로그램을 통해서 현지인이 개최하는 홈파티에 참여하거나, 현지 친구를 사귀기도 하죠. '어디'에 가는지보다 '무엇'을 경험하는지가 중요한 Z는 여행에서도 다른 사람이 가보지 않았거나 현지에서 나만 해본 경험을 중요하게 여깁니다.

인증을 통해 완성되는 그들의 경험

코로나 시기에 해외여행을 하지 못했던 사람들이 국내여행으로 발길을 돌렸습니다. 지역 특성을 살린 체험을 즐기는 Z세대가 늘어나고 있죠. 마이리얼트립은 계절마다 시간마다 느낌이 다른 제주를 담기 위해 예쁜 스팟을 찾아가는 여행을 계획하는 등 Z의 감성에 맞는 로컬 체험을 가이드와 함께 준비합니다. 현지문화 체험을 즐기는 여행수요가 늘기에 제주도에선 제주의 상징인 '해녀'를 콘텐츠로 한 색다른 프로그램이 운영되고 있습니다. 극장식 레스토랑 '해녀의 부엌'인데요. 여기선 실제 해녀들의 이야기가 담긴 연극을 보고, 해녀가 직접 잡은 신선한 해산물로 만든 요리도 맛볼 수 있습니다. '해녀의 부엌'은 과거 생선을 경매하는 활선어 위판장에 지어졌습니다. 점점 나이 들어가는 해녀의 소득을 높이고, 사라지고 있는 해녀 문화를 체험할 수 있도록 제주의 청년 예술인들이 만들어낸 프로그램이죠.

또 바다에서 주워 온 쓰레기와 조개껍데기를 활용한 소품 제작 프로그램, 바다가 보이는 카페에서 배워보는 우쿨렐레, 제주 경관을 한눈에 볼 수 있는 스팟에서 즐기는 피크닉 등 제주의 자연과 현지 문화를 경험할 수 있는 프로그램들이 인기를 끌고 있습니다. 나만의 공간이나 장소를 직접 찾아가는 경우가 많죠.

Z의 다양한 경험은 '인증'을 통해 완성됩니다. 내가 겪은 특별한 경험을 '기록'하고 SNS에 '인증'해 경험을 '공유'하죠. 자신의 경험을 친구들에게 알려서 나누고 싶은 마음도 함께 담겨 있습니다. 사진을 찍을 때도 개성 넘치는 콘셉트를 담으려고 노력합니다.

마이리얼트립에서도 '스냅사진'이 포함된 프로그램이 Z세대에게 인기를 얻고 있습니다. 멋진 여행지에서 준비한 옷을 입고 설정인 듯 아닌 듯 자연스럽게 스냅사진을 찍어주는 촬영이 포함된 프로그램입니다. 나만의 여유로운 시간을 보여줄 수 있는 장소를 사진으로 남기는 거죠. 처음에는 웨딩사진을 위해서 만들어진 프로그램이지만 특별한 여행지에서 자신의 모습을 개성 있게 남길 수 있는 '인증' 프로그램으로 바뀌었죠.

Z는 머무는 시간과 장소에서의 경험에 최대한 집중하고 싶어 합니다. 여행 중 우연히 방문한 장소에서 새로운 경험의 기회가 주어진다면 개의치 않고 몇 시간씩 그곳에 머물며 만끽합니다. 이제 Z의 여행은 누구나 방문할 수 있는 관광지가 아닌 개인화된 '취향', 특별한 '경험'이 관건입니다.

관계기반의 특별한 경험과 배움이 있는 여행

Z가 소비하는 방식의 가장 큰 특징을 꼽으라고 하면 '관계 기반의 소비'입니다. 앞으로 살펴볼 채티, 아이디어스, 프립, 스푼라디오 등의 특징은 플랫폼 내에서 서비스 제공자와 이용자가 연결되어 관계 기반의 소통과 소비가 이루어진다는 것입니다. 또 앱서비스와의 소통 시에도 잼페이스에서 살펴보았듯 브랜드가 운영하는 소셜미디어나 앱스토어 리뷰의 화자를 사람으로 인식하고 활발하게 소통하고 있죠.

여행에서도 관계 기반의 소통이 소비로 이어지는 양상을 보입니다. 마이리얼트립은 가이드가 동선과 방문지를 고객에게 일대일로 제안하면 고객이 선택하는 구조입니다. 이용자는 여행 프로그램 소개부터 실제 여행체험의 전 과정에 가이드가 주는 정보의 특별함과 친절함에 이끌립니다. 현지 가이드 중에는 전업 가이드 외에도 다양한 직업을 가진 분들이 많습니다. 가이드의 취향과 전문성, 프로그램 특색이 다양하니 여행의 경험이 풍부해지겠죠.

Z세대이면서 제주도에서 가이드로 일하는 김선주 님(25세)은 "여행후기를 볼 때 가장 에너지를 얻어요. 내성적이라 이야기를 많이 하지는 않는데, 제가 좋아하는 것을 공유하는 데는 적극적인 성향으로 바뀌는 것 같아요. 여행후기에 솔직하게 적어주셔서 감사하고, 후기를 보며 보람을 느껴요. SNS에 제 프로그램을 자랑해주시는 것도 너무 좋아요. 여행 다녀가고 나서도 SNS로 서로의 일상을 나누는 사이가 됐습니다."

가이드와 이용자 모두 사람에게서만 느낄 수 있는 공감대와 유대감을 느낍니다. 마이리얼트립이 서로의 취향과 관심사를 이어주고 공유해주는 연결고리인 셈이죠. 개인적인 여행의 콘셉트를 함께 나눌 수 있기에 '쉼이 있는 여행'도 인기가 많습니다. 마이리얼트립 가이드 김윤희 님(24세)은 "일단 쉬고 싶다는 생각이 들면 새로운 여행 장소를 도전하기보다, 가봤던 곳 중에서 고르죠. 일정도 하루에 2곳 정도만 가는 스타일로 짜요. 저는 이왕이면 걸어갈 수 있는 거리는 걸어가는 편이에요. 걸어가면서 보이는 카페나 음식점에 그냥 들어가죠. 흔하지 않은 길거리나 공간을 찾아다녀야 조용하게 나만의 시간을 즐길 수 있거든요."라고 말합니다.

특히 혼자 여행하는 Z세대 여성을 위해 제주에서 '혼자라도 외로

위하지 말아요'라는 슬로건으로 한 사람만을 위한 투어라는 콘셉트의 가이드 프로그램을 운영한다고 합니다. 특별한 장소를 직접 찾아가는 것을 선호하는 이들을 위해, 좌석을 눕혀서 차에서 피크닉을 하기도 하죠. 주로 조용하고 자연이 잘 보이는 곳에 주차하고, 직접 만든 음식을 준비한다고 합니다. 이용자는 어떤 가이드와 무엇을 할지를 선택할 수 있고 가이드는 선택해준 고객에게 멋진 경험을 선사하기 위해 책임감을 가지고 프로그램을 계획하기에 모두가 만족스러운 경험을 가지게 됩니다.

Z

Z의 여행에
한계란 없다

코로나19로 일상이 자유롭지 못한 시기에 가장 많은 변화를 겪은 분야가 여행입니다. 이동의 제약이 많아졌으니, 사라지지 않은 여행 욕구를 충족시켜줄 다양한 국내여행 프로그램들이 개발될 수밖에 없었죠. 물리적으로 가까운 근거리 여행과 국내에서 새롭게 재조명되어 가치를 발견하는 여행, 게임과 가상세계를 통해 어디든 자유롭게 이동할 수 있는 여행이 가능해졌지요. Z는 지금, '랜선여행'을 떠나고 있습니다.

Z의 랜선여행법

마이리얼트립에서는 '랜선여행'으로 해외에 있는 현지 가이드와 여행을 떠나는 프로그램을 운영합니다. 가이드가 여행지의 역사, 문화 등 현지 이야기를 실시간 채팅으로 전해줍니다. 실시간으로 야경도 보고, 쇼에 참여하여 현지 분위기까지 원격으로 즐기죠.

아이슬란드와 노르웨이 사이 18개의 섬으로 이루어진 작은 나라인 '페로 제도'에서는 가이드가 찍은 영상을 공유하는 방식에서 조금 더 나아간 랜선여행을 보여줍니다. 온라인을 통해 스스로 도시를 관광할 수 있는 투어입니다. 카메라를 머리에 단 가이드인 '아바타'를 화면 속 컨트롤러로 조종하여 페로를 여행할 수 있습니다. 아바타가 고개를 들기만 해도 하늘을 볼 수 있고, 길에 돌아다니는 양떼에 카메라를 가까이 가져가 관찰할 수도 있죠. 페로의 랜선여행은 자유와 짜릿함을 제공해주고 랜선여행의 수준을 한 단계 높였습니다.

가이드의 도움이 없이도, 원하는 시간과 장소로 떠나는 가상여행도 있습니다. '구글어스'를 활용해 가장 편리하고 빠르게 해외여행을 할 수 있죠. 구글에서는 위성 이미지, 지형, 3D 빌딩을 볼 수 있는 구글어스와 공간정보를 애니메이션 처리해 스틸 이미지나 동영상 콘텐츠를 만들 수 있는 구글어스 스튜디오를 제공합니다. 구글어스를 통해 여행하는 모습을 담아두고 싶다면, 구글어스 스튜디오에서 영상이나 이미지 콘텐츠로 제작할 수도 있습니다.

구글어스의 지구본에서 가고자 하는 곳에 커서를 올려놓으면 도착 지점을 추천해주기도 하고 원하는 장소를 검색해서 찾아갈 수도 있습니다. 구글어스에는 중력이 존재하지 않기 때문에 하늘을 날아다니면서 여행하는 기분을 느낄 수도 있습니다. 유튜브에는 이미 구글어스를 활용한 다양한 세계여행 영상들이 존재합니다.

Z는 가상공간에서 친구와 여행을 떠나기도 합니다. 3D 아바타 앱 '제페토'에서 친구의 아바타와 옷을 맞춰 입고 가상공간에 존재하는 바다에서 수영도 하고, 놀이기구를 타기도 하죠. 제페토로 수학여행 가는 모습을 영상으로 담은 유튜버는 너무 설렌다며 자신의 가상여행을 시청자들과 공유합니다.

메타버스는 이제 디지털 일상을 공유하고 함께 여행을 떠나는 체험의 공간으로 진화했습니다. 가상여행은 단지 팬데믹으로 인한 새로운 트렌드가 아닙니다. 코로나19 이전에도 브이로그를 통해 여행의 대리만족을 느끼는 문화는 존재했습니다. 해외여행은 많은 에너지와 시간이 필요하지만, 디지털 여행은 시간과 장소, 경제적 부담 없이 즐길 수 있습니다. 랜선여행은 간접 체험의 기회와 여행 정보를 수집하는 의미도 있죠. 코로나19가 종식되어도 '언제 어디서든' 원하는 곳으로 갈 수 있는 랜선여행은 계속될 것입니다.

집 가까이 혹은 집으로 돌아온 자연

Z는 경쟁사회가 주는 부담감과 불안한 현실을 자신들의 방식으로 이겨내면서 일상의 평온과 여행이 주는 일탈을 즐깁니다. 집에서 가까운 곳에 휴식을 제공할 자신만의 '케렌시아querencia'를 만드는 것이죠.

앞서 소개한 마이리얼트립의 가이드 김선주 님은 "가게 옆, 강아지를 산책시키는 넓은 밭을 사이에 둔 길이 자신에게는 가장 힐링이 되는 공간"이라고 말합니다. **거창한 관광지가 아니더라도 일상**

의 스트레스를 잊고 벗어날 수 있는 따뜻한 공간이 최고의 여행지인 셈이죠. 일상의 환기랄까요. 팬데믹이 장기화되면서 일상이 된 비일상에 언제든 즉흥적인 여행을 떠나기도 합니다. 장기간 집 안에서 일과, 쉼, 운동 등 모든 활동이 이루어지면서 피로도가 높아졌습니다. 정신적인 위안과 육체적인 스트레스를 해소하기 위해 가까운 산과 공원으로 떠나기도 하지만 한편에선 집으로 자연을 들여놓았죠. SNS에 식물을 보며 위안을 얻고 힐링한다는 해시태그가 유독 많이 올라왔습니다.

가까운 곳으로 차를 끌고 나가 피크닉을 즐기는 '카피크닉'이나 자연을 느낄 수 있는 '차박캠핑'을 떠나기도 합니다. 자연 속에서 요가를 즐기거나 여유롭게 책을 읽으며 시간을 보내기도 하죠. 차가 없더라도 가까운 한강이나 도심 속 숲에서 돗자리를 펴놓고 시간을 보냅니다. 일상에서 잠시라도 벗어난 근거리 '데이케이션daycation', 즉 당일치기 휴가는 심리적 안정감을 주고 일상에 활력을 불어넣습니다.

사무실, 카페, 쇼핑 공간에는 인간과 자연을 연결한 바이오필릭Biophilic 콘셉트가 인기를 끌었습니다. 일과 여가의 경계를 넘나드는 삶에서 여행이 주는 해방감, 일상의 일탈을 경험하기 위해 헤테로토피아와 같은 제3의 장소를 만들고 삶의 원동력을 얻고 있습니다. 미셸 푸코는 헤테로토피아Heterotopia를 모든 곳에 존재하지만 어디에도 고정되어 있지 않은 선박, 정원의 깊숙한 곳, 다락방 한가운데에 세워진 인디언 텐트, 목요일 오후 부모님의 커다란 침대에서 아이들이 대양을 발견하는 것 등으로 설명합니다. Z가 떠나는 랜선여행, 메타버스에서의 가상여행 역시 일탈의 경험을 선사합니다.

Z

열심히 배우고,
확실히 즐기고,
제대로 자랑하기

Z가 일상에서 꾸준히 운동하고 함께 즐기는 데에는 몇 가지 특징이 있습니다. 이들은 땀을 흘리고 도전해서 승리해야 하는 '스포츠'라기보다는 액티비티 하는 과정을 '나에게 집중하는 시간'이라고 생각합니다. 이 과정에서 성장하는 '나'를 발견하고, 이를 사람들과 공유하면서 가치를 느낍니다. 이런 꾸준한 과정이 일상의 루틴이 되어, 신체적 건강뿐만 아니라 정신적 안정과 활력을 함께 찾고 있죠.

소셜 액티비티 플랫폼에서 Z가 일상의 아웃도어 액티비티를 어떻게 즐기고 있는지, 관심사가 같은 사람들과 어떻게 관계를 형성해나가고 있는지, Z의 놀이에는 어떤 속성들이 담겨 있는지 살펴보겠습니다.

Z가 취미생활을 즐기는 이유

프립은 전문성을 가진 호스트와 다양한 액티비티를 경험하고 싶은 게스트가 만날 수 있도록 돕는 '소셜 액티비티 플랫폼' 앱입니다. 호스트가 주체가 되어 개성 넘치는 액티비티를 운영합니다. 라이프스타일 내비게이터라는 별칭처럼 5,000개가 넘는 호스트의 취미생활 방법과 여가를 즐기는 독특한 경험을 만날 수 있죠. 이용자들은 혼자 하기 어렵거나, 장비와 전문성이 필요한 활동을 배우고 경험하기 위해 모여듭니다. 캠핑처럼 장비가 비싸고 준비할 것이 많은 경우에는 호스트가 텐트부터 그릇, 다양한 소품들까지 준비해서 제공한다고 합니다.

Z는 스마트폰으로 디지털 세계에서 시간을 보내고 친구를 만나는 것뿐만 아니라 다양한 아웃도어 액티비티와 취미생활을 경험하고 싶어 합니다. 팬데믹 이후에도 온라인으로 함께 활동을 공유하는 '랜선 프로그램'에 참여해서 다양한 액티비티를 즐깁니다. 여가 시간을 잘 보내고 싶지만 무엇을 해야 할지 잘 모르거나, 아웃도어 액티비티를 배우고 싶은데 혼자서 선뜻 나서기 어려운 경우, SNS와 소셜 액티비티 플랫폼을 통해 같은 관심사를 가진 사람들을 만나 쉽게 시작할 수 있습니다.

20대 이용자들은 특히 스노클링, 스쿠버다이빙, 서핑 같은 물과 관련된 액티비티를 즐깁니다. 관심사로 모였기에 다양한 연령대의 사람들이 등산, 캠핑, 낚시와 같은 아웃도어 활동부터 전시, 공연, 공예와 같이 라이프스타일 전반의 여가를 함께 즐깁니다. 각자 즐기는 방식도 다양한데 등산하면서 음악을 듣는 모임, 밤에 등산하는 모임, 춤추면서 등산하는 모임, 명상을 동반한 모임 등 나와 감성의 결이 맞는 사람들과 거리낌 없이 만나서 자유롭게 활동합니다.

프립의 호스트 송유진 님(22세)은 자신이 느낀 조깅의 매력과 가치를 공유하고 콘텐츠로 만들어가는 재미가 삶의 새로운 원동력이 된다고 합니다. 하루에 10분 이상 100일 동안 각자 뛰고 네이버 밴드에 인증하는 방식으로 운영하는데, 조깅하면서 본 하늘 사진을 찍어 떠오르는 생각과 함께 밴드에 인증하면 '하늘생각집'이라는 콘텐츠로 이용자에게 선물합니다.

송유진 호스트의 처음 목표는 다이어트였는데 하다 보니 조깅 실력이 느는 게 느껴져 꾸준히 하면 성장한다는 걸 경험했습니다. 틈틈이 시간을 투자해 습관을 만들어내니 스스로에 대한 신뢰와 자신감이 쌓였다고 합니다. 공부에 치여 하루를 보냈다가도 달리는 시간만큼은 온전히 나에게 집중하게 되면서 그 시간이 너무 좋아졌고 이런 가치를 다른 사람들과 공유할 수 있다는 게 좋아서 프립을 시작하게 되었다고 합니다. 개인적으로 시작한 운동이 건강뿐만 아니라 내면까지 단단하게 만들어주고, 성장하는 새로운 자신을 발견하는 계기로 이어졌습니다.

배움이 있는 놀이, '원데이클래스'

Z는 마음만 먹으면 언제든 배우고 싶은 것을 배웁니다. 비슷한 관심사를 가진 사람들과 함께할 수 있습니다. '원데이클래스'는 상대

적으로 합리적인 비용으로 취미활동을 시도해볼 수 있죠. 요리, 공예, 공연, 와인, 여행 등 분야도 다양해지고 있습니다. 내적 동기로 인해 자발적으로 시작한 '배움 있는 놀이'에 취향의 깊이가 깊어지고 라이프스타일까지 확장됩니다. SNS에는 '원데이클래스' 해시태그를 단 게시물이 300만 개 넘게 존재할 정도로 인기가 많습니다.

클래스에 참여하는 자신의 모습을 SNS에 남기는 건 덤이죠. 여기서 SNS 인증은 자기과시라기보다는 건강한 신체와 정신적인 가치를 통해 진짜 나를 발견하는 과정과 연결됩니다. 과거 액티비티의 키워드가 '도전', '극복', '승리'였다면 지금의 Z에게는 과정을 즐기면서 자신의 적성과 즐거움을 찾아가는 것이 중요합니다.

Z는 클래스를 통해 자신이 좋아하는 활동에 몰입하면서 성취감을 얻습니다. 자신이 즐기면서 배우는 모습을 다른 사람들에게 자랑하고, 현실에 안주하지 않고 꾸준히 배움을 통해 성장하는 모습을 사람들과 공유하고, 응원받고, 인정받고 싶어 하는 마음도 있습니다.

새로 산 레깅스 입고 정상에서 인생샷! 등산은 '힙'하다

요즘 SNS에 Z세대가 레깅스를 입고 산 정상에서 찍은 사진들이 자주 보입니다. 이전에는 어르신들의 전유물이었던 등산이 Z세대에게 '힙한' 운동으로 여겨지고 있죠. 등산뿐 아니라, 서핑이나 웨이크보드 등 자연과 함께하는 다양한 액티비티들이 Z세대 사이에서 사랑받고 있습니다.

등산, 서핑과 같은 액티비티는 운동 자체로도 활력을 얻을 수 있지만, 열심히 노력한 만큼 바로바로 변화를 느낄 수 있습니다. 소소하지만 확실한 성취감을 주는 활동이죠. 특별한 경험을 위해 다양한 활동들을 시작했던 Z가 꾸준한 실천으로 성취감을 얻는 경험을 하고 있습니다.

처음에는 힘들던 등산도 점점 거뜬하게 해내는 자신을 보면서 할 수 있다는 자신감을 얻습니다. 늘어나는 체력을 보며 주어진 시간을 알차게 사용했다는 뿌듯함도 느끼게 되죠. 그래서 이들은 하루에 10분이라도 시간을 투자해서 신체적 건강뿐만 아니라 내면의 건강도 함께 챙기고 있습니다.

등산마저 '힙하게' 즐기는 사람들

물론, Z세대가 아웃도어 액티비티를 몸과 마음의 건강과 성장을 위한 수단으로만 대하는 것은 아닙니다. 기존에 등산이 정상을 찍고 오는 '도전'에만 중점을 뒀다면, Z세대는 패션과 건강함을 뽐내며 '놀이'로써의 등산을 합니다. 야경을 보며 둘레길을 걷기도 하고, 오르는 과정에서 발견하는 나무와 식물을 관찰하고 인생샷을 찍으며 등산 문화를 '힙'하게 즐기고 있는 것이죠.

코로나 이후로 자연에서 즐기는 야외활동들이 주목을 받으면서 등산 자체가 '힙'해진 겁니다. 등산도 레깅스를 멋지게 차려입고 가는 것처럼요. 일단 사진이 예쁘게 나오기 때문에 SNS에 올리기 좋죠. 이전에는 회사에서 성과를 인정받는 것이 내 인생을 인정받는 것처럼 여겨졌다면, Z는 '난 등산 다니면서 자기관리 하는 사람이야'라며 내가 어떤 취향과 라이프스타일을 가진 사람인지 표현하고 인정받고 싶어 하죠.

바디 프로필이 유행하는 것도 같은 맥락입니다. 건강관리에 관심이 높아지면서 자기관리에 시간과 비용을 투자하는 Z가 늘었죠. 무엇보다 가장 빛나는 때에 가장 멋진 모습을 사진으로 남기고 추억하고 싶어 합니다. 운동으로 건강한 몸을 가지게 된 것으로 끝나는 것이 아니라 운동하는 과정을 인증하고 공유하는 것이 바디 프로필의 완성이라고 여깁니다.

인간관계에서 오는
불필요한 부담은 NO!

프립의 호스트들은 이용자가 액티비티를 쉽고 재미있게 즐길 수 있도록 안내합니다. 혼자 할 때는 잘되지 않던 동작이나 기술들을 호스트나 함께하는 이용자들을 통해 배우고 노하우를 공유하죠.

내가 선택한 관계에 충실한 Z

이전에도 동호회를 통해서 교류하고 친목을 도모하는 문화는 존재했습니다. 하지만 Z가 프립에서 만들고 있는 관계는 조금 다릅니다. 호스트와 게스트는 액티비티를 마치고 나면 '쿨하게' 헤어집니다. 서로가 줄 수 있는 긍정적인 에너지와 정신적인 가치들은 공유하되, 관계에서 오는 불필요한 부담과 스트레스는 줄이는 것이죠.

기존의 동호회가 운동하고 나서 뒤풀이까지 해야 진정한 관계라고 여기던 모습과는 다릅니다. Z는 나와 관심사가 같은 사람과 활동은 함께 하되 관계에서 오는 스트레스는 원치 않습니다. 임수열 프립 대표는 "Z세대는 굳이 스트레스를 참아가면서까지 인맥을 얻어야 할 만큼 인간관계가 절실하지 않습니다."라고 말합니다. SNS를 통해 얼마든지 연결되고 싶은 대상을 찾아 만날 수 있기 때문입니다.

사람과 관계를 맺는 방식이 '느슨한 관계'로 재편되었죠. 이전엔 생존을 위해 학연, 지연, 혈연과 같은 강한 결속력이 필요했습니다. 하지만 원하는 정보에 언제든 연결될 수 있고 소셜미디어를 통해 원하는 사람과 연결될 수 있기에 강하게 결속될 필요가 없다고 생각합니다. 사회적 관계에서 오는 스트레스를 어쩔 수 없다고 생각하며 참는 것이 당연하다고 여겨졌지만, 이제는 스트레스를 받으면서 인간관계를 유지하거나 확장할 필요가 없다고 생각하는 거죠. Z는 한국인 특유의 끈끈한 인간관계에 피로감을 느낍니다. 내가 선택한 관계와 현재, 함께 하는 것에 충실하죠.

관계에서 오는 불필요한 부담은 깔끔하게 없앤다

가벼운 관계를 선호하는 Z는 실제로 소통 범위가 넓고 자유롭습니다. 현실에서의 관계, 페이스북 친구, 트위터 팔로워, 인스타그램 친구, 링크트인의 친구까지 각각의 소셜미디어마다 교류하는 친구가 있기 때문이죠.

프립에서 만나는 사람들은 서로의 나이나 직업을 모릅니다. 호스트들의 나이, 직업 등 배경보다 그들이 가지고 있는 콘텐츠, 나와 같은 관심사를 가진 사람들과 잘 놀 수 있는지가 더 중요하죠. 이들과 함께한 시간이 즐거웠다면 그 사람들에 대한 개인적인 정보는 크게 중요하지 않습니다.

프립에는 '수평어' 같은 프로그램도 있습니다. 함께 한강이나 공원으로 소풍 가서 반말로 대화를 하는 프로그램이죠. 프로그램을 오픈하자마자 폭발적인 반응이 있었다고 합니다. Z세대가 유튜브에서 '반모방'을 만들어 서로 소통하듯이 오프라인에서도 이러한 문화가 이어지고 있는 셈이죠.

물론, Z세대 사이에서도 끈끈한 관계를 원하는 이용자들은 존재합니다. 때문에 프립에서는 조금 더 단단한 결속력을 원하는 이용자를 위한 모임을 만들어 운영하기도 합니다. 하지만 이 모임도 최대 6개월 이후에는 해산됩니다. 기존의 동호회처럼 지속적으로 모임을 이어가지 않는 것이죠. 사람마다 원하는 관계의 모양은 다르지만, 가벼운 관계를 더 선호하는 Z의 니즈는 명확합니다.

사회적으로 비슷한 위치에 있거나 동질감을 가지는 사람들과의 연결은 커뮤니티 형성의 기본 전제라고 할 수 있습니다. 그런데 Z세대에게 친구를 사귈 때 중요한 요소는 바로 '관심사'입니다. 공통적으로 좋아하는 아이돌, 취미, 동물, 액티비티 등이 있다면 직접 만나지 않아도 활발한 소통이 일어나고, 나이나 직업 등은 크게 중요하지 않습니다.

커뮤니티가 유지되기 위해서는 Z세대 스스로가 커뮤니티를 통해 얻을 수 있는 가치를 선명하게 그릴 수 있게 해야 합니다. 커뮤니티에 모인 사람들에게 내가 얻어갈 수 있는 에너지나 정신적 가치가 명확해야 하죠.

프립에서 호스트는 게스트가 내는 비용으로 수익을 얻고, 게스트는 호스트들이 가지고 있는 전문성을 토대로 만들어진 개성 있는 모임을 통해 특별한 경험을 얻어갑니다. 서로 명확하게 기여할 수 있는 요소들이 구축되어야 안정적인 커뮤니티를 운영할 수 있습니다.

Z는 대인관계에서 오는 스트레스는 줄이고 싶지만, 또한 끊임없이 연결되고 싶어 합니다. 가벼운 커뮤니티 안에서 서로 좋은 경험과 감정을 공유하고, 온기와 휴먼터치를 느끼게 할 수 있다면 Z와의 공감대 형성은 그리 어려운 일이 아닐 수도 있습니다. 물론 서로의 진정성이 기본이 되어야겠죠. Z세대와 밀도 있는 관계의 시작은 관심사를 기반으로 한 커뮤니티를 통해 만들어나갈 수 있습니다.

커뮤니티에서 느끼는 성취감

놀아본 사람이 잘 놀 수 있듯이, Z는 무엇이든 자신들만의 방식으로 '힙'하게 해석하고 새롭게 창작합니다. 이들에게 놀이의 즐거움을 주면서 성취감을 느낄 기회를 제공해보는 것은 어떨까요?

Z가 스스로 성취감을 느끼고 의미 있는 보람을 찾을 수 있는 장을 마련해, 참여할 기회를 제안하는 겁니다. 프립은 '평화나비런', '청춘 이어달리기'처럼 특별한 의미를 담은 액티비티를 운영합니다. 자동차 브랜드 볼보는 쓰레기를 주우면서 환경보호를 할 수 있는

플로깅plogging 마라톤을 운영하기도 하죠. 의미 있는 경험을 얻을 수 있어, Z세대 사이에서는 인기를 얻었습니다. 또, 뉴발란스가 개최한 마라톤은 피니시라인 앞에 주최 측 관계자들이 길게 늘어서, 완주한 사람들과 하이파이브 해주는 '하이파이브 존'을 만들었습니다. 참가자들이 완주하는 순간, 마치 영화 주인공이 된 듯한 기분을 느낄 수 있게 한 것입니다. 놀면서 성취감을 얻었던 기억은 오래도록 남게 마련이니까요.

Z가 참여한
라이프스타일 랩과
파일럿 팀을 만들어보자

Z는 기업의 새로운 인재이고, 영민한 소비자이며, 디지털 네이티브로서 미래를 열어갈 사회의 중요한 구성원입니다. 그런데 '함께' 숨 쉬며 살아가고 있고 바로 곁에 있지만, 우리는 이들이 디지털 세계에서 어떻게 살아가는지는 잘 모릅니다. 게다가 대기업은 예전만큼 대규모로 신입직원을 채용하지 않아 각 팀에 Z세대 연령층이 없는 경우도 많습니다. 그리고 현재 재직 중인 Z 직원의 경우, 언제든 퇴사할 준비가 되어 있는 게 현실입니다.

비즈니스 현장은 신인류인 알파세대, Z세대 고객을 맞이해야만 하는 상황입니다. 비즈니스의 미래 생존을 좌우할 중요한 이슈이지만, 기존의 사업방식이나 마케팅으로는 이들과 교감하기 어렵습니다. 이는 대기업, 중견·중소기업, 스타트업의 공통된 과제입니다.

또 사회적으로 디지털 네이티브와 이전 세대 간의 디지털 격차가 점점 심해지고 있습니다. 이러한 변화를 일찌감치 읽고, 전문성을 갖춘 외부 슈퍼인재와의 협업을 준비하는 기업들이 늘고 있습니다. **기업은 신입사원을 뽑아 육성하는 대신 실무능력을 검증받은 인재를 스카웃하는 방향으로 전환했습니다. 그리고 이제는 더 많은 외부 전문가의 경험과 능력을 조직 내부로 빌려오는 시대로 접어든 것입니다.**

앞서 말했듯이 디지털 네이티브가 성장하는 동안, 디지털에서의 경험이 결정적인 영향을 미치는 시기는 10~12세입니다. 브랜드에 대한 태도를 형성하는 중요시기는 20~22세이고요. 이는 교육계뿐만 아니라 기업 입장에서도 Z와 교감할 수 있는 짧은 기회의 문이 열리는 시기죠. Z는 성장기에 경험한 브랜드에 신뢰를 갖는 경향이 더 강합니다.

그리고 이들은 무엇보다 가족 구성원 중에 소비와 관련된 의사결정에 결정적인 영향을 미칩니다. 모든 산업군에서 영향력을 발휘하는 것으로 나타나지만 특히 F&B Food & Beverage, 가전, 패션과 잡화, 앱, 외식 순으로 영향력이 높게 나타나고 있습니다. 라이프스타일과 관련된 브랜드가 Z와 접점을 가져야만 하는 분명한 이유입니다.

Z와의 접점을 만들고 교감하기 위해 기업이나 단체는 Z세대로 구성된 라이프스타일 랩을 구성하여 지속적으로 리서치하고 관찰하며 인사이트를 축적해나가는 것이 필요합니다. 내부에 Z세대 인력이 없다면, 외부 인적자원을 활용해 라이프스타일 랩을 만들고 협업을 시도해보는 것도 방법입니다. 파일럿팀을 띄워 라이프스타

일 랩에서 나온 인사이트를 현장에 적용하며 마켓핏Market fit을 맞춰 나가야 합니다.

라이프스타일 랩의 역할은 무엇인가?

Z 고객의 트렌드와 눈높이를 잘 맞추어 성공한 사례로 손꼽히는 브랜드가 구찌입니다. 구찌는 2015년 마르코 비자리Marco Bizzarri 신임 최고경영자가 임원회의를 마치고 그 회의내용에 대해 30세 이하 '섀도우 커미티'와 다시 토론하게 한 것이 주효했습니다. 시즌마다 Z의 문화를 적용한 게임을 론칭하고, 팬덤을 강화하는 방안을 효과적으로 적용하면서 디지털 세대와의 접점을 넓혔습니다. 국내 기업에서는 내부소통을 원활하게 만들자는 차원에서 신세대 팀원과 임원이 팀을 이루는 '리버스 멘토링'이 이루어지고 있습니다.

Z세대를 고객으로 둔 기업이나 단체에는 사회·문화적 변화의 흐름과 시장 트렌드에 대한 감각을 내부에 축적해야 합니다. 특히 서비스나 제품을 기획하거나 새로운 사업기회를 발견하기 위해 디지털 네이티브를 좀 더 입체적으로 이해하고, 실질적인 소통 방안을 마련해야 합니다. '라이프스타일 랩'을 구성해야 하는 이유입니다. Z와 지속적으로 소통하면서 내·외부의 변화를 감지하는 안테나를 작동시켜야 합니다.

라이프스타일 랩의 역할과 목표가 선명해야 현장에 적용할 수 있는 실질적인 아이디어와 인사이트가 나옵니다. 디지털 전환에 대응하고, 새로운 인류인 디지털 네이티브와 조응하기 위해서는 아래와 같은 질문으로 시작해볼 수 있습니다.

- 디지털 네이티브가 일으키고 있는 중요한 전환점은 무엇인가?
- 이것이 우리 사업환경에 일으키는 영향은 어떤 것들이 있는가?
- 이러한 흐름이 가까운 미래에 일으킬 변화는 무엇인가?
- 이러한 흐름이 장기적으로 우리 사업에 미칠 영향은 무엇인가?
- 특정 변화 흐름은 현재 어느 위치에 있는가?

질문을 정확하게 잡는 것이 모든 일의 중요한 첫 단추입니다. 궁극적으로 랩에서 파악해야 하는 것은 우리 비즈니스에 영향을 미칠 의미 있는 시그널을 포착하고 이러한 변화가 왜 시작되었는지 원인을 분석하는 것입니다. 제대로 분석하기 위해서는 해당 사안을 해체하고 분해해서 본질로 들어가야 다음을 예측하고 방향을 세울 수 있습니다. 랩에서 포착한 시그널을 어떻게 해석해서 현장에 언제 적용할지는 시그널이 현재 어느 정도 확산되어 있는지, 어느 지점에 있는지에 따라 의사결정할 수 있습니다.

특정 트렌드가 왜 나타났는지 그 원인을 파악하는 과정에서 외부 전문가의 도움을 받는 것도 방법입니다. 특정 트렌드가 시장에 미칠 영향, 사업에 미칠 요소에 대해 시나리오를 예측하는 것은, 내부와 외부의 역량이 각자의 정보와 전문성을 주고받을 때 더 완성도 높은 결과를 창출할 수 있습니다.

기업이 모든 분야의 전문가를 내부에 보유하기란 사실상 어렵습니다. 전문 인력을 유지하는 것이 점점 더 어려운 환경으로 바뀌어 가고 있죠. 회사 내부에 반드시 보유할 인력과 외부 전문성을 필요로 하는 분야를 구분해 내외부 자원이 효과적으로 협업할 수 있는 구조를 만들어야 합니다. 이것이야말로 앞으로의 사업 경쟁력을 높일 방안이 될 것입니다.

지금까지 새로운 문화 흐름을 포착하여 사업전략과 연결시키는 방안에 대해 이야기했습니다. 무엇보다 디지털 인류를 심층적으로 이해하고 시대 변화와 감각을 체감하며 이들과 소통하는 데 필요한 질문은 다음과 같은 것이 있습니다. 브랜드에 영감을 주고 현실적인 방안들을 세우는 데 도움이 될 것입니다.

- Z가 가치를 두는 것은 무엇인가?
- Z가 우리 브랜드를 이용하는 것이 어떤 의미인가?
- 365일 24시간 중 우리 브랜드는 어떤 순간을 점유하고 있나?
- Z는 일상에서 우리 브랜드를 어떻게 이용하고 있나?

위의 질문과 항목들을 구체화시키고 **Z세대 개개인의 일상을 관찰하고, 축적하면서 브랜드의 연결지점에서 패턴을 찾고, 의미 있는 인사이트를 지속적으로 쌓아나가야 합니다.** 무엇보다 이들의 내면에서 일어나는 열망과 니즈를 심층적으로 이해하고, 기업은 비즈니스에, 비영리기관은 후원활동에, 정부와 지자체는 정책 등에 연결시키는 것이 핵심입니다.

Z는 디지털 문화를 전파해줄 핵심인재

라이프스타일 랩에 필요한 핵심인재는 '디지털에서 제대로 놀아보고 소통하는 Z'입니다. 시장의 현장 감각을 얻기 위해 라이프스타일 랩에서 필요한 맨파워는 특정 학위나 전공, 리서치 경험보다 디지털 네이티브다운 소통 경험을 가진 Z입니다. 그리고 각자 다른 배경과 전문성을 가진 맨파워가 융합하여 시너지를 낼 때 효과를 발휘할 수 있습니다. **서로 다른 연령대, 다른 직무경험, 이질적인 성향을 가진 멤버가 함께 관찰하고 토론해야 새로운 생각과 창조적인 접근이 가능하기 때문입니다.**

여기서 리더의 역할과 역량이 제일 중요합니다. **과학적 방법론과 직관적 사고의 밸런스를 가진 리더가 팀을 이끌어야 현장에서 적용 가능한 통찰을 끌어내고 실행으로 연결할 수 있습니다.** 무엇보다 중요한 3가지는, 사람에 대한 깊은 이해, 현장 인사이트를 유기적으로 실행해본 경험, 적용 과정에서 나온 방법론을 유연하게 조정하며 원활하게 소통하는 역량입니다.

조직 내에 랩에 참여할 Z세대 직원이 없는 경우, 외부의 Z세대, 또는 잠재고객이 참여할 수 있는 역할과 기회를 열어두는 것도 방법입니다. 이때 어떤 역량을 가진 사람이 필요할까요? 우리 사업과 관련된 라이프스타일과 페르소나를 가진 Z라면 랩에 의미 있는 영감을 줄 수 있습니다. 여기에 소통, 협업, 성장하려는 열정 있는 태도는 기본입니다. 소통과 협업은 상대의 장점을 알고 나의 부족함을 보완하여 시너지를 내고자 하는 자세에서 나오기 때문입니다.

랩에 Z가 참여해야 하는 이유는 이들이 무엇을 원하는지, 관심사가 무엇인지, 어떻게 소통해야 하는지 등에 대한 구체적인 아이디어를 가지고 있기 때문입니다. Z는 진정성 있는 관심을 바라고, 브랜드 활동에 기꺼이 참여하고 역할을 하기를 바랍니다.

또 Z는 눈높이를 맞추고 함께 성장해가는 브랜드에 애착을 갖고 신뢰합니다. 다만 Z는 무리 안에 있기에 또래들의 가치관과 문화를 당연하게 여깁니다. 따라서 서로의 다름을 예민하게 포착하고 변화를 읽는 것은 리더와 팀의 몫입니다.

어떻게 인문학적 통찰과 데이터를 잘 흐르게 할 것인가?

Z는 스마트폰에서 소셜미디어와 앱 사이를 쉴 새 없이 넘나듭니다. 기업은 Z가 넘나드는 매 순간의 스몰데이터를 확인할 수 있습니다. 그런데 '고객이 처한 상황과 맥락의 차원'을 이해하지 못하고 데이터를 축적하기만 하면, 이는 불필요한 쓰레기일 뿐입니다.

데이터로 파악할 수 있는 것은 이미 지나간 과거이고 일부의 사실일 뿐입니다. 그것이 다음 행동을 담보하거나 솔루션을 보여주는 건 아닙니다. 우리가 만나는 Z는 특정 순간에만 드러나는 0.1명의 조각 데이터입니다. 예전에 마케팅 타깃을 설정할 때처럼, 고객을 구분 짓는 특정 변수들을 이용하여 '타깃 세그멘테이션'을 한 후에 고객의 페르소나를 파악하고 그 페르소나의 라이프스타일에 필요한 브랜드로써 접근하는 것은, 마치 세상에 없는 사람을 그려놓고 마케팅하는 것과 같습니다. 한 사람이 온전히 한 가지 성향만을 가질 수 없기 때문입니다. 사람은 기분, 상황, 누구와 함께 있는지에 따라 다른 선택, 다른 모습을 보입니다.

고객의 시그널을 포착하기 위한 도구로 데이터는 필수입니다. 그러나 데이터가 고객이 처한 상황과 맥락을 모두 설명해줄 수 없고, 왜 그렇게 행동했는지 원인까지 알려주지는 못합니다. 무엇이 유용한 데이터인지, 이 신호를 우리 비즈니스에 어떻게 적용할지에 초점을 맞춰야 합니다.

잠재고객이 어떤 순간, 어떤 상황에서, 어떻게 우리 브랜드를 사용하는지 입체적으로 파악해야 합니다. 우리가 발견해야 하는 것은 '고객이 왜 그렇게 행동하는가?', '고객이 왜 그렇게 생각하는가?', '고객 본인도 미처 알지 못하는 열망은 무엇인가?'입니다. 'WHY'를 알아야 방향을 세우고, 고객여정Customer Journey의 단계마다 고객이 원하는 경험을 설계할 수 있으니까요.

이렇게 고객 인사이트와 고객경험여정을 라이프스타일 랩에서 잘 그렸더라도 실행에 적용하지 못하면 그 의미를 살릴 수 없습니다. 많은 기업이 이 단계에서 좌절을 경험합니다. 제품기획, 마케팅, 고객소통과 관련된 팀에서 TF를 구성하여 파일럿을 시도해야 합니다. 팀 구성 시 연령대, 성별, 직무 등 최대한 다양성을 확보하는 게 좋습니다.

실행팀과 라이프스타일 랩은 현장에 필요한 정보와 고객에게서 발견한 인사이트를 유기적으로 주고받으며 실험해야 합니다. 답은 항상 고객에게, 현장에 있습니다. 이러한 시도가 선순환을 그릴 때 브랜드는 Z 고객과 애착을 가진 관계를 형성할 수 있고, 나아가서 기업 문화 전체를 외부 변화를 잘 감지하고 대응하는 쪽으로 함께 발전시킬 수 있습니다.

앞의 질문과 방법을 적용하여 솔루션을 찾아 나가면서 내부역량을 집결한다면 Z세대가 참여한 랩은 새로운 시도를 현장에 적용하고, 결과를 분석하고, 다시 적용하면서 변화를 주도하는 집단이 될 수 있습니다. 제조와 관련된 기업이라면 선도적인 제품 출시에, 디지털 네이티브를 위한 앱 서비스라면 혁신적인 사업기획에, 서비스 기업이라면 새로운 서비스 디자인에 영감을 줄 것입니다.

3

PLAY CONTENTS
콘텐츠 놀이터
안에서
창작과 놀이를
동시에

이번 챕터에 등장하는 앱

채티 ··

채팅 형식으로 소설을 제공하고, 이용자들이 소설을 쉽게 쓸 수 있게 만든 서비스. 2018년 5월 출시된 후, 하루 3,000편 이상의 신규 콘텐츠, 1만 3,000화의 신규회차가 공개되고 있다. 기성작가의 작품은 총 794편, 8,918화이고, 일반인 이용자의 작품은 60만 편, 230만 화다. 누적 다운로드수는 500만 회, 이용자들의 평균 방문 횟수는 3회 이상이며, 일 평균 사용시간은 92분이다. 헤비유저 그룹의 경우 평균 체류시간이 5시간이다.

"저희의 궁극적인 목표는 모든 소비자가 창작자가 될 수 있는 판을 만들고, 창작자들이 의미 있는 관심과 수익을 가져갈 수 있는 구조를 만드는 것입니다. 최근 그림을 그리는 유저들이 나오기 시작했어요. 본인이 글도 쓰고 그림도 그리죠. 그림을 못 그리는 유저는 잘 그리는 유저와 협업을 시도하기도 하고요."

— 최재현(채티 CEO)

카카오페이지

매일 신작이 올라오는 스토리 플랫폼. 웹툰, 웹소설을 주력으로 하고 있다. 그 외에도 웹드라마, 애니메이션, 영화, 웹예능, 전자책 서비스를 제공하고 있다.

"카카오페이지를 '스토리 엔터테인먼트의 이노베이터'로 정의 내리고 싶습니다. 구조적인 혁신을 원하죠. 하나의 이야기를 가지고, 이용자가 웹소설에서 웹툰으로 넘어가고, 영화로 넘어가고 또다시 웹소설로 넘어오는 선순환을 계속해서 만들어나갈 예정입니다. 사람들이 원하는 인간 관계와 라이프스타일이 카카오페이지 소설 속에 반영되고 있어요. 사람들이 만들고 싶은 자아의 모습, 성취감을 보여줄 수 있죠. 카카오페이지는 젊은 감각, 트렌드, 날것의 욕망을 볼 수 있는 곳입니다."

— 류정혜(카카오 엔터테인먼트 CMO)

Z
'판'을 깔아주면
마음껏 놀면서
새롭게 만들어낸다

Z가 좋아하는 앱들은 공통점이 있습니다. 바로 마음껏 뛰어놀 수 있는 장을 펼쳐주는 앱이라는 것입니다. 사실 Z는 운영자의 참여 없이도 스스로 놀거리를 잘 만듭니다. 정해진 틀, 이미 만들어진 매뉴얼 밖에서 놀거나 기능을 조합하여 새로운 놀이를 만드는 것을 즐기죠.

혁신적인 기술과 직관적인 인터페이스도 중요하지만, Z에게는 주도권을 쥐고 맘껏 놀 수 있는 놀이터를 마련해주는 게 더 중요합니다. 서비스의 완성도가 완벽하지 않더라도 핵심 기능과 소구점이 선명하다면 시작해보는 겁니다. 톡톡 튀는 Z가 자신들의 아이디어로 공간을 채우고, 자연스레 그들의 콘텐츠에 공감하는 또래 친구들이 모여 자유롭게 노는 문화가 만들어질 수 있도록 분위기를 조성하는 게 더 중요하죠.

유저에서 작가로, 추앙받는 팬덤까지

요즘 젊은 세대가 책을 안 읽는다고 알고 계시죠? 글쎄요. 사실 Z는 엄청난 양의 정보를, 기성세대가 따라갈 수 없을 수준의 속도로 읽고 있습니다. 종이책을 사서 읽지 않을 뿐, 무언가 보고 읽는 시간은 기성세대를 압도합니다. 학교에서 배우는 학습량과는 비교할 수 없을 정도의 폭넓은 정보를 디지털 미디어에서 흡수하고 있죠. 스낵컬처부터 과학 콘텐츠까지 모두 손가락 끝에서 터치만으로 접할 수 있으니까요.

'채티'에서 현재 글을 쓰고 있는 Z세대 작가들은 소설을 쓰는 데 익숙하지 않았을 겁니다. 이들에게 채팅형 소설을 쓸 수 있는 '판'을 만들어줬더니 글을 쓰기 시작한 거죠. 그리고 기성세대가 상상할 수 없을 정도의 창의력을 발휘합니다.

Z는 어려서부터 유튜브로 정보를 찾아보는 데 익숙하고, 친구들과 틱톡 하고, 가족과 카톡으로 대화하는 등 디지털 소통에 친숙합니다. Z의 디지털 소통문화가 새로운 창의력으로 발현되고 있는 겁니다.

초기 채티는 기성 웹툰 작가 또는 웹소설 작가의 작품을 채팅 방식의 소설 형식으로 전환하거나, 기성작가들이 채팅 방식의 소설을 게재하는 플랫폼으로 출발했습니다. 그러다 독자들이 참여할 수 있는 장을 열었더니 폭발적인 반응이 나타났고, 특히 Z세대 독자들이 적극적으로 참여하기 시작했습니다. 현재 채티 독자들에게 가장 인기 있는 작품의 80% 이상이 Z세대 작가의 소설일 정도입니다.

채팅형 소설을 제공하는 읽기 플랫폼에서 유저 스스로 소설을 창작하고 공유하는 플랫폼으로 진화한 것이죠. 독자면서 작가인 유저는 전체 채티 유저 중 20% 수준이지만, 이들이 지닌 팬덤은 상당합니다. Z세대가 관심 가지고 공감할 수 있는 소재와 이야기들이 올라오니 또래들의 열렬한 반응을 얻는 것이죠.

채티에서 활동하는 작가들은 소설만 쓰는 게 아닙니다. 직접 이벤트를 운영하기도 합니다. 댓글 창을 활용해 여러 가지 이벤트를 열고, 작가의 오픈채팅방을 통해 작품이나 일상 이야기를 교류합니다. 메인 콘텐츠를 읽은 후 댓글 놀이가 이어지고, 작가와 팬의 만남의 장이 펼쳐지죠. 플랫폼에 작가와 팬이 교감하는 공간이 지속적으로 만들어지기 때문에 Z의 체류시간은 더욱 길어집니다.

이 과정에서 작가와 팬 사이에 '팬덤 문화'가 형성됩니다. Z세대 작가들이 팬덤을 형성해가는 방식은 작가 개인의 성향에 따라 차이가 있습니다. 그러나 공통적인 것은 **관계 기반의 콘텐츠 소비가 이루어지고 콘텐츠 창작과정에도 관계 기반의 팬 문화가 영향을 미친다는 것입니다.**

Z는 스마트폰이라는 개인 미디어를 보유하게 되면서 창작이 가능해졌고, 자신들이 생산한 것을 직접 유통해 네트워크 세계로 확산시킵니다. Z의 문화는 디지털 네이티브 시각에서 바라봐야 체감할 수 있습니다. 이들이 형성하는 문화는 '생산-소비-확산'이라는 디지털 문화에 지대한 영향을 미칩니다. 미래학자 앨빈 토플러Alvin Toffler는 일찍이 《제3의 물결》에서 이런 예견을 했습니다. "정보화 혁

명 시대에는 정보가 에너지의 근원이 되고 많은 사람은 생산자이면서 소비자가 될 것이다." 프로슈머prosumer로서 소비자가 직접 상품을 개발하고, 아이디어를 제안하며 기업이 이를 수용하는 방식이 채용될 것이라고 보았죠.

웹2.0 시대에 사람들은 이미 프로슈머로서 역할을 수행해왔습니다. 채티에서 활동하는 Z는 스스로 콘텐츠를 생산하는 주체로, 내가 좋아하는 작가의 독자로, 함께 협업하는 창작자로 활동합니다. 채티에서 Z세대 작가와 독자가 어떻게 한 편의 콘텐츠를 창작하고 퍼블리싱하며, 관계를 형성해 팬덤 문화를 만들까요? 이 작은 경제생태계가 어떻게 작동하는지를 살피는 것은 이들의 문화가 미래 디지털 생태계에 미칠 영향을 보여줍니다. 이것이 Z의 문화를 주의 깊게 관찰하고 통찰해야 하는 이유죠.

디지털 네이티브의 미래, 채티

채티의 최재현 대표는 이렇게 말합니다. "저희의 궁극적인 목표는 모든 소비자가 창작자가 될 수 있는 판을 만들고, 창작자들이 의미 있는 관심과 수익을 가져갈 수 있는 구조를 만드는 것입니다." 채티가 처음 등장했을 때 유저들은 '웹소설을 처음 봤을 때 느낌'이라고 평했습니다. 웹소설이 처음 등장했을 때처럼 새롭고 신선하게 받아들인 것이죠. 웹소설의 작법과 형식은 일반 소설과 완전히 다릅니다. 훨씬 가볍고 자극적이며, 계속 흥미를 줘야 하죠. 조금이라도 지루하면 버림받습니다. 전체적인 기승전결도 물론 중요하지만 매회 기승전결을 담는 것도 중요합니다.

채티는 채팅 형식이어서 타인의 대화를 엿보는 느낌을 줍니다. 화면을 터치할 때마다 대화가 뜨게 되어 본인이 템포를 조절할 수 있으니 몰입감이 더 높아지죠. 탭 기능은 다음 대사가 나올 타이밍을 내가 결정하게 해줍니다. 때문에 독자들은 자신도 모르게 소설에 참여하게 됩니다.

또한 채티는 누구나 쉽게 소설을 창작할 수 있는 PC 및 모바일 에디터 툴을 제공합니다. 채티 에디터 툴은 다양한 글씨체와 배경색을 지원해 섬세한 감정과 서사를 연출할 수 있습니다. 제작에 드는 비용도, 난이도도 낮은 편입니다. 덕분에 이용자 중 70%가 Z세대지만 이들은 능숙하게 채티에서 작품을 만들어냅니다.

'채티 오리지널'은 기성작가의 작품인데, 총 794편, 8,918화가 올라와 있습니다. 이 중 몇 편은 기존에 성공한 웹소설을 리메이크한 작품이죠. 반면 '채티 스탠다드'는 유저들이 쓴 작품인데 오리지널보다 작품 수가 훨씬 더 많습니다. 무려 60만 편, 230만 화가 올라와 있습니다. 오디오 클립은 2020년 기준으로 61편, 468회차가 발행되었습니다. 2019년에는 네이버 오디오 클립 중에서 가장 성공한 시리즈로 선정되기도 했죠.

2018년 5월에 출시된 채티는 6개월 만에 앱 다운로드 50만 회를 기록하고 2022년 1월 기준으로 누적 다운로드수가 무려 500만 회로 껑충 뛰었습니다. 일반인이 창작하는 '도전' 코너에는 하루 최대 1,000개 이상의 콘텐츠가 게재되고 있죠. 이용자당 사용량도 계속

급증하고 있습니다. 서비스 출시 후, 이용자 1인당 하루 사용시간은 3배, 하루 총 탭 횟수는 7배나 늘었습니다.

Z
모바일과
와이파이만 있다면,
어디서든 크리에이터

Z와 늘 함께하는 스마트폰은 최고의 창작도구입니다. 스마트폰 사용 이전에는 집에 전화가 오면 거실 전화기를 들고 각자 방으로 들어가서 통화했습니다. 특히 한 가정이 전화번호 하나로 여러 대의 전화기를 사용하는 경우, 부모님이 엿들을까 봐 마음 졸이며 통화했던 경험이 있을 텐데요.

그때의 전화기와 같은 지위를 지금 PC가 가지고 있습니다. 요즘은 대부분 서재나 거실에 PC가 있기 때문이죠. Z는 가족을 포함한 타인의 시선을 피할 수 있는 스마트폰을 선호합니다. 채티에서는 모바일뿐 아니라 PC 버전의 에디터 툴도 함께 제공하고 있지만, PC 사용률은 1% 남짓이고 99%가 모바일을 통해 작품활동을 합니다. 스마트폰을 손에 쥔 순간, 어디든 개인적인 공간이 되기 때문에 와이파이만 터지면 글을 쓸 수 있는 거죠.

노동과 놀이의 경계가 사라진 모습

스마트폰 덕분에 Z는 시간과 공간의 경계, 놀이와 노동의 경계를 넘나듭니다. 어디에 있든 스마트폰만 있다면 읽고 쓰고 소통하는 활동이 실시간으로 가능해졌기 때문입니다. 앞에서도 설명했듯이, 채티 유저들은 일평균 2~3회 방문하고, 하루에 92분 정도 이용합니다. 이용시간이 긴 친구들은 무려 5시간 넘게 채티를 이용하고 있죠.

Z의 글쓰기는 때를 가리지 않습니다. 아침에 일어나자마자, 학교나 학원을 다녀와서, 자기 직전에, 학원을 오가는 자투리 시간에 글을 씁니다. 자신이 가장 집중할 수 있는 시간에 틈틈이 글을 쓰는 것입니다. 어디서든 30분 만에 작품 1화를 쓰고 퍼블리싱할 수 있죠. 퍼블리싱은 Z세대 독자의 주목도가 가장 높은 저녁 8시 이후로 집중됩니다.

창작을 활발히 하는 이용자는 5명 중 1명꼴입니다. 절대적인 비율은 높지 않지만 체류시간이 훨씬 길고, 리텐션, 앱 내 소통, 유료화에 따른 반응 등을 고려했을 때 이들의 존재감은 상당합니다. 모바일 기술에 자신의 상상력을 덧입혀 새로운 콘텐츠를 생산하고, 그 콘텐츠를 통해 수익을 창출해내는 이 모든 과정의 동력은 '재미'입니다. 한마디로 '놀 듯이 글쓰기'를 하는 것이죠. **'일하듯 놀기, 놀 듯 글쓰기' 하는, 노동과 놀이의 경계가 사라지고 있는 '디지털 호모 루덴스'의 모습입니다.** 그러다 보니 Z는 놀이하듯 가볍게, 부담 없이 글을 쓰는데도 술술 나옵니다. 이미 수많은 콘텐츠에 노출되었던 경험에 여러 가지 아이디어가 연결되어 창작물로 발산되는 것입니다. 스마트폰으로 작업해도 전혀 불편해하지 않죠. 채티 작가 사워리 님은 "글이 잘 풀릴 땐 하루에 6화까지 써서 올린 적도 있고, 1회 분량을 쓰는 데 30분밖에 걸리지 않을 때도 있죠."라고 합니다.

협업, 크루활동을 통해 '함께' 콘텐츠를 만든다

Z는 함께 창작하는 것에 익숙합니다. 작가가 제작하고 독자가 감상하는 구조의 기존 텍스트 콘텐츠와 달리 **Z세대 작가는 독자와 함께 소통하며 작품을 제작하고 있습니다.** 기성작가의 오리지널 작품보다 스탠다드 작품이 압도적인 호응을 얻고 있는 이유가 이것이죠. 또래의 정서를 가장 잘 이해하고 있는 이야기의 힘이기도 하고요.

채티에서의 협업 형태는 크게 3가지로 나누어 볼 수 있습니다. 먼저, 작가와 독자의 소통으로 작품이 만들어지는 형태입니다. 소재와 캐릭터 설정에도 집단지성이 발휘됩니다. 가령 작가가 주인공 '오빠'의 캐릭터를 우등생으로 설정하고 팬들의 의견을 묻는 식입니다. 그리고 주인공 '친구'도 팬들에게 의견을 물어 캐릭터를 잡아갑니다. Z세대는 특히 캐릭터에 민감하고 공감대 형성을 잘 합니다. 작가는 독자들이 설정한 캐릭터를 댓글로 받아 작품 속 등장인물로 채택하기도 합니다.

여기서 독자는 단순히 작품을 감상하고 받아들이는 것이 아니라, 창작에 적극적으로 참여하는 능동적인 역할을 합니다. 등장인물의 운명을 결정할 때도 독자의 의견이 반영됩니다. 소재와 캐릭터뿐만 아니라 작품의 적정 분량에 대해서도 설문조사합니다. 독자들이 원하는 분량에 맞춰 작품을 제작합니다. 실제로 인기 작품의 회차당 평균 분량이 늘어났다고 합니다.

채티에서만 볼 수 있는 흥미로운 창작물도 있습니다. 작가가 독자의 질문을 받아 답변하는 Q&A를 작품으로 게시하는 것입니다. 채티 내에서 관계를 맺는 유저들은 답변할 작품을 릴레이로 지목하며 순차적으로 작성하기도 하죠. 작가와 독자의 연결 외에도, 작가와 작가가 협업하여 릴레이소설을 쓰기도 합니다. 번갈아서 소설을 작성하고, 업로드하는 것이죠. 작가들끼리 협업할 때도 따로 대면하지 않고, 카카오톡을 통해 진행합니다. 마치 재택근무를 하는 직장인의 모습과도 비슷하죠.

이런 협업은 서로 자극이 되는 에너지를 주고받으며 계속 작업할 수 있는 동기를 만들어줍니다. 무엇보다 개인의 부족한 경험을 보완해주는 역할을 하죠. 채티에서 오피스물을 연재하는 작가와 인터뷰하면서 그녀가 아직 10대라는 것을 알게 되었습니다. 어떻게 회사를 소재로 글을 쓰게 되었는지 물었더니, 채티 작가들만 모여 있는 카카오톡 단체방에서 직장인 작가 언니들에게 이야기를 듣고 상상하며 글을 썼다고 했습니다. 집단지성이 개인 경험의 한계를 넘어서게 만든 것이죠.

협업하며 아이디어를 구상하고 서로 의견을 나누면서 성장하는 경험을 합니다. 글 작가뿐 아니라 그림 작가, 사진 작가와의 협업도 이루어지는데요. 소설의 배경이나 등장인물을 내용과 잘 어울리게 이미지로 표현하면 독자의 몰입도가 올라가기 때문에 이러한 협업이 활발히 이루어지는 것입니다.

Z는 채티 안에서 따로 그룹을 만들어 협업을 통해 콘텐츠를 생산하기도 합니다. 커뮤니티에서 작가가 제공하는 '미션'을 통해 독자들이 새로운 작품을 만드는 크루 활동도 있습니다. 예를 들면, '새드엔딩으로 소설 쓰기', '원작 동화를 카피한 새로운 소설 쓰기' 등의 미션이 있습니다. 그 안에서 새로 만들어지는 작품들은 채티에 업로드되기도 하고, 크루들 사이에서 새로운 이야깃거리가 되며 또 다른 놀이가 되기도 하지요.

Z

일하듯이 놀고,
놀 듯이 일하는
'플로우 라이프'

심리학자 미하이 칙센트미하이Mihaly Csikszentmihalyi가 말한 '플로우 flow'란 개념을 아실 겁니다. 플로우는 '몰입' 상태를 말하는데요. 어떤 행위에 깊이 몰입하여 시간의 흐름이나 공간의 이동, 더 나아가 자신조차 잊게 되는 심리적 상태를 말합니다. 몰입을 통해 누구나 경험의 방식을 변화시킬 수 있고, 경험의 방식이 변하면 삶의 질을 높일 수 있습니다. 경험의 방식을 개인이 조절하려면, 일상을 즐거움으로 채우는 방법을 배울 필요가 있습니다.

'창작의 도구'로 활용되고 있는 스마트폰

스마트폰은 Z를 무궁무진한 창작의 세계로 인도합니다. 그림을 그리거나, 작곡하고, 콘텐츠를 만드는 일련의 활동을 스마트폰 하나로 할 수 있죠. Z세대 작가들은 인터뷰에서 단지 취미생활일 뿐이라며 겸손하게 말하지만, 어느새 '플로우'의 경지에 있습니다. 꾸준히 반복하면서 더 높은 수준으로 나아가고 있죠.

웹소설은 짧은 시간에 이야기를 전달하고, 또 그다음 편을 독자가 보게끔 해야 합니다. 때문에 기가 막힌 타이밍에 내용을 끊고, 다음 화에 대한 기대감을 심어주는 편집작업이 필수입니다. 기존 웹소설들은 스크롤이나 페이지 넘김 형태이기 때문에 이야기의 앞뒤로 마음대로 이동할 수 있지만, 채티는 탭을 해야만 다음 대사가 나옵니다. 마음대로 건너뛸 수 없죠.

이 탭을 활용해 다음 대사가 나올 타이밍을 스스로 결정할 수도 있는데, 이런 기능은 독자들이 스스로 소설에 참여하고 있는 기분을 느끼게 해줍니다. 로맨스의 감정선을 타고 갈 때는 본인도 모르게 천천히 탭을 하게 되고, 긴박한 상황 속에서는 빠르게 탭하여 다음 대사를 봅니다.

또한 텍스트로만 구성된 소설은 영상과 달리 시각적 한계가 있을 수 있습니다. 채티는 시청각 소스를 활용한 '채팅 인터페이스' 기능으로 시각 이미지에 익숙한 Z에게 '몰입'과 '가독성' 측면에서 입체적인 경험을 제공합니다. 채티의 슈에뜨 작가는 "말풍선을 이용하니까 내가 주인공이 되는 듯한 기분이 들어요. 카톡 채팅창처럼 되어 있어서 작품을 볼 때 몰입하기 좋거든요."라고 말합니다. 동그리 작가는 "채티는 탭을 해야 다음 텍스트가 나오니까 호기심이 자극되는 것 같아요. 글을 더 보고 싶게 만들어요. 재미있는 앱이에요."라고 말합니다.

사워리 작가는 채티를 시작한 지 9개월 정도 되었습니다. 처음에는 소설을 읽으러 들어왔다가 '나도 잘 쓸 수 있을 것 같은데?' 하는 마음이 들어 글쓰기를 시작했다고 합니다. 그는 이렇게 말합니다. "채티의 소설은 채팅형이고 사진이나 음악을 넣을 수 있어서 다른 소설보다 감정 몰입이 잘되는 것 같아요. 기분이 좋을 때는 하루에 6화도 써서 올려요. 일주일에 4~5번 정도 쓰고요. 잘 풀릴 때는 30분이면 다 쓰는데, 안 될 때는 5시간 넘게 걸릴 때도 있어요. 작품에 대해서 생각하다가 잠들면 그 내용을 꿈으로 꾸고, 꿈에 나온 내용에서 영감을 얻기도 해요."

읽기 위한 도구인 스마트폰에 손가락의 액션을 더하니 자연스럽게 창작욕을 자극하게 된 것입니다. 이들은 새로운 창작에 몰입하고 역할놀이에 빠져들고 수익을 내는 경제활동에 적극적으로 참여합니다. 자신들은 정작 즐겁게 취미생활을 하고 있다고 말하죠.

일상 속, 이미 플로우를 활발하게 경험 중

Z는 일상으로 자리 잡은 모바일 라이프 속 취미생활을 통해 꾸준히 실력을 기르고, 서로 배우고, SNS와 댓글을 통해 피드백을 주고받습니다. 플로우를 이미 스스로 체득하고 있는 것이죠. 미하이 칙센미하이는 플로우를 경험하는 방법으로 자신의 능력보다 조금 더 난이도를 높게 설정하고, 목표에 도달했을 때 조금 더 높이는 것, 이를 통해 꾸준히 실력을 기르는 것을 꼽았습니다. 분명한 규칙과 즉각적인 피드백이 플로우를 경험하게 하는 것이죠.

예를 들어, 작가가 채티에 글을 올리는 순간 독자들이 댓글과 '풍선(채티에서 사용하는 화폐)' 후원하기로 호응해주는 것을 일종의 피드백으로 불 수 있습니다. 동그리 작가는 스스로 글재주가 없다고 생각했는데, 사람들이 좋아해주니 그 이후로 꾸준히 작품을 올리게 되었다고 합니다. 채티에서 만난 인친과 작품에 대한 고민을 많이 얘기한다고 합니다.

슈에뜨 작가 역시 처음 올린 글에 누군가 댓글을 달아주고 응원해주니 계속 쓰게 되었다고 합니다. 그는 "한 번 글을 쓰기 시작하면 3~4시간은 기본으로 쓰는 것 같아요. 어려서부터 작가가 꿈이었는데 적성에도 잘 맞고 글쓰기를 너무 좋아해서 채티 없으면 못 살 것 같아요."라고 애정을 드러냈습니다.

앞의 프립 사례처럼 글쓰기나 달리기 모두 누군가의 강요나 외부적인 요인 때문에 시작했다면 몰입을 경험하기 힘들었을 겁니다. 스스로 선택한 일이고, 여기에 적절한 보상이 주어지니 지속적으로 할 수 있는 것입니다. '즉각적인 인정', '팬들의 지지와 호응', '무언가를 완성하고 이루어냈다는 자부심과 성취감'이 동력이 되니 매일 더 몰입하게 하는 환경이 만들어진 것이죠.

그런데 아이러니한 것은 미하이 칙센미하이는 몰입을 방해하는 도구로 스마트폰을 지목했습니다. 스마트폰의 잦은 알람과 쉴새 없이 쏟아지는 정보가 우리의 몰입을 방해한다는 것이죠. 이렇듯 **인간이 만든 도구를 어떻게 유용하게 사용할 것인가는 여전히 우리에게 주어진 과제입니다.** 스마트폰을 '창작도구'로 활용하는 디지털 네이티브를 보며 우리에게 어떤 가능성이 열리고 있는지, 인류가 어디로 향해가는지를 그려봅니다.

디지털 세계에서 벌어지는 '역할놀이'

채티에서 활동하는 작가와 독자 중에는 관심받고 싶어 하는 이용자들도 많습니다. 작품을 잘 써서 작가로서 인정받는 유저가 있는가 하면, '인간적인 어필'에 집중해서 관계를 맺어 나가는 작가도 있습니다. 성향도, 목적도, 패턴도 모두 다릅니다. 플랫폼에서 마치 거대한 역할놀이를 하는 것처럼 보입니다. 물론 채티즈(채티의 유저를 지칭)의 말과 행동은 진심입니다. 서로를 작가로서, 팬으로서, 운영진으로서 인정하는 것이죠. 채티에는 작가와 매니저, 작가와 독자, 크루와 같이 다양한 역할들이 있습니다.

채티 작가들은 플랫폼에서 셀럽 수준의 대우를 받습니다. 작가를 선망하고 추종하는 경향이 강합니다. 팬들은 오픈채팅방을 열어 작가와 친분을 맺고 '반모(반말모드)' 이벤트에 참여하기도 하죠. 평소에 존댓말로 대화하던 작가와 반말로 대화를 나누는 것 자체가 큰 재미로 느껴진다고 합니다. 오픈채팅방에서는 작품에 대한 진지한 대화를 나누지 않습니다. 일상적 대화를 나누며 관계를 돈독하게 하는 거죠.

그리고 채티 작가에게는 매니저가 있습니다. 팬들 사이의 충돌이 있을 때도 작가가 나서지 않고 매니저가 해결합니다. 슈에뜨 작가에게는 3명의 매니저가 있습니다. 슈에뜨 작가의 작품을 좋아하는 독자들이죠. 채티에 모집 글을 올려서 선발했는데 지원자가 93명이나 몰렸다고 합니다. 평소에 댓글을 많이 달았던 독자나 작품에 대해 정성껏 피드백을 남겨주는 독자로 뽑았다고 합니다.

매니저 선발 기준은 작가의 세계관을 얼마나 이해하고 있는지, 작가에 대한 로열티가 있는지, 얼마나 오랜 시간 작품을 봐왔는지 등입니다. 선발된 매니저들은 피드백을 열심히 남겨주고, 다음 화를 과하게 재촉하는 독자를 자제시킵니다. 또 작가의 글을 카피하거나 캐릭터를 표절할 경우에 작가의 저작권을 지켜주는 역할도 합니다. 작가와 매니저들은 '반모'하며 가깝게 지냅니다. 때때로 반모 이벤트가 열리는데 작가가 일정 목표를 달성하면 반모권을 판매하는 공약 이벤트를 여는 것이죠. 작가가 팬에게 풍선을 받고 반모권을 판매하는 것인데, 작가와 팬덤 사이에 특별한 커뮤니티가 형성되었다는 상징 같은 겁니다.

이들의 디지털 매너를 확인할 수 있는 또 다른 독특한 문화가 있습니다. 바로 소통률을 '%'로 설정하는 것이죠. 채티에서 얼마나 소통할 것인지를 나타내는 지표이며 숫자는 유저가 스스로 설정합니다. 정확한 근거가 있는 데이터가 아니라 본인이 얼마나 소통의 의지가 있는지를 보여주는 겁니다. 프로필에 자신의 MBTI를 공개해서 어떤 사람인지를 표현하는 것과 비슷한 맥락입니다. Z가 콘텐츠 플랫폼에서 얼마나 소통을 중요하게 생각하고 있는지를 나타내는 방증이죠.

채티즈는 운영자보다 적극적으로 이벤트를 기획하기도 합니다.

개인적으로 작품제작 서바이벌 이벤트를 개최하고, 참가자를 모집하고, 풍선을 상금으로 줍니다. 여기서 유저들은 정해진 하나의 특정 주제로 작품을 제작하고 서바이벌을 개최한 유저는 수상작을 결정하여 상품을 수여합니다. 일종의 공모전이죠. 서바이벌을 개최한 유저뿐만 아니라 참가자들 역시 서바이벌을 함께 즐깁니다.

Z세대는 디지털 네이티브답게 디지털 문화의 트렌드를 만들어내며 흐름을 주도하고 있습니다. 덧붙여, 채티의 10대 인기 작가 중 일부는 독자에게 후원받은 풍선을 환전해 사회단체에 기부하기도 합니다.

Z세대 작가가 주를 이뤘던 채티에 최근 2030 MZ세대가 진입하기 시작했습니다. 어린 시절 인터넷 소설을 보고 자란 MZ세대들은 '귀여니' 감성을 뽐내며 활약하고 있습니다. 이들은 Z세대 독자들과의 소통에 매력을 느끼고 채티에서 활발하게 활동합니다. 낮에는 회사에서 일하고 밤에는 채티 작가로 꿈을 실현해가는 것이죠.

Z
하나의 스토리로
웹툰, 웹소설, 드라마, 영화까지
만든다

코로나로 언택트 문화가 자리 잡으면서 Z의 시간을 점유하는 중심에 엔터테인먼트가 들어왔습니다. Z가 일상에서 가장 오랜 시간을 머무는 곳이죠. 사용자 수로 보면 Z는 유튜브, 넷플릭스 같은 동영상 콘텐츠와 멜론 같은 음악 스트리밍을 가장 많이 이용합니다. 그런데 이번 장에서는 새로운 주류문화로 떠오른 웹소설, 웹툰을 중심으로 살펴보고자 합니다. 카카오페이지에서 연재되는 인기 웹소설과 웹툰을 보면 Z가 품고 있는 동시대의 정서와 내재된 욕망을 읽을 수 있습니다.

Z가 눈 뜨면 들어가는 이곳

Z는 자투리 시간이 아닌 가장 집중력이 높은 시간에 웹소설을 읽습니다. Z가 웹소설을 소비하는 현상을 보면, 비주류문화로 치부되

었던 웹툰과 웹소설 소비문화를 더 이상 비주류라고 말할 수 없습니다. 최근에는 단순히 콘텐츠를 제공하는 플랫폼을 넘어 IP Intellectual Property를 제작하고 유통, 연결, 투자하는 기업으로 발전해가고 있습니다.

카카오페이지는 매일 신작이 올라오는 '스토리 플랫폼'입니다. 50% 이상의 이용자가 거의 매일 카카오페이지에 접속하고, 주간 평균 체류시간은 총 4시간이 넘죠. 넷플릭스 주간 평균 체류시간인 2시간 32분과 비교해보면 굉장히 높은 수치입니다.

카카오페이지 이용자인 송승종 님(28세)은 인터뷰에서 언제 어디서든 접속하여 읽을 수 있고, 특히 이동 중에 편하게 볼 수 있다는 점이 웹소설의 최대 장점이라고 말합니다. 약속하지 않아도 언제든 편하게 만날 수 있는 친구 같다는 표현도 합니다. 또 다른 카카오페이지 이용자인 이효선 님(22세)은 이렇게 말했습니다. "자고 일어나면 카카오페이지부터 들어가요. 잠자기 전에도 봐요. 주말에 날 잡고 '정주행'할 때는 밤을 꼴딱 새워 볼 때도 있어요."

웹소설은 종이책 1권 분량의 이야기를 30화 정도로 나눠서 제공하기 때문에, 매회 궁금증을 자아내야 합니다. 10분이면 읽을 수 있는 분량의 웹소설에서 드라마와 맞먹는 긴장감과 재미를 느낄 수 있습니다. 그래서 손 떼지 못하고 정주행하게 만듭니다. 실제로 카카오페이지를 찾는 Z 이용자를 보면 50% 이상이 주 6회 이상 방문합니다. 콘텐츠를 보는 것이 일상의 습관으로 자리를 잡은 것이죠.

《나 혼자만 레벨업》, 《달빛 조각사》, 《재혼황후》, 《전지적 독자 시점》 등의 공통점은 모두 웹소설로 인기를 끈 후에 웹툰으로 만들어 졌다는 것입니다. 이처럼 소설을 원작으로 창작된 만화를 '노블코 믹스'라고 합니다. 이 장르는 카카오페이지에서 최초로 시작되었습 니다. 스토리를 웹툰이나 웹소설이라는 형식적 카테고리에 한정하 지 않고, 본질에 초점을 맞추었기 때문에 가능했던 접근입니다. 카 카오페이지가 스토리를 중심에 둔 '관점의 전환'을 이루어낸 것이 죠. 웹소설이 주류문화로 부상하기 시작한 데는 OSMU One Source Multi Use 전략의 성공이 큰 힘이 되었습니다.

이용자에게 대중성과 작품성 측면에서 검증된 소설은 웹툰으로 제작되어 더 많은 독자를 만나고 사랑받을 기회를 얻게 됩니다. 글 보다 그림이 익숙한 이용자들은 웹소설의 이야기를 웹툰으로 즐길 수 있고, 연재 중인 웹툰의 다음 이야기가 궁금하면, 웹소설을 통해 스토리를 연결해서 즐길 수도 있습니다.

'스토리'라는 본질을 생각했을 때, 영화나 드라마로도 만들 수 있 겠다는 판단이 들면 웹소설 지식재산권, 즉 IP를 중심에 두고 장르 를 확장해 나갑니다. IP를 가진 회사들은 웹소설을 웹툰 형식으로 만드는 것뿐만 아니라 영화, 드라마, 게임 등 다양한 장르로 변주합 니다. 한국콘텐츠진흥원이 진행한 '2020 웹소설 이용자 실태조사' 에 따르면 독자는 웹소설(73.6%)과 더불어 만화(55.1%)와 영화(42.8%) 도 즐겨 봤습니다. 웹소설은 웹툰, 영화, 드라마, 애니메이션, 게임 과 같은 콘텐츠로 재창작되어 세계관을 공유하며 서로 시너지를 일 으키고 있죠. 원천 IP를 각 장르의 속성과 문법에 맞게 새로운 매력으로 재탄생시키는 것입니다.

드라마로 전 세계적인 흥행을 이끈 웹툰《이태원 클라스》뿐 아니라, 게임으로도 출시된 웹소설《달빛조각사》같은 슈퍼 IP는 브랜드 마케팅을 위해 별도의 TV 광고나 뮤직비디오까지 제작하고 있습니다. 영화 '승리호'는 카카오페이지가 시나리오 단계에서 영화 투자와 함께 웹툰까지 제작 결정한 콘텐츠이고요.

카카오페이지 류정혜 CMO는 인터뷰에서 "카카오페이지의 콘텐츠를 마블 코믹스 수준의 세계관을 가진 콘텐츠로 발전시킬 예정"이라고 말했습니다. 단순히 킬링타임용을 넘어 웹소설을 다양한 콘텐츠와 연결시켜 새로운 문화로 만들겠다는 포부지요. 카카오페이지는 소설과 웹툰뿐 아니라 드라마와 영화, 도서까지 모든 형태의 콘텐츠를 제공하고 있습니다.

Z

고구마 100개 먹은
신데렐라보다
사이다 복수하는 악녀

웹소설과 웹툰, 게임과 같은 장르에서 입체적인 캐릭터와 독특한 세계관은 이용자의 호응을 받을 수 있는 결정적인 요소입니다. 흥미로운 사실은 Z가 선호하는 세계관과 캐릭터가 변화하는 흐름을 보면 그들의 욕망을 이해하는 데에 도움이 된다는 것입니다. 특히 '판타지' 영역에서 이러한 변화는 더 두드러지죠. 악한 캐릭터가 벌 받고 선한 캐릭터가 이기는 권선징악에서 한발 더 나아가, 도덕적으로 올바르지 않은 인물은 바로 처벌을 받고 무리에서 배제됩니다. 이런 전개는 독자들에게 많은 공감을 얻고 있고요.

독자가 끊임없이 댓글을 통해 적극적으로 반응하고 작가에게 요구합니다. 당연히 작품 전개에 영향을 미칠 수밖에 없죠. 작가마다 성향이 다르지만, 창작과 수용 과정에서 상호작용하며 독자의 니즈가 반영됩니다. Z에게 인기 있는 웹소설과 웹툰에는 어떤 매력이 있는 걸까요? 그들의 날것의 욕망과 성취, 투영된 자아를 카카오페이지의 인기 장르와 캐릭터를 중심으로 살펴보겠습니다.

환생물, 회귀물, 빙의물… 독자가 만드는 장르

카카오페이지의 웹소설은 크게 판타지, 현대 판타지, 로맨스, 로맨스 판타지, 무협 정도로 나뉘지만, 새로운 장르들이 생겨나는 경우가 빈번하죠. 재밌는 건, 독자들이 이야기 속 세계관이나 특정 설정을 '~물'이라는 새로운 하위 분류 체계로 이름 붙여 장르를 직접 만들어 소비한다는 사실입니다.

카카오페이지는 이용자 반응을 통해서 키워드를 뽑아냅니다. 해당 키워드는 자신의 취향에 맞는 웹소설이나 웹툰을 검색하는 용도로 사용되죠. 로맨스 판타지 소설에서 유행하는 장르는 '회빙환', 즉 회귀물, 환생물, 빙의물입니다. 비현실적인 설정이지만 뚜렷한 트렌드로 자리 잡은 지 오래입니다.

'회빙환'은 주인공이 현생에서 어떤 사건에 휘말려 죽음을 맞게 되고, 전생의 기억을 가지고 다시 태어나 새로운 삶을 살아가는 과정에서 로맨스가 펼쳐지는 이야기입니다. '회빙환'의 주인공은 '2번째 삶'을 살면서 전생의 경험을 이용해 다른 등장인물보다 뛰어난 면모를 자랑하며 승승장구합니다. 2번째 생에서 단순히 후회를 바로 잡는 게 아니라 비트코인 투자로 6조 원대 재벌이 되는 식이죠.

카카오페이지 이용자 송승종 님은 인터뷰에서 다음과 같이 말합니다. "판타지 소설을 읽으면 제 현실 세계관도 바뀌는 것 같아요. 제가 하는 일이 사회공헌과 관련이 있는데, 제 일이 돈을 벌면서 사회공헌을 할 수 있어 이상적이라고 생각하거든요. 웹소설을 읽으면서 저도 좀 더 이상적인 생각을 하는 사람이 된 것 같아요."

이처럼 Z세대 독자는 현실에서 마음껏 표출할 수 없었던 생각이나 감정, 욕망을 주인공을 통해 대리만족합니다. 팍팍한 현실에서 벗어나 새로운 세계로 떠난 사건 자체에 더 몰입하는 것이죠. 반대로 웹소설의 영향이 현실에 긍정적으로 반영되기도 합니다.

'게이미피케이션'으로 변주되는 웹소설

'게임 판타지' 역시 카카오페이지에서 새롭게 시작된 장르입니다. 게임의 세계관을 배경으로 하거나, 주인공이 게임 속에 들어가서 벌어지는 판타지물입니다. 앞서 소개해드린 웹소설 《나 혼자만 레벨업》은 주인공의 성장 스토리를 실시간으로 보여줍니다. 주인공 성진우는 어려운 퀘스트를 성공하면 강력한 소환수를 갖습니다. 노력이 성장으로 이어지는 것이죠. 웹소설에서 주인공의 성장과정을 보여주는 데 가장 효과적인 방법입니다.

웹소설은 '게이미피케이션', 즉 게임화가 가장 성공적으로 이뤄진 장르 중 하나입니다. 게이미피케이션은 게임 요소를 활용해 퀘스트를 수행하며 재미있게 문제를 해결해 나가는 방식을 말합니다. 게임 요소는 강력한 몰입을 유도합니다.

《전지적 독자 시점》도 레벨, 상태 창, 아이템, 스킬 등 다양한 게임 요소를 활용해서 만들어졌습니다. 현실과 달리 게임에서는 노력하면 그에 맞는 보상이 확실하게 주어집니다. '노력-성장-보상'의 결과를 실시간으로 확인할 수 있기 때문에, 마치 실제 게임 캐릭터를 키우는 것처럼 주인공에 몰입하게 됩니다. 게임 판타지《달빛조각사》는 모바일 게임으로 만들어지기도 했습니다.

'고구마' 신데렐라 대신 '사이다' 악녀

Z가 좋아하는 웹소설에서는 힘없이 울고만 있는 여자 주인공을 남자 주인공이 도와주는 일명 '신데렐라' 스토리를 찾아보기 힘듭니다. 오히려 악역에게 당하기만 하는 여자 주인공을 독자들은 '고구마'라며 비난하죠.

카카오페이지에서 100만 독자가 선택한 작품을 보여주는 '밀리언 페이지'에는 악녀를 주인공으로 한 소설들이 상위에 등장합니다. 악녀들은 남자 주인공에게 의지하지 않고, 불합리한 상황을 스스로 해결하며 자신에게 피해를 준 사람들에게 '사이다'처럼 시원한 복수를 합니다.

'악녀'를 내세운 웹소설의 공통점은, 캐릭터를 단순히 선과 악으로 나눌 수 없다는 가치관이 투영되어 있다는 것입니다. 선한 모습으로 포장된 진짜 악한 캐릭터에 독자들은 분개하고, 악역이라 생각했던 인물의 숨은 선한 모습에 마지막까지 긴장을 놓을 수 없는 '반전 매력'을 느낍니다.

카카오페이지 웹툰《더블랙LABEL》은 남성의 전유물이던 느와르 액션물의 주인공을 여성으로 설정했습니다. 독자들은 '보고 싶던 여성 느와르물'이라는 반응과 함께 여성 캐릭터의 신선한 반전에 큰 호응을 보내고 있습니다.

인기 상위권 소설 속의 여성 캐릭터들은 모두 능력이 좋은 편이고, 남자에게 의지하지 않으며, 성격이 당차고 주체적입니다. 여성은 소극적, 남성은 적극적이라는 기존의 편견을 깬 것은 물론, 남녀 관계에서도 주도권을 쥐죠. 로맨스 판타지에서 황제가 된 여성 주인공이 여러 명의 남성 후궁 중에서 황후를 고른다는 설정에 독자들은 카타르시스를 느끼며 열광합니다. 웹소설의 여성과 남성은 정형화되지 않습니다. 새로운 가치관을 가진 여성 주인공은 능동적으로 자신의 삶을 개척해 나가는 입체적인 캐릭터로 재탄생하고 있죠.

카카오페이지 이용자 이효선 님(22세)은《샬롯에게는 다섯 명의 제자가 있다》,《레이디 베이비》,《누군가 내 몸에 빙의했다》를 좋아한다고 말합니다. "이 작품들의 여주인공들은 모두 남에게 의지하지 않아요. 다들 당차고 주체적인 캐릭터라 좋아해요. 특히《누군가 내 몸에 빙의했다》의 주인공은 성격이 별로인데도 미워할 수 없어요. 타당한 이유가 있거든요. '미운데 밉지 않은' 캐릭터인 거죠. 보통 남성 캐릭터는 여주인공을 배려하며 헌신적인 캐릭터를 좋아해요. 재력도 있고 마법도 쓰고 능력도 있는 캐릭터죠."

사이다 캐릭터는 사이다 전개로 이어집니다. Z세대 독자는 통쾌한 이야기 전개를 선호합니다.《전지적 독자 시점》의 주인공은 미래뿐만 아니라 다른 등장인물의 성격도 모두 꿰뚫어 봅니다. 악당이 파놓은 함정에도 일부러 당해줍니다. 함정을 역이용해 더 큰 이득을 얻기 위해서죠. 진실을 알고 넋이 나간 악당을 약 올리는 주인공에게서 통쾌함을 느끼는 것입니다.

이런 사이다 전개는 예전과 약간 다른 양상을 보입니다. 예전에는 환생해도 과거 능력과 미래 지식으로 최고가 됐지만, 요즘에는 육체나 사회적 지위가 전생보다 훨씬 좋아집니다. 뛰어난 머리를 가졌지만 흙수저라는 한계 때문에 최고가 되지 못했던 주인공이 이제는 전생의 경험을 간직한 채 재벌가 자녀로 환생하는 식이죠.

여성은 왕비 대신 황제, BL은 독립적 장르로

여주인공의 달라진 위상은 중세시대가 배경임에도 여성이 공작이나 황제가 되는 설정에서 확인할 수 있습니다. 신체적인 한계도 마법과 같은 새로운 능력을 통해 충분히 극복합니다. 성별이 성공을 방해하는 요소로 작용하지 않는 거죠. 여성 캐릭터들은 적극적인 경제활동을 통해 부를 누립니다. 남성 캐릭터와 얽매이는 대신, 파혼이나 이혼으로 잘못된 관계를 끝내고 자유를 찾습니다. 주체적으로 자신의 삶을 살아가는 여자 주인공에게 Z는 더 많이 공감하고, 응원의 댓글을 답니다.

Z가 즐겨 보는 웹소설의 세계관은 그들의 가치관을 반영하고 있습니다. "평소에 호불호가 명확한 성격을 좋아해서, 웹소설에서도 이런 캐릭터를 선호한다."라는 Z세대 인터뷰에서도 알 수 있듯, Z

독자는 자신의 가치관을 담은 소설을 선호하고, 선택합니다. 기존 문학에서 금기시되었던 동성 로맨스도 웹소설의 세계관에서는 부정적인 요소가 아닙니다. 카카오페이지에서는 BL Boys Love이라는 장르를 순정, 드라마와 같은 항목으로 분류해서 제공하죠.

이런 흐름과 함께 캐릭터를 표현하는 일러스트도 더욱 사실적으로 변화하고 있습니다. 작품을 볼지 말지를 결정하는 기준에 표지 일러스트가 중요한 요소로 작용합니다. OTT 플랫폼인 넷플릭스가 썸네일에 얼마나 큰 공을 들이는지 이미 알고 계실 겁니다. 구독자 개인의 선호와 취향에 맞게 한 작품이 각기 다른 이미지로 보여지는 것이죠. Z의 마음을 사로잡는 콘텐츠를 구상할 때 그들이 호응할 수 있는 세계관, 캐릭터를 기획해야 하는 것은 물론이고 수없이 쏟아지는 콘텐츠들 가운데에 그들의 손끝을 움직이게 할 시각 이미지의 감성 역시 더욱 중요해지고 있습니다.

보장된 승리, 힐링과 육아를 찾는다

변화한 캐릭터와 세계관, 장르의 영향으로 판타지나 무협, 로맨스에 즐겨 사용되던 '클리셰'도 무너지고 있죠. 무협 판타지에선 평범한 주인공이 차츰 자신의 능력을 키워가며 적과 싸워나가는 스토리가 아니라, 이미 그 누구도 넘볼 수 없는 '먼치킨(TRPG 게임 등에서 룰을 이용해 다른 캐릭터와 협력하지 않고, 혼자서 모든 것을 해결하는 게이머)'적인 주인공이 승리가 보장된 모험을 떠납니다.

독자들은 주인공이 싸워서 이길 가능성이 아니라, 통쾌한 액션과 승리를 어떻게 보여줄지에 집중합니다. 승리가 보장된 액션을 통해 안정적인 통쾌함을 느끼며 대리만족하죠.《나 혼자만 레벨업》의 경우도 주인공만 레벨업이 되어 최강 헌터가 되는 스토리입니다.

카카오페이지 이용자 송승종 님은 공든탑 작가의 작품《이그레트》를 제일 좋아한다고 말합니다. 작가의 필력을 중요하게 여기는데, 특히 이 작품을 꼽은 이유에 대해 이렇게 설명했습니다. "주인공의 성장 스토리와 함께, 제가 좋아하는 '먼치킨'이 나오기 때문이에요. '정령' 캐릭터가 나오는 작품들은 꼭 챙겨 보는데, 판타지 소설 자체가 비현실적이긴 하지만 정령은 가장 비현실적이면서 주인공과 협력하는 조력자이기 때문에 좋아요."

남녀의 사랑이 주된 스토리가 아닌 로맨스 소설도 생겨나고 있습니다. 캐릭터의 성장과정에 초점을 맞추고 남녀의 사랑 이야기는 1% 첨가된 수준의 '육아물'이나 '힐링물'들이 대표적입니다. 물론 사랑 이야기도 나오지만, 주인공의 성장과정과 가족 간 관계형성을 집중적으로 다루죠.

판타지 세계에도 일상이 있습니다. 이 일상 속 인간관계를 잔잔하게 표현하고 갈등이 너무 깊지 않은 작품을 '힐링물'이라고 합니다. 육아 성장기도 힐링물에 속하죠. 카카오페이지의 밀리언 페이지 작품 중 하나인《황제의 외동딸》도 육아물입니다. 황제 아빠가 전생을 기억한 채로 다시 태어난 주인공을 키워가면서 가족애를 형성해가는 이야기지요. 소설 속 주인공들은 가족에게 무조건적인 지지와 사랑을 받고 성장합니다.

무한경쟁 속에서 살아가고 있는 Z는 이런 소설을 통해 대리만족하고 있는지도 모릅니다. 웹소설과 웹툰에 등장한 캐릭터에는 Z세대가 되고 싶은 자아가 투영되어 있습니다. 웹소설에 구현된 세계에는 그들이 원하는 세상과 그 안에서 이루고 싶은 성취가 담겼죠.

연봉 10억대 웹소설 작가 시대가 열리면서 웹소설 작가를 꿈꾸는 Z세대 지망생이 늘었습니다. 즐기며 창작하는 Z세대와 알파세대, 이들이 앞으로 만들어갈 세계와 새롭게 열릴 장르가 기대됩니다.

스토리와 세계관으로
무장한 브랜드에
손이 간다

그야말로 세계관 전성시대입니다. 브랜드는 이미 오래전부터 '브랜드 스토리'를 창출하고, '캐릭터 마케팅'을 통해 브랜드를 친근하게 만들기 위해 노력했습니다. 요즘 유난히 브랜드의 세계관과 가상 캐릭터가 조명받는 이유는, 브랜드의 활동 무대가 '메타버스'로 옮겨가고 있기 때문입니다. 메타버스에서는 세계관과 그 세계를 구성하는 캐릭터, 가상자산 등이 필수요소이기 때문이죠.

이러한 이유로 Z세대가 열광하는 IP를 보유한 게임, 웹툰, 웹소설, K-POP 같은 엔터테인먼트 업계의 세계관이 기업 브랜드에도 지대한 영향을 미치고 있습니다. Z세대를 대상으로 하는 기업에서는 가상 캐릭터를 활용하거나 소셜미디어에 색다른 세계관을 적용한 캐릭터를 등장시키는 방법으로 소통을 위해 노력하고 있습니다.

세계관(World View)과 세계관(Universe)

수년 전부터 브랜드의 세계관World View과 엔터테인먼트 업계에서 사용하는 세계관Universe의 의미가 혼동되고 있습니다. 본래 세계관世界觀은 '세계를 바라보는 관점'으로, 작품에서 작가가 세상을 바라보는 시각이 캐릭터에 담겨 표현되는 것이었죠.

브랜드의 세계관은 '브랜드가 그리는 비전'을 의미합니다. 그런데 MCU, 마블 같은 스토리텔링 방식이 영향을 미치면서 가상의 세계, 즉 '세계관'이 작품 진행의 무대가 되는 '시간과 공간, 사상적 배경 설정'을 일컫게 된 것입니다. 이 세계관은 캐릭터부터 전반적인 스토리까지 전체 이야기를 구성하는 데 뼈대 역할을 합니다.

웹툰이나 게임의 세계관은 작가나 기획자가 새롭게 창작하는 세계이기 때문에 다양하고 창의적입니다. 브랜드 세계관과 가상의 세계관은 사실에 기반한 현실 스토리와 기획자가 창조한 세계라는 차이가 있습니다. 브랜드 세계관은 패션, 명품과 같이 인간의 욕망과 깊이 연결된 상품군이나 서비스 차별화가 어렵고 관여도가 낮은 제품에서 더 큰 효과를 볼 수 있습니다. **브랜드가 속한 산업군, 브랜드가 지닌 탄생 배경, 제품과 서비스, 타깃 고객군, 관여도에 따라 세계관을 적용하는 방식은 달라져야 합니다.**

여기서는 엔터테인먼트 업계에서 시작된 세계관을 브랜드에 입힐 경우에 무엇이 가능해지는지, 세계관을 구축할 때 고려해야 할 부분이 무엇인지에 대해 말씀드리려 합니다. 또 하나, 브랜드 세계관은 기업 브랜드에만 해당하는 것이 아니라 IP에 해당하는 영역과 범주, 퍼스널 브랜딩에도 적용해볼 수 있습니다. 바야흐로 '유산슬 세계관', '펭수 세계관'을 논하는 시대니까요.

브랜드 세계관을 브랜드에 입히려면 몇 가지 기초공사와 장치들이 필요합니다. 먼저 브랜드 아이덴티티를 분명히 해야 합니다. 브랜드 아이덴티티와 비전이 선명하지 않은 상태에서 세계관을 만들면 오히려 혼선이 생깁니다. 브랜드 비전과 아이덴티티가 명확하고 브랜드의 제품 또는 서비스가 **어떤 맥락에서 연결되는지 존재 이유가 분명해야 합니다.** '맥락'이 핵심입니다. 브랜드의 철학과 비전이 탄탄해야 현실의 스토리를 기반으로 Z와 조응할 세계관을 만들 수 있습니다. 그리고 이 세계관의 철학을 수용하는 층이 누구인지가 분명해야 합니다. 따라서 잘 만들어진 세계관은 브랜드의 가치와 그 세계관에 조응하는 층과 바로 연결될 수 있습니다. 탄탄한 브랜드 철학과 비전이 담긴 바탕 위에 세계관을 그리면 뼈대 공사가 마무리됩니다. 여기에 콘셉트를 잡고 기믹Gimmick과 이스터에그Easter Egg 같은 장치를 잘 준비한다면 브랜드의 서사와 캐릭터에 공감하는 오가닉 유저(organic user, 앱 마케팅에서 주로 쓰는 용어로, 광고 없이 자연 유입된 유저를 칭함)가 참여할 가능성이 한층 높아집니다.

기믹은 마케팅에서 고객의 이목을 끄는 행동으로 활용되는데, 게임업계에서는 '유저의 관심을 끌기 위한 장치'라는 의미로 사용됩니다. 이스터에그는 게임 개발자가 게임 속에 재미로 몰래 숨겨놓은 메시지나 기능을 말합니다. 찾는 것 자체에 의미가 있기에 반드시 숨겨놓죠. 부활절 전날 집 안에 색을 칠한 사탕과 달걀이 담긴 바구니를 숨겨놓는다는 부활절 풍습에서 유래했습니다.

기믹과 이스터에그는 브랜드와 세계관을 연결하는 매개 장치로, Z세대의 참여를 유도하는 '떡밥'입니다. 여기까지 세팅이 되었다면 다음 단계에서 브랜드 스토리를 구축하게 됩니다. Z의 지속적인 관심과 접점 확대를 위해 '트랜스 미디어 콘텐츠 제작방식'을 도입한다면 지속적인 관심과 기대감을 형성시킬 수 있습니다.

트랜스 미디어 콘텐츠 제작방식의 도입

트랜스 미디어는 미디어 간 경계를 넘어 서로 결합, 융합되는 현상을 의미합니다. 트랜스 미디어 콘텐츠 제작 방식은 하나의 이야기를 분리하여 서로 다른 미디어로 등장시키거나, 하나의 캐릭터를 스핀오프 방식으로 새로운 콘텐츠를 만들어내는 것입니다. '마블 시리즈'는 스토리 확장의 가장 좋은 구조입니다.

'아이언맨'을 보지 않고도 '어벤저스'의 내용을 이해할 수는 있지만, 전체 세계관을 알아야 보는 재미가 더 커지죠. 에피소드는 그 자체로 완성된 형태를 가지고 있으면서 다른 에피소드와 다층적으로 이어집니다. 결국에는 전체의 마블 세계관을 소비하게 되는 것입니다.

이미 형성된 팬덤을 활용하여 지속적으로 콘텐츠를 소비하는 커다란 모멘텀이 만들어지게 됩니다. 일종의 '레고 블록화'인데, 개별 스토리들이 세계관을 공유하며 하나의 덩어리를 만들어내고, 레고 블록이 더해질 때마다 무한대로 이야기를 확장시킬 수 있습니다.

트랜스 미디어 콘텐츠 제작방식은 OSMU가 콘텐츠를 다른 플랫폼으로 확장시킨다는 면에서 서로 확연히 다릅니다.

이러한 트랜스 미디어 구조는 브랜드가 지속적으로 새로운 이야기를 창출해갈 수 있는 기반을 형성해줍니다. 각 미디어의 성격에 맞는 장르를 선별해 장르에 맞는 잠재고객을 확장할 수 있다는 장점이 있죠. 잠재고객이 브랜드의 세계에 머물며 컬처코드를 공유하고 유대감을 형성하는 멋진 토대가 됩니다. 브랜드는 '스토리텔링Storytelling'에서 '스토리리빙Story Living', 즉 브랜드가 추구하는 세계에서 살아가는 단계로 넘어가고, 유저는 브랜드가 추구하는 세계를 직접 체험합니다.

탄탄한 브랜드 세계관은 Z의 정서와 감성을 브랜드로 연결할 기회를 만들어줍니다. Z세대와 브랜드가 지속적인 관계를 형성하는 동인이 되죠. 유저와 공감할 수 있는 세계관만으로 고객을 새롭게 창출하고 커뮤니티가 형성될 수 있습니다.

여기서 커뮤니티는 세계관을 기반으로 물리적인 영토, 국경에 제한되지 않고 글로벌 팬덤을 만드는 기회로 연결됩니다. 브랜드가 세계관과 같은 문화를 지닌 공동체로 새로운 세계를 구축할 수 있기 때문입니다. **향후 브랜드의 생존은 커뮤니티에 달려 있다고 해도 과언이 아닙니다.** 글로벌 시장에서 활동하는 브랜드이거나 향후 글로벌 진출을 고려하는 브랜드라면 잘 만든 세계관이 디지털 세계에서 물리적 경계를 넘어서 고객과 원활히 소통하고 커뮤니티를 만드는 기반이 될 것입니다.

브랜드 세계관은 Z세대의 참여로 완성된다

브랜드 세계관을 만든다고 해서 모두 Z세대의 호응을 받는 것은 아닙니다. 브랜드 세계관을 구축하는 목적이 분명하지 않으면 자칫 일회성 마케팅이나 소셜미디어 이벤트 수준에서 그칠 가능성이 큽니다. 브랜드 세계관은 유저와 상호작용을 통해 세계를 공고히 확장해가면서 완성됩니다. Z가 '세계관'에 어떻게 반응하고 참여하는지 이해해야 이들이 자발적으로 콘텐츠를 생성하는 구조를 만들 수 있습니다.

Z는 판타지 장르의 웹툰, 웹소설과 같은 스낵컬처와 게임에 익숙합니다. 콘텐츠의 세계관이 제안하는 배경과 설정, 캐릭터를 지지하고 다음 스토리에 대한 상상과 뇌피셜을 경쟁적으로 쏟아내며 이 과정을 즐깁니다. 각 콘텐츠의 라인업이 공개될 때마다 커뮤니티가 북적거립니다. 이에 대한 기대감과 궁금증을 쏟아내고 콘텐츠를 감상한 느낌을 자유롭게 공유합니다.

스토리가 공개될 때마다 팬픽, UGCUser Generated Contents 등으로 팬심을 드러내기도 하죠. 팬픽은 새로운 창작물 수준으로 진화해 Z세대의 놀이문화로 자리를 잡았습니다. 2차 창작물은 굿즈 제작, 팬픽 같이 콘텐츠화되어 거래됩니다. 이야기를 일방적으로 받아들이는 것이 아니라, 이야기에 적극적으로 참여하는 것입니다. 작가가 설정해둔 장치들을 즐기고 자유롭게 재해석하며 창작자와 서로 호응하죠.

브랜드의 커뮤니티는 세계관을 중심으로 Z의 자발적인 참여를 통해 커뮤니티 간 일종의 밈이 형성되어 큰 파도를 형성합니다. 브랜드의 콘텐츠가 잠재고객에 의해 능동적으로 알려지고, 이후 브랜드의 매력으로 이들을 유인할 수 있는 파도가 만들어지는 것이죠. 유저를 어떻게 참여시키고 새로운 놀이를 만들어내느냐가 관건입니다.

Z는 브랜드 서비스나 제품에 요구하는 사항이 구체적입니다. 브랜드에서 이들의 감성과 정서를 잘 이해해야 하는 이유이기도 합니다. 브랜드가 설정한 세계관과 캐릭터가 Z세대의 정서와 잘 교감할 때, 브랜드는 단지 상품에 그치지 않게 됩니다. Z세대와 지속적인 관계를 형성할 수 있는 기반이 만들어지죠. 이런 가치를 형성할 수 없다면 브랜드는 지속해서 가격할인, 쿠폰 발행을 반복하며 무한 출혈경쟁을 할 것입니다.

브랜드 세계관을 활용한 마케팅에서 주의할 점이 있습니다. 이슈 메이킹에 초점을 맞춰 휘발성 콘텐츠 중심으로 진행할 경우, 잠깐 이슈가 될 수는 있으나 지속적인 호기심을 유발하기 어렵습니다. 브랜드 철학과 비전을 바탕으로 탄탄하게 설계된 세계관을 각 미디어와 채널 접점에 맞게 변주하여 콘텐츠로 풀어내는 것이 중요합니다. 특히 브랜드 페르소나를 캐릭터로 구현하는 경우에는 브랜드 고객에 대한 깊은 이해와 통찰을 바탕으로 한 정교함이 필요합니다. 자칫 브랜드의 정체성에 혼선을 줄 수도 있기 때문이죠.

맥락 없이 만들어진 이야기는 힘을 얻기 어렵습니다. 여기에 기믹과 이스터에그 같은 장치들을 더해서 Z의 적극적인 참여를 만들어내는 접근이 필요하죠. 그들은 앞으로도 브랜드의 세계관을 담은 제품이 발표될 거라는 기대감을 갖습니다. 이야기가 정교할수록 이후 브랜드에서 판매하는 제품도 더욱 입체적으로 세계관을 표현할 수 있겠죠.

Z와의 소통 첫 단추, 과몰입 캐릭터

브랜드 캐릭터를 설정할 때, 브랜드 페르소나를 형상화하거나 목표 고객의 페르소나를 반영합니다. Z는 브랜드 캐릭터를 별도의 인격체로 받아들일 수 있는 감수성을 갖추고 있죠. 우리는 펭수, 유산슬, 매드몬스터 같은 캐릭터들의 등장으로 가상 캐릭터를 실존 인물처럼 대하는 거대한 설정놀이를 경험했습니다. 이러한 과몰입을 통해 가상 캐릭터가 일명 '떡밥'을 던질 때마다 사람들은 뜨겁게 호응하며 활발한 소통이 일어났죠.

탄탄한 세계관을 바탕으로 만든 브랜드 캐릭터는 Z가 브랜드와 상호 교감하며 적극적으로 개입할 기회를 만듭니다. 물론 캐릭터를 구축할 때 정답이 있는 건 아닙니다. 다양한 가치관과 개성을 중요시하는 Z가 하나의 캐릭터에 몰두하지는 않기 때문이죠.

앞서 카카오페이지에서 성공한 웹소설의 특징과 Z가 호응한 캐릭터들을 살펴보며 확인했듯이, 브랜드 캐릭터는 주관이 뚜렷하고, 하고 싶은 이야기를 당당하게 합니다. Z가 악역 주인공이 등장하는 웹소설을 좋아하는 이유와도 연결되는데요. 불합리한 상황에 놓이게 될 때 당당하게 원하는 것을 얻어내는 모습을 보여줘야 합니다.

정형화된 스타일에 얽매이지 않고 주체적인 삶을 사는 캐릭터를 등장시키는 것이 Z의 호응을 이끌기 좋습니다. 그리고 이 캐릭터의 존재이유를 세계관으로 뒷받침해야 합니다. 캐릭터가 개연성을 가지기 위해서 탄탄한 세계관과 스토리텔링이 필요합니다. 캐릭터가 억지스럽다면 독자들은 단번에 그 어색함을 눈치채고 말 테니까요.

특별한 재능을 겸비한 캐릭터라면 더 좋습니다. Z는 현실적이지만 가상세계에서는 현실에서 충족되지 않은 욕구를 발산하길 원합니다. 먼치킨, 육아 힐링물에서 확인했듯이 절대적 조건을 갖췄거나 다 잘하는 '육각형' 캐릭터를 선호합니다. 캐릭터에게 초현실적인 능력을 부여해서, 어떤 상황에서도 멋지게 극복하는 모습을 보여주는 거죠.

Z는 무엇보다 노력에 대한 보상이 정당하게 주어지지 않는 것에 민감합니다. 인종에 대한 편견이 없고, 도덕적인 올바름을 지향하며, 사회적인 신념이 확실한 브랜드라면 이들에게 호응을 얻을 가능성이 크죠. Z세대에 다가가기 위해서는 그들과 교감할 수 있는 브랜드 세계관이 필요조건입니다.

Part 3

Z가 만들어낸 세상 속에
'다음 세계'가 있다

1

FANDOM ENERGY
내가 원하는 것을
만들고,
키워내고,
소유한다

이번 챕터에 등장하는 앱

블립 ··

덕질하는 Z세대가 주목하는 K-POP 덕질 앱. 늘 새로운 정보와 '떡밥'을 찾고자 다양한 플랫폼에서 시간을 보내는 K-POP 팬들의 불편함을 해소해주는 앱이기도 하다. 기존의 덕질 앱들이 인앱 결제를 유도하는 비즈니스 구조라면, 블립은 사용자 중심의 콘텐츠와 기반을 다지는 데 초점을 맞췄다. 2022년 1월 기준 누적 다운로드수는 55만 회다.

"사랑하는 것을 더 사랑할 수 있게 만드는 것이 블립이 주는 핵심가치입니다. 많은 사람의 삶이 누군가를 좋아하면서 즐거워졌으면 좋겠습니다. 스페이스오디티의 비전이 '음악으로 세상을 이롭게'인데요, 저희는 팬들의 마음을 쉽게 여기며 돈을 벌고 싶은 마음이 없습니다. 이러한 마음을 아셨는지, 블립이 론칭하고 나서 '진짜 덕후가 만든 앱'과 같은 반응을 얻었어요. 앞으로 계속해서 블립 내에서 놀 수 있는 다양한 요소들을 만들어내서 이용자들이 '내 마음을 알아주는 건 블립뿐이다'라는 생각이 들 수 있게끔 하는 것이 목표입니다."

— 김홍기(블립 CEO)

아이디어스

국내 최대 핸드메이드 라이프스타일 플랫폼 앱. 모바일과 PC로 이용 가능하며 사용 연령층은 10대부터 40대까지 다양하지만, 전체 이용자 중 절반은 20대, 90%는 여성이다. 월간 이용자가 400만 명에 달하며, 재구매율은 80%에 육박한다. 작가는 2만 5,000명이다. 아이디어스에서는 핸드메이드 아이템을 만드는 사람을 '작가', 작가가 만든 상품을 '작품'이라고 부른다.

> "아이디어스에서 판매하는 29만여 개 제품 중에서 25만 개 정도가 오직 아이디어스에서만 구입할 수 있는 제품이죠. 더 성장할 수 있는 요소들이 있지만 우리의 정체성을 지킬 수 없으면 돈을 더 잘 벌 수 있어도 도입하지 않습니다. 고객들이 '제품의 가치를 느낄 수 있는 서비스'로 생각하게 만들고 싶어요. 싼 제품을 사서 빨리 바꾸거나 버리는 일회성 소비가 아닌, 제대로 된 작품을 사서 가치를 느낄 수 있는 서비스가 됐으면 좋겠습니다."
>
> — 김동환(아이디어스 CEO)

Z

'BTS'부터
'미스터트롯'까지…
주류문화가 된 팬덤

Z는 무엇이든 꽂히면 적당히 좋아하는 게 어렵습니다. Z가 가장 감수성이 예민한 시기에 좋아한 아이돌은, Z의 스마트폰 창작능력과 만나 꽃을 피웠습니다. 서브컬처였던 덕질이 크리에이터로서 새로운 가능성을 열어주었고, 팬데믹으로 온 가족이 함께 온라인 공연을 즐기면서 '방구석에서 다 같이 즐기는 문화'가 되었습니다.

'덕후'라는 말은 일본어인 '오타쿠'의 한국식 발음 '오덕후'의 준말이죠. 70년대 일본에서 등장했을 땐 '집 안에만 틀어박혀 사회성이 부족한 사람'이라는 경시하는 뉘앙스로 사용되었지만, 이제는 매니아 이상으로 특정 분야를 즐기는 행위를 일컫는 긍정적인 의미로 사용됩니다. 대표적인 '성덕(성공한 덕후)'으로 스티브 잡스, 일론 머스크 같은 인물을 꼽습니다.

서브컬처로 여겨졌던 덕질이 '취향 있는 문화활동'으로 대우받

게 되었습니다. 같은 대상을 좋아한다는 공통점만으로도 공감대가 형성되고, 온라인 소통만으로 국경의 제약 없이 강한 유대감이 생깁니다.

모두가 행복하게 '덕질'할 수 있는 세상

온라인에서 누구나 쉽게 덕질할 수 있지만, 팬덤은 조직적으로 움직이기 때문에 이제 막 덕질을 시작한 이용자들은 고급 정보나 좋은 퀄리티의 사진 자료를 얻기 어렵습니다. 매일 시간을 내서 좋아하는 아티스트의 자료를 모으기가 쉽지 않을뿐더러, 공식 팬카페나 유명 커뮤니티는 가입과 '등업'의 장벽이 꽤 높습니다. 긴 시간 덕질했던 사람들이 아니면, 초반에는 많은 시간과 정성을 쏟아야 하죠.

이러한 불편함을 해소하고, 아티스트를 마음껏 덕질할 수 있게 도와주는 앱이 바로 '블립'입니다. 앱스토어에서는 '덕질도 아무나 하는 게 아닙니다'라며 블립을 소개합니다. 블립은 K-POP 아티스트들의 유튜브 및 SNS 변화량을 탐지하여 대시보드 형태로 보여줍니다. 딥 러닝 기반의 자동판별 기술을 사용해, 팬들이 원하는 아티스트의 필수 콘텐츠를 선별해 제공하죠. 주요 기능으로는 콘텐츠를 한눈에 볼 수 있는 'K-POP 레이더', 투표와 Q&A를 다루는 '토픽', 공식 스케줄과 기념일 등을 알려주는 '스케줄', 실시간 차트, 뮤비 조회수, 팔로워 현황 등 데이터를 알려주는 '연구소'가 있습니다.

주류와 비주류의 구분이 없어진 덕질

K-POP 팬덤 문화는 국경을 넘어 해외로 진출했습니다. 소셜미디어에 팬픽을 올리고, 팬튜브를 만들며 K-POP을 즐기는 문화가 SNS를 타고 해외로 흐른 것이죠. 가요계의 지각변동을 일으켰던 서태지와 아이들을 시작으로 H.O.T., 젝스키스 등 1세대 아이돌이 팬덤 문화의 기틀을 다졌습니다. 소녀시대와 빅뱅 등 2세대 아이돌은 한류를 선도했습니다. 3세대 아이돌 BTS는 '강남 스타일'로 싸이가 만들어낸 해외 진출의 로드를 넘어, '빌보드차트 1위'라는 대기록을 세웠습니다.

엑소, 블랙핑크 등의 3세대 아이돌은 미국이나 유럽에 K-POP을 한국의 새로운 정체성으로 알렸고, 문화 선진국 반열에 오르게 만드는 결정적인 역할을 했습니다. 3세대 아이돌이 세계관을 형성하고 직접 프로듀싱하며 대중과 교감을 확대했던 것을 기반으로 4세대 아이돌인 엔시티, 투모로우바이투게더, 에스파, 있지 등은 시작부터 글로벌 팬덤을 안고 출발했습니다. 데뷔 전부터 SNS로 글로벌 팬과 소통하며 시차 없이 콘텐츠를 공유했죠.

3세대 아이돌이 본격적으로 글로벌에서 성공해서 역으로 국내에서 세대를 넘나든다면, 4세대 아이돌은 팬덤이 다양하게 분산된 양상이 보입니다. Z가 좋아하는 아티스트를 정할 때 우선순위가 '세계관'과 아티스트의 개성입니다. 아티스트의 이야기에 공감하고 그가 하는 이야기와 일상에 친근함을 느낄 때 입덕합니다. 그러니 데뷔하는 아이돌들은 독특한 콘셉트를 잡는 데 열중하게 되고, Z는 세계관에 대한 해석과 뇌피셜로 제2, 제3의 콘텐츠를 쏟아내죠. **Z가 아티스트의 세계관과 개성에 주목하며 뚜렷한 취향을 드러내면서 더 이상 주류와 비주류의 구분이 의미가 없어졌습니다.**

블립의 유저 조은 님(14세)은 2020년에 데뷔한 보이그룹 크래비티를 좋아합니다. "크래비티는 뻔한 사랑 노래뿐 아니라, 세계관이 있어서 좋아요. 해석은 좀 어렵긴 한데, 코리안 하이틴에 대한 내용이에요. 노래 분위기도 좋고, 데뷔곡이 우리나라 말로 '룰을 다 깨라'라는 제목이었는데, 이런 메시지도 좋았어요."

'미스트롯'과 '미스터트롯' 열풍 이후, 5060세대도 덕질에 동참했습니다. 엄마와 함께 트로트 아이돌을 덕질하는 Z도 심심치 않게 발견할 수 있습니다. 2021년 최대 화제성을 불러일으킨 엠넷의 프로그램 '스트릿 우먼 파이터'는 모든 크루가 팬덤이 생겼습니다. JTBC의 오디션 프로그램 '싱어게인'은 방송이 끝날 때마다 전문가 수준의 평가와 가수에 대한 응원 댓글이 올라옵니다. 어느 날 갑자기 역주행하며 새로운 팬덤이 만들어지기도 하죠. 그동안 주목받지 못했던 아티스트의 숨은 실력도 출중하지만 그들의 인생 이야기에 더 공감하는 경우가 많습니다.

K-POP의 변화와 함께 덕질 문화도 더욱 다양한 양상으로 변화하고 전 세대로 확산되었습니다. 자녀 방에 붙어 있던 아이돌 포스터를 떼어내며 잔소리하던 엄마가 이젠 거실에서 응원봉을 함께 흔듭니다. 덕질을 응원해주고 앨범과 굿즈 구입에 용돈을 지원해주니 Z의 취향과 덕질은 날로 풍요로워지죠.

엠넷의 프로그램 '프로듀스101'의 성공을 기점으로 팬들이 아이돌을 키워내고, 자신이 선택한 아이돌과 함께 울고 웃으며, 그들과 함께 성장해나가는 문화가 수면 위로 올라왔습니다. 소속사가 주는 떡밥만 애타게 기다리던 이전 세대와는 다르게, 지금의 아이돌 팬덤은 디지털 기술을 활용해 아티스트와 직접 소통하고, 아티스트의 콘텐츠를 제작하는 적극적인 생산자 역할을 하고 있습니다.

아티스트보다
팬튜브가 더 유명하다

팬데믹을 지나오며 팬덤 문화에도 변화가 생겼습니다. 온라인으로 아티스트와 팬이 만날 수 있는 새롭고 다양한 방식들이 나타났습니다. 콘서트의 열기와 현장감을 느끼긴 어렵지만, 온라인 공연이 주는 편리함도 알게 되었고 온택트 만남이기에 가능한 디지털 친화적인 행사들이 만들어지기 시작했습니다. 아이돌 소속사 관계자는 오히려 글로벌 팬덤으로 확대되기 더 좋은 환경이 되었다고 합니다.

틱톡 스테이지의 경우 12회 동안 무려 1,000만 명이 모였습니다. 그 영상을 통해 오히려 새로운 팬덤이 형성되었고, 코로나 이후 이들이 적극적으로 활동하게 될 것이라 기대합니다. 또한 앞으로 온라인 콘서트는 물리적인 공간에 모이는 콘서트와는 달리 새로운 문화를 형성해갈 것으로 예상됩니다.

덕질 콘텐츠를 기획하고 만드는 이유

Z는 자발적으로 '덕질 브이로그'를 찍어 올립니다. 조은 님은 "처음엔 애들이 '주접'이라고 해서 망설였어요. 그런데 어차피 다들 하니까. 저도 하자는 생각에 유튜브에 여러 가지 올리고 있어요. 주접은 자기가 좋아한다는 걸 표현하기 위해 오글거리는 이야기를 하는 건데, 덕질하는 애들 사이에선 유명한 말이에요. 가령 팬들이 좋아하는 아이돌한테 '날개 떼어내느라 아팠겠어요', '김 묻었어요. 잘생김' 이런 식으로 주접을 떠는 거죠."

콘텐츠 기획자이자 편집 능력자인 Z는 '팬튜브'로 인기를 끕니다. 이제 아이돌이 팬튜브를 찾아와 댓글을 달고 아티스트나 크리에이터에게 협업제안을 받는 등 오히려 팬튜브가 팬덤 문화의 중심에 섰습니다. 유주영 님(16세)은 이렇게 말합니다. "하나의 콘텐츠를 연재한다는 기분으로 팬아트를 그렸어요. 그러다 팔로워가 점점 늘어나면서 (아이돌이) 컴백하거나 새로운 무대를 했을 때 꼭 그려야 한다는 책임감이 생겼어요."

아이돌이 팬튜브를 찾고 콜라보를 제안하며 어떤 경우에는 아이돌보다 팬튜브가 더 유명해지기도 합니다. 아이돌 세계관을 해석하는 영상, 또는 그들의 실력과 관련해 전문적인 해석이 들어간 영상이 인기를 끕니다. 입덕의 성지가 되기도 하죠. 팬튜브는 메타버스 플랫폼까지 확대되어 제페토에서 아이돌 의상을 만들고 똑같이 생긴 캐릭터를 제작해서 뮤직비디오를 만든 후에 개인 유튜브 채널과 인스타그램에 올립니다. 팬튜브에는 이런 적극적인 멘트가 함께 달립니다. "구독에 재력을, 좋아요에 건강을, 알림 설정에 행복을 얻고 가세요."

팬 사인회가 콘텐츠가 되다

영통팬사(영상통화 팬 사인회)는 코로나로 인해 대면 팬 사인회가 불가능해지면서 생겼습니다. 소수정예로만 즐길 수 있었던 **팬 사인회가 공유되고 확산되면서 '디지털 콘텐츠'로 다 같이 즐기게 됐습니다.** 영통팬사에서 챌린지를 요청하면 그 영상이 SNS로 확산되는 방식입니다. 아이돌에게 알람을 요청하거나, 상황에 맞게 사용할 수 있는 짤을 요청하기도 합니다. 요즘은 TV 만화 '꿈빛 파티시엘'의 춤동작이 유행합니다.

흥미로운 것은 팬들이 요구하고 아티스트가 응한다는 것이죠. 라이브커머스에서도 이런 문화가 그대로 나타납니다. 홈쇼핑처럼 사전에 준비된 각본이 아니라 영상을 보는 팬이 원하는 것을 보여줍니다. 이게 홈쇼핑과 라이브커머스의 본질적인 차이입니다. 이모티콘 챌린지의 경우에도 팬들이 요청한 이모티콘의 표정을 아이돌이 따라 하면 그 영상이 밈으로 활용되면서 새로운 콘텐츠가 만들어집니다. 이 밈은 팬들을 다시 불러들이는 역할을 합니다.

온라인에서 진행되는 '방구석 콘서트'에서는 줌으로 다른 팬들과 만나 댓글로 응원전을 벌입니다. 디지털이기에 가능한 콘서트 문화입니다. **팬덤 놀이문화의 모든 것이 콘텐츠가 되었습니다.**

포카예절샷, Z가 유행시키고 아이돌이 따라 하는 문화

'포카'는 '포토카드'의 준말로 아이돌이 앨범을 발매할 때 랜덤으로 포함된 일종의 '리워드'입니다. 포토카드가 랜덤으로 들어 있으니 좋아하는 멤버가 나올 때까지 앨범을 사기도 하고, 포카 자체를 양도, 교환하기도 합니다. 코로나 이전에는 팬 사인회, 음악방송, 콘서트처럼 직거래의 기회가 있었는데, 요즘은 보통 우체국에서 준등기로 교환합니다. 이 물량이 늘어나서 우체국의 준등기 가격이 오르기도 했죠.

여기에 포토카드를 꾸미는 '탑꾸(탑로더 꾸미기)' 문화가 있습니다. 탑로더는 포토카드를 넣는 얇은 케이스인데 Z들은 포카 보관용으로 사용합니다. 이 탑로더에 비즈, 리본, 각종 스티커 등을 붙여 예술의 경지에 이르렀습니다. 그리고 '포카예절'이라는 밈이 생겼습니다. 트위터 타임라인, 유튜브, 틱톡에 자신이 좋아하는 음식을 앞에 놓고 포카와 함께 찍는 문화입니다.

좋아하는 카드를 수집하는 것은 취향의 표현입니다. 희귀템으로 경제력을 자랑하기도 합니다. 특히 포켓몬스터 카드, NBA 스포츠 카드는 NFT를 통해 수억 원에 거래되기도 했습니다. 포카, 탑꾸도 트위터에서 실제로 팔리고 있습니다. 소중한 것이기에 교환 예절도 별도로 있습니다. 구겨지지 않도록 포장하는 방법을 알려주는 팬튜브가 인기입니다.

트위터와 유튜브에는 '탑꾸 양도합니다' 같은 Z의 거래용 트윗이 활발합니다. 스티커 꾸미는 문화로 인해 다이소는 '주접 스티커 성지'가 되었습니다. 탑꾸로 나만의 취향을 표현함으로써 팬들 사이에서 나의 재능을 인정받고 특별함을 구분 지으려 하고, 한편에서는 해시태그로 연결되는 밈 놀이를 통해 같은 문화를 공유한다는 연대감을 느끼고 있습니다. '스꾸(스티커 꾸미기)' 외에도 아이돌 슬로건을 디자인해서 팔거나 그래픽 스티커를 제작하기도 합니다.

Z는 덕질에도 여러 미디어와 앱을 이용합니다. 데프네 님(16세)은 이렇게 말합니다.

"SF9과 관련된 콘텐츠는 하루에 1시간 30분에서 2시간 정도 보는 것 같아요. 물론 시험기간에는 거의 안 봐요. 저는 주로 블립에 들어가서 소식을 체크하고, 디씨갤러리나 트위터, 유튜브에 들어가서 봐요. 브이라이브 알림이 오면 브이앱에 가서 라이브를 보기도 하고요. 브이앱은 라이브할 때 다 보려면 시간이 너무 오래 걸려서 보통 클립 영상들 위주로 보는 편이에요.

다른 팬들이 쓴 글들을 보면 공감도 가고, 하나하나 찾아보지 않아도 돼서 시간이 단축되고, 모든 사이트에 가입하지 않아도 내용을 알 수 있어서 편해요. 특히 팬들이 직접 토픽을 만들고 투표할 수 있는 기능이 정말 좋아요. 다른 앱에서는 볼 수 없거든요. 너무 좋아서 친구들한테도 소개해줬어요. 친구들도 편하다고 잘 쓰고 있고요."

덕질은 곧 나를 위한 행위

조은 님은 인터뷰에서 이렇게 말합니다. "데뷔 전부터 크래비티를 좋아했는데, 멤버들이 행복해할 때, 저도 제일 행복한 것 같아요. 그래서 그들이 행복했으면 해요. 친구들한테 크래비티 컴백을 알리기도 하고, 카톡 프로필에 사진이나 앨범을 올려요. 음원 총공팀이 스트리밍 리스트를 알려주면, 그 순서로 멜론에서 스밍도 열심히 하죠. PC는 스트리밍용으로 쓰고, 유튜브로는 제가 듣고 싶은 노래를 들어요."

데프네 님은 덕질로 만난 덕질메이트가 학교 친구들보다 더 가깝게 느껴진다고 말했습니다. "사실 좋아하는 아이돌이 달라도, 덕질을 한다는 공통점만으로도 공감대가 형성되는 것 같아요. 친구들이랑 좋아하는 아이돌이 이번에 어떤 작품을 하는지 이야기하고, 아이돌이 컴백하면 새로 나온 뮤비에 대한 소감을 나누기도 해요. 학교에서 만나 직접 이야기하거나 메신저로 이야기를 나누는 편이에요."

이훈 님(21세)은 이렇게 말합니다. "누군가의 팬이 아닌 나를 상상하기 어려워요. 저는 덕질을 도구로 쓰는 느낌이에요. 물론 아이돌을 좋아하지만, 그것보단 아이돌을 좋아해서 행복해지는 '내가' 좋아서 덕질하는 것 같아요. 누군가를 좋아하는 상태가 좋아서 탈덕하더라도 다른 아이돌로 다시 입덕하게 돼요. 사실 저는 되게 오타쿠가 되고 싶은 사람이에요. 우울하게 사는 편이었는데 BTS 음악을 들으며 위로를 받았어요. 지인들 만나서 아미라고 이야기하면 분위기 띄우려고 그러는 줄 알아요. 그래서 트위터에 제 느낌을 글로 써서 올려요, 전 BTS가 아이돌이자 혁명가라고 생각해요. 그들의 춤에는 역사가 있죠. 지금은 그냥 주변에선 모르게 조용히 덕질해요."

Z에게 덕질은 좋아하는 아티스트를 위한 행동일 뿐만이 아니라 자신이 '행복'하기 위한 행위입니다. 삶의 활력이 생겨서 오히려 자신을 위한 행동으로 느껴집니다. 덕질은 상대방의 애정과 마음을 비교하지 않고 자신이 좋아하고 싶은 만큼 표현하므로, 삶에 에너지를 불어넣기도 합니다. 또한 좋아하는 아이돌이 열심히 살아가는 모습을 보며 함께 의지를 불태우기도 하죠.

즉, Z에게 덕질은 자기만족감을 느끼고, 아이돌과 같은 문화를 영위한다는 뿌듯함으로 현실의 불만, 우울함을 벗어나는 탈출구가 됩니다. 이런 감정적인 이점들 덕분에, 최근에는 덕질을 부정적으로 생각하던 베이비부머 세대도 덕질에 동참하는 모습을 찾아볼 수 있습니다.

핵심은
'내가 키웠다'는 뿌듯함을
느끼게 만드는 것

팬들이 만들고 키운 아이돌 그룹인 워너원은 국민 프로듀서라는 권력을 일임받은 시청자들의 선택으로 결정되었습니다. 그 때문에 멤버마다 개인 팬덤을 확보하고 있습니다. 그들은 자신이 응원하는 멤버의 광고를 게시하고, 투표를 독려하는 등 주도적인 역할을 했습니다. 팬들은 자신들이 직접 미완의 보석들을 발굴하고 키워간다는 것에 강한 애착과 성취감을 느낍니다. 이러한 변화는 엠넷의 프로그램 '프로듀스101'을 기점으로 생겨났습니다.

'PD'를 자처한 팬덤

과거 미디어에서 보인 K-POP 팬은 자신이 좋아하는 아이돌을 우상화하는 모습이었습니다. 하지만 Z세대로 오면서 팬덤의 양상이 달라졌습니다. Z는 아이돌을 응원하고 좋아하는 것을 넘어, 이들을 적극적으로 보호하고 키우는 'PD' 역할을 자처합니다. BTS를 그래미에 보내기 위해 팬클럽 아미가 총력을 다하는 것처럼 말이죠.

Z는 직접 아티스트를 키운다는 마음으로 덕질합니다. 좋아하는 아이돌을 '우리 애들'이라 칭하며, 원하는 목표에 올려두기 위해 노력하죠. 상대적으로 경제적 여유가 적은 Z는 돈을 적게 쓰더라도 '총공'을 합니다. 대표적인 활동으로는 차트 상위권에 올리기 위해 계속해서 음원사이트에서 노래를 틀어 놓는 '스밍'이 있습니다.

일반적으로 스트리밍 횟수가 계정당 1시간에 1번만 집계되기 때문에, 소수가 하는 경우 차트 순위에 크게 영향을 미치지 못합니다. 때문에 팬들은 주도적으로 특정 날짜와 시간대에 집중적으로 스트리밍을 할 수 있도록 공지합니다. 팬클럽 내에는 이를 전문적으로 하는 '음원 총공팀'이 따로 존재할 정도입니다. 블립에서는 이러한 팬들의 니즈에 맞춰 내가 좋아하는 가수의 미디어별 음원 순위를 실시간으로 중계하는 서비스를 운영하고 있습니다. 블립의 유저들이 가장 많이 사용하는 기능이기도 하죠.

"출시 전에는 트위터나 커뮤니티를 통해 사이트별 스트리밍 방법을 확인했어요."

– 신민정 님(26세)

"음원 스트리밍 방법과 리스트 이미지를 제작하여 배포했어요. 음원 스트리밍 관련 이벤트와 문자 투표 페이백 이벤트를 진행하기도 했습니다."

- 이현정 님(25세)

"스트리밍 리스트를 확인한 후 스트리밍을 돌리고 1시간마다 순위를 확인하여 순위가 떨어지는 앱에 사용권을 구매해서 일정 순위까지 올려두었어요."

- 남연정 님(22세)

"컬러링을 바꿔서 전화하는 사람들이 신곡을 들을 수 있게 했어요."

- 유희진 님(21세)

"카카오톡 뮤직 프로필과 프로필 사진도 신곡과 관련된 내용으로 동시에 바꿔서 지인들에게 알렸습니다."

- 고유진 님(27세)

"해시태그를 달고 게시물을 계속 올렸습니다."

- 한은서 님(20세)

　내가 선택하고 직접 투표해서 아티스트를 키우는 K-POP 팬덤 문화가 소셜미디어를 통해 해외로 확산되었습니다. K-POP 팬덤 문화가 글로벌하게 알려지면서 전 지구적인 팬덤 놀이가 Z를 중심으로 퍼져나간 것이죠. 총공과 스밍, 적극적인 팬덤 콘텐츠 제작, 댓글 응원 문화가 K-POP의 부흥을 이끈 것입니다. Z가 만든 팬튜브는 조회수가 수백만이 넘고, 각종 외국어 댓글이 수천 개씩 달립니다. 국경을 넘어서 좋아하는 아이돌로 대동단결, 서로 팬 콘텐츠로 소통하고 연결됩니다. Z가 이끌고 아이돌이 그 파도에 올라탄 것이죠. 내가 선택하고 키운 아티스트에게 각별한 애정과 유대감을 가지는 것은 자연스러운 일입니다.

Z의 팬덤매너: 팬이라고 다 같은 팬이 아니다

팬들은 기획사에서 제공하는 공식 굿즈 외에도, 직접 퀄리티 높은 굿즈들을 제작합니다. 블립 이용자인 조은 님은 자신이 좋아하는 아티스트의 굿즈를 만들고 싶어 포토샵을 배웠습니다. 특히, 콘서트나 팬 사인회 영상은 찍기 어렵기 때문에, 이런 자료를 공유하는 팬은 팬덤 사이에서 보이지 않는 권력을 손에 쥐기도 합니다. 그중 팬 페이지나 SNS 내에서 홈을 운영하는 '홈마(홈페이지 마스터)'의 경우, 팔로워수가 100만 명이 넘는 경우도 많죠.

이렇게 보면, 참 극성맞다 싶을 수 있지만 요즘 세대의 팬들이 부리는 '극성'은 과거와 다릅니다. 자신들이 가진 능력을 좋아하는 대상을 위해 발휘하고, 그들에게 도움이 되는 일을 하기 위해 힘을 기울입니다. 또 본인들의 행동으로 인해 아이돌의 이미지와 평판이 내려가는 것을 좋아하지 않습니다. Z세대 팬들은 아이돌의 행복이 곧 자신의 행복이므로 적정선을 정해두고 그에 맞게 행동하는 것을 미덕으로 여깁니다.

세계관을 통해 스토리를 만들어가는 재미

예전엔 팬들이 좋아하는 아이돌을 주인공으로 소설을 만드는 '팬픽 문화'가 발달했다면, 3세대 아이돌은 그룹마다 다양한 세계관이 구축되어 있습니다. BTS는 '성장', 엑소는 '초능력자'를 주제로 담은 세계관이 있습니다. 특히 BTS는 뮤직비디오를 포함해 모든 방송, 공연에 동일한 세계관의 요소들을 심어놓습니다.

팬들은 이러한 '떡밥'을 모아 퍼즐을 맞춰가거나, 제작자도 생각하지 못했던 해석을 넣어 새로운 2차 콘텐츠를 생산하기도 합니다. 중요한 것은 사실 여부보다 재미입니다. 세계관을 통해 스토리를 만들어가는 행위 자체를 즐기는 거죠. 이전에도 1차 저작물을 편집하고 새롭게 창작하는 문화가 존재했지만, **Z는 스마트폰 하나로 더 빠르고 쉽게 새로운 창작물을 만들어내고 SNS를 통해 이를 확산시킵니다. 덕질과 개인의 취향이 어우러지면서, 콘텐츠 생산자로서의 활동을 즐기는 것이죠.**

Z

능동적인 팬덤에서 배우는 Z와의 소통법

팬덤은 이제 K-POP에만 적용되는 이야기가 아닙니다. 개인 창작자의 팬덤에서 엔터테인먼트, 스포츠, 기업의 브랜딩에 이르기까지 널리 적용되는 문화현상이죠. 팬덤이 생성되어 성장하는 과정, 아이돌과 팬의 소통과정, 팬의 능동적인 작품 생산과 참여 과정은 Z를 대상으로 소통해야 하는 모든 기업과 단체, 기관에 시사하는 바가 큽니다.

커다란 자본력을 가졌다거나 훌륭한 제품을 만들었다고 해서 팬덤이 생기는 건 아닙니다. 브랜드의 팬덤을 구축하는 것은 어려운 일이지만, 오히려 스몰 브랜드가 소수의 슈퍼 팬을 형성하기에는 더 유리할 수 있습니다. K-POP 아이돌과 아티스트를 키워내는 팬덤 문화를 통해, 브랜드가 팬덤을 형성하기 위해 어떤 부분을 유의미하게 챙겨야 하는지 살펴보겠습니다.

핵심은 '직접 선택하게' 하는 것이다

아이돌 선발 과정에 직접적으로 참여한 팬들은 그들에게 특별한 유대감을 느끼고, 그가 성장하는 것을 응원합니다. 기업이 제안하는 서비스나 제품을 단순히 사용하는 소비자 입장이 될 경우, 해당 제품이나 서비스에 대해 평가하려는 마인드가 생기게 마련입니다. 그런데 직접 개입해서 선택한 것이라면 특별한 유대감과 책임감을 느낍니다. 나의 선택이 틀리지 않았음을 확인하기 위해서라도 더욱 잘되기를 바라는 마음이 생깁니다.

가령 아이돌 아바타 서비스를 이용하는 경우, Z는 헤어스타일과 얼굴 커스터마이제이션 과정에 참여해 직접 개인의 취향을 반영하기를 원합니다. 아이돌이 입었던 옷, 착용했던 악세서리 등을 직접 만들고 입히면서, 팬들과 함께 노는 것입니다. 그렇게 새로운 문화가 만들어지죠.

그런데 이미 기업에서 만든 아바타를 사용하면 실제 아이돌과 닮았는지 아닌지부터, 아이돌의 독특한 취향이 반영됐는지 안 됐는지까지 팬덤의 감성을 이해하지 못한다고 비난하며 서비스에 등을 돌립니다. 일방적인 제안이 아니라 Z가 놀 수 있는 장을 만들어주고 선택할 기회를 만들어준다면 Z는 이 과정 자체를 놀이로 만들어 함께 즐길 것입니다.

고객이 적극적으로 관여하게 하자

아이돌 선발부터 기획, 유통, 홍보, 지지, 비판 등 아이돌 육성의 전 과정에 팬들이 참여했듯이 기획, 유통, 홍보, 지지 등 제품 출시의 전 과정에 잠재고객을 참여시키면 Z의 적극적인 관심을 받을 수 있습니다. 이는 '내가 키웠다'는 뿌듯함과 팬들의 자아효능감을 불러일으켜 브랜드에 대한 애착심을 더욱 높여줍니다.

주로 기업의 프로슈머, 체험단 등의 이름으로 활동했던 고객 그룹을 브랜드 관리 차원의 커뮤니티에서 제품기획과 개발, 커뮤니케이션 전 과정에 참여할 수 있도록 해보세요. 브랜드를 거래 관계가 아니라 '내가 키우고 성장시켜야 할 존재'로 느낄 것입니다. Z가 좋아하는 아티스트를 '스밍'과 '총공'으로 적극적으로 지지해주듯이 말이죠. 잠재고객을 참여시켜 브랜드의 매니저, 프로듀서, 프로모터 역할을 제안한다면 팬들은 지지로 응답할 것입니다.

브랜드의 팬 만들기는 소통하는 과정에서 이루어진다

아이돌의 세계관과 개성이 팬덤을 결정하는 제일 중요한 요인이 되었습니다. 개인적인 경험을 노래로 풀어내 Z의 공감을 얻어낸 BTS 멤버 RM은 '내 꿈은 내가 되는 것'이라고 털어놓습니다. 방시혁 대표를 비롯한 프로듀서들은 RM의 생각과 고민을 공유하고 이로부터 음악이나 음반의 콘셉트를 발굴합니다.

그들은 '노 모어 드림No More Dream', '고민보다 고go' 등 메시지를 담은 노래를 통해 동시대 청년들을 대변합니다. 팬들은 음악과 퍼포먼스를 즐기는 것에 그치지 않고, BTS의 서사를 읽고 음악에 담긴 진정성에 교감합니다. 같은 세대의 목소리를 듣고 들려주는 공감이 또래 안에서 형성되고 완성됩니다. 덕분에 BTS와 나누는 유대는 팬들의 결집력과 충성도, 나아가 BTS의 시장성으로 이어집니다. BTS를 만든 가장 강력한 원동력입니다.

Z는 특히 지지와 응원을 담은 능동적인 교감에 동기부여를 받습니다. 유주영 님은 인터뷰에서 이렇게 말합니다. "제 고민이나 관심사를 이야기했을 때 피드백을 받으면 좋은 동력이 되어 긍정적인 감정을 배로 얻을 수 있어요. 다른 측면으로도 생각해보게 되고 조금 더 나은 것을 만들어보려는 자극이 되어요. 연결되어 있다는 느낌이 외로움 해소에도 도움을 주는 것 같아요. 피드백을 받으면 뭔가 더 만들게 되고 주기적으로 활동하게 되는 것 같아요."

여기서 진정성이 중요합니다. BTS의 힘은 그들만의 개성과 이야기를 음악을 통해 전달하는 아티스트의 면모에서 나타나죠. BTS가 세상에 던진 '러브 유어셀프Love yourself'라는 메시지에 전 세계의 팬들이 공감합니다. 팬들이 그들의 세계관에 열광하고 다음 앨범을 기대하는 이유는 고민과 꿈에 대해 공감하기 때문이죠. 하나의 상징이 된 BTS처럼, 브랜드가 가치를 선명하게 하고 소비자를 팬으로 만들 때 브랜드는 하나의 상징이 됩니다.

브랜드가 철학과 감성을 장착하는 순간, 고객은 브랜드를 하나의 인격체로 느끼게 될 것입니다. 고객은 브랜드가 추구하는 신념을 자신의 아이덴티티와 동일시하며 어떠한 가치를 지닌 존재인지 표명하는 일에 동참합니다. 브랜드의 시작은 미미할 수 있으나, 철학이 가진 힘은 큽니다. 그 때문에 브랜드가 추구하는 가치에 동참하는 고객들이 모이게 되는 것입니다.

고객 관점에 맞춘 콘텐츠로 진솔한 이야기를 전하고, 생생한 준비 과정 등을 공유하며 소통을 이어나갈 때, 브랜드와 소비자는 능동적으로 교감합니다. 이때, 고객은 브랜드에 완벽함을 요구하지 않습니다. 오히려 브랜드의 실수도 인정하고, 재기와 성장에 지지와 응원을 보내줍니다. 주기적인 SNS 활동으로 고객을 확인하고 이해하면서 자연스럽게 '신뢰'를 쌓을 수 있습니다.

블립은 브랜드의 가치와 개성, 감성을 가장 잘 아는 담당자가 블립의 목소리가 되어야 한다고 판단합니다. '블립스럽게' 고객과 정성 들여 소통하는 모습 덕분에, 불만을 가졌던 고객이 오히려 블립의 충성 유저가 된다고 합니다.

소통은 밈으로 완성된다

Z와 어렵지 않게 티키타카 할 수 있는 소통능력은, Z의 창작능력을 자극하는 원동력이 됩니다. 아이돌 팬덤은 직접 생일 이벤트를 기획하고 축하 영상을 콘텐츠로 만듭니다. 여기에 같은 아이돌을 좋아하는 팬들이 댓글을 달며 응원전이 펼쳐집니다. 이 댓글도 콘텐츠가 되죠. 팬튜브, 영상통화, 리액션 영상 등 그들이 즐기는 모든 활동이 기록되고 파도를 탑니다. 이 파도는 커뮤니티 내에서만 머무는 게 아니고 서로 다른 커뮤니티와 상호작용하여 새로운 밈이 만들어지죠.

Z의 감성을 잘 이해하고 만든 다이소 스티커 하나도 유튜브, 트위

터 성지가 됩니다. 팬들이 잘 만든 영상 하나가 아티스트 채널의 인기를 뛰어넘고 있습니다. Z의 감성으로 정성스럽게 소통하는 것만으로 브랜드는 많은 기회를 잡을 수 있습니다.

Z

덕질로 꽃피는 'X세대' 엄마와 'Z세대' 딸의 대통합

우리나라 인구 구성으로 보았을 때 Z세대의 부모 세대는 X세대인 경우가 많습니다. 문화산업의 황금기였던 90년대, 서태지와 아이들에 열광하고 개성이 넘쳤던 X세대가 자녀의 덕질을 이해하는 것은 어쩌면 자연스러운 일인지도 모릅니다. X세대 부모는 Z의 가장 친한 덕질메이트이자 든든한 후원자이기도 합니다.

원조 신세대, 원조 팬덤 X세대

X세대는 우리나라에 세대 담론을 불러일으킨 최초 세대입니다. 당시에 X세대는 지금의 MZ세대보다 더 큰 충격을 던지며 오렌지족, 야타족과 같은 숱한 신조어와 함께 등장했습니다. 기존 관습에서 벗어나 자유로운 문화와 개성을 중시하며 '우리'보다 '나'가 중요한 개인주의 시대를 열었죠. 90년대에 대학을 다닌 70년대생이

이들입니다.

88년 서울올림픽을 치르며 세계화를 경험했고, 배낭여행 문화를 만들어낸 세대입니다. 대한민국이 경제적, 문화적으로 풍요로운 시기에 10대를 보냈고 경제, 정치, 스포츠, 문화, 기술의 변곡점을 모두 겪었습니다. 90년대에 해외유학과 배낭여행이 급격히 늘어나면서 새롭게 접하는 문화에 민감하게 반응하고, 개인의 취향을 드러내는 소비를 즐겼습니다. 아날로그에서 디지털로 옮겨간 대전환 시대에 PC, 삐삐, MP3, 핸드폰 등 새로운 IT 기기들을 먼저 사용해보고 즐기는 얼리어답터 성향을 보였습니다.

다양한 시대적, 기술적 변화를 겪으며 성장한 덕분에 신문화에 대해 훨씬 개방적이고 수용도 빠릅니다. '스타워즈', '인디아나 존스'를 보고 자랐고 이제 Z 자녀와 함께 마블 시리즈의 세계관을 논합니다. 학창시절 부모님의 눈을 피해 덕질했던 이들은 이제 이모 팬, 삼촌 팬을 자처하며 Z 자녀와 함께 당당하게 덕질합니다.

서울연구원 '데이터인사이트' 리포트에 따르면 X세대는 지난 9년간(2012~2020년) 매년 자산을 9%씩 증가시켰습니다. 대한민국의 세대 중 가장 빠르게 자산을 늘린 세대로, 세대 내 자산 불평등이 가장 적습니다. 월평균 가구당 소비액은 (생애주기 상) 가장 많습니다.

X세대 부모는 Z의 검색능력을 활용해 구매를 결정합니다. IT 기기, 자동차, 외식, 패션, 뷰티 분야에서 서로 영향을 주고받는 소비 흐름이 포착됩니다. Z가 부모의 쇼핑에 영향을 미치는 비율은 60% 이상입니다. 덕분에 Z는 소비 권력자가 되었죠. 이처럼 쇼핑이 부

모, 자식 간의 활발한 소통을 이끄는 매개체가 되었습니다. Z세대부터 시작해 X세대에 이르러 정점을 찍는 소비 흐름은 방구석 콘서트를 거실에서 함께 즐기는 Z의 라이프와 무관하지 않습니다.

원조 신세대였던 X세대는 10대 자녀와 팬덤, 쇼핑뿐만 아니라 라이프스타일 전반을 공유합니다. 이들은 가정을 우선시하고 자녀와 가장 긍정적인 관계를 유지하는 세대입니다. 주말이면 자녀와 함께 여가생활을 하죠. 그런데 자녀를 위해, 가정을 위해 일부러 시간을 할애해서 희생하는 게 아니라 마음속에 있던 틴에이저가 튀어나와 Z 자녀와 함께 '찐'여가를 즐기는 겁니다.

90년대 대중문화의 붐을 이끌었던 X세대는 Z와 같은 라이프스타일을 향유합니다. '가족을 위해 아끼자'에서 '가족과 함께 즐기자'로 방향이 전환되었습니다. 주말에는 주로 가족과 함께 캠핑, 여행 등의 여가를 즐기는 덕에 SUV차량이 다시 인기를 끌기도 했죠. X세대는 가족과의 화목한 삶이 성공과 행복의 지표입니다. 최근 틱톡은 X세대 부모가 함께 올리는 영상이 증가하는 추세를 보이며 4050 이용자가 늘어나고 있습니다.

X와 Z가 하나 되는 순간, 나의 덕질메이트 엄마

블립 이용자 데프네 님은 '아이돌 덕질하는 걸 부모님이 알고 있는지'라는 질문에 이렇게 말합니다. "엄마는 오히려 해보는 게 좋을 것 같다고 하셨어요. 집에서 TV로 쇼케이스를 보곤 하는데, 그럴 때 가족들도 다 같이 봐요." 또 다른 이용자 조은 님은 이렇게 말합니다. "요즘엔 코로나 때문에 못 나가는데 엄마랑 집에서 아이돌 콘서트도 같이 봐요. 콘서트장에 친구들이랑 같이 가는 것도 좋지만 아직 어려서 힘들기도 하고, 엄마도 제가 좋아하는 아이돌이 노래 잘한다고 좋아해요. 엄마는 제 '덕질메이트'예요. 엄마가 덕질을 서포트 해주는 편이죠."

조은 님은 엄마와 함께 '방구석 콘서트'를 즐길 뿐 아니라 집에 굿즈룸을 따로 꾸밀 정도로 X세대 엄마의 전폭적인 지지를 받고 있습니다. "굿즈는 보통 엄마가 사주시는 편인데, 달마다 사용하는 비용이 달라요. 컴백하는 달에는 많이 구입하고 활동을 쉬는 달은 아예 안 샀던 경우도 있어요. 제 또래에 비해서는 많이 사는 편이라 친구들이 부러워해요."

덕후 1세대이자 브랜드 공감력이 높고 소비력 있는 X세대 부모는 유연하게 자녀의 덕질을 지지해주고 든든한 후원자 역할을 합니다.

10대의 문화로만 여겨졌던 덕질은 나이에 상관없이 누구나 즐기는 주류문화로 자리 잡고 있습니다. 트로트 열풍을 몰고 온 '미스터트롯' 덕분에 다양한 연령층에서 팬덤이 형성되고 있습니다. Z는 부모 세대인 X세대와 같은 아이돌을 덕질하기도 합니다. 어쩌면 현재의 Z세대 자녀를 누구보다 잘 이해하는 부모 세대일지도 모릅니다. 아이돌과 팬이 어떻게 교감하고 그로부터 얻는 에너지가 뭔지 잘 알고 있는 세대니까요. 부모님의 반대를 무릅쓰고 콘서트장을 가기도 했고, 아이돌의 집 앞에서 기다리며 그들의 얼굴 한 번 보기

258

위해 밤새 고생했던 기억도 있을 것입니다. 어쩌면 중고등학교 시절은 자칫 부모님과 멀어질 수 있는 시기인데, 오히려 '덕질'을 통해 부모 자녀 간의 교감이 이루어지고 연대감이 생겨 끈끈해지니, 그야말로 덕질 아래 세대 간의 대통합이 이루어지고 있습니다.

Z

'힙스터'라는
새로운 스펙을 장착하다

대중은 잘 모르지만 나만의 취향을 반영한 개성 있는 브랜드를 사용하나요? 좀 느리더라도 나만을 위한 물건을 얻기 위해 불편함을 감수하나요? 유명 작가의 작품보다 내가 좋아하는 스타일을 가진 작가의 작품에 더 마음이 가요? 트렌디한 대세 물건보다 의미를 담고 있는 경험에 더 마음이 가요? 그렇다면 당신은 '힙'한 라이프를 추구하는 분일 가능성이 높습니다.

'힙하다'는 것은 정확히 뭘 말하는 걸까

Z가 가장 많이 사용하는 말 중 하나가 '힙스터'일 것입니다. 이 말은 1940년대 재즈신에서 쓰이던 '헵(hep, 재즈 연주자가 연주할 때 틈틈이 내는 소리. '쿨하다, 멋지다'라는 뜻으로 쓰이기도 하는 재즈신 슬랭)'이라는 말이 '힙'으로 변형되어 '힙스터(힙한 사람)'로 사용되고 있습니다. 전

세대에 걸쳐 많이 사용하는 말로 브랜드 문화를 구축해가는 과정에서도 '이것은 힙한가?'라는 질문을 많이 합니다.

'힙'이란 개념과 '힙스터'란 말은 실제로 간단히 정의되기 어렵습니다. 개념의 형성 과정이 문화적인 역사와 함께 흘러왔고, 그 세대에서 사용하던 개념과 조금 다른 뉘앙스를 가졌으니까요. 그럼에도 Z는 대화할 때 '힙하다'란 표현을 자주 씁니다. '힙하다는 게 정확히 무엇인가요?'란 질문에 바로 답하긴 어려워도, 이 단어에서 느껴지는 뉘앙스와 의미를 우리는 이미 알고 있죠.

힙의 역사를 포괄적으로 검토한 존 리랜드John Leland의 저서《힙: 더 히스토리Hip: The History》에서 저자는 "힙은 음악, 미술, 정치, 사회, 음식과 자연에 대한 사고법, 스타일 같은 많은 분야를 넘나드는 일종의 자세를 나타낼 뿐만 아니라 좀 더 감각적인 센스를 포함하며, 그런 의미의 내실은 시대와 함께 변한다."라고 말합니다.

힙스터란 말은 2000년대 중반부터 미국의 브루클린, 포틀랜드에 거주하는 사람들, 손으로 만드는 것을 높이 평가하는 층으로 주류와 공존하면서 자신의 '상품'과 '표현'을 통해서 가치관을 주장하고 기술혁신의 혜택은 확실히 받아들이면서 창조적인 일에 종사하는 사람들을 일컫는 말로 사용되었습니다. 즉, '힙하다'란 말에는 손으로 직접 만든 핸드메이드 개념과 자신의 가치관과 미감을 퀄리티 있게 표현하는 장인정신, 영감을 불러일으키는 창조적인 의미가 함께 담겨 있습니다.

Z세대와 연결된 '힙스터'라는 스펙과 소비태도

Z가 사용하는 '힙하다'란 말에는 '자기 주관이 뚜렷하고, 솔직하게 나를 표현한다'라는 의미도 있습니다. 이들은 당당하고 자신 있게 스스로 표현하고, 자신의 개성을 존중하는 태도를 '힙하다'고 말합니다. 옳고 그름, 사회가 가지고 있는 편견, 자신의 철학과 신념에 바탕을 둔 거침없는 표현과 태도에 호응합니다. 소비문화뿐 아니라 사회·정치 전반에 디지털 세대들의 이러한 태도가 표출되어 거대한 변화를 만들어내고 있습니다.

Z는 자기표현 목적으로 음악과 시각예술을 즐기고, '내가 소비하는 브랜드가 나를 표현한다'고 생각합니다. 그런 Z세대가 손으로 직접 만든 '크래프트craft'에 매력을 느끼는 것은 자연스러운 일일 것입니다. 이러한 소비패턴은 그들이 가진 분명한 가치관을 드러내고, 이는 자연스레 기업의 변화를 이끌어냅니다.

기업의 책임과 윤리, 공감능력은 이제 특별한 것이 아니라 '뉴 노멀new normal'입니다. 대량생산과 대량소비 체제에 염증을 느낀 이 새로운 세대는 '개인화'된 서비스와 물건에 마음을 뺏깁니다. 물건과 관련된 이야기를 요구하고, 제작자의 세계관에 연결되기를 바랍니다. 제품의 제작과정과 그것이 나에게 오기까지의 과정을 중시합니다. 때로는 원하는 물건을 찾을 수 없어서 스스로 만드는 경우도 생겨나고 있죠.

이러한 흐름이 코로나라는 환경 변화, 로컬의 부상과 ESG라는 기업의 과제와 맞물려 크래프트 문화를 더욱 꽃피웠습니다(ESG는 기업의 비재무적 요소인 환경Environmental, 사회Social, 지배구조Governance의 약자). 크래프트 정신을 추구하는 청년 창업가들이 로컬에 찾아들면서 전통과 현대가 공존하고 융합하는 '힙한 상권'들이 새롭게 부활하고 있죠.

산업혁명이 발흥하던 19세기 말 영국, 기계로 생산된 조악한 물건들에 환멸을 느낀 사람들이 수공업 제조로 생활 속의 아름다움을 추구하는 '아트 앤드 크래프트 운동'을 펼쳤습니다. 그로부터 150년이 지난 지금, 다시 일어나고 있는 크래프트 문화는 생활 속 아름다움에 더해 환경을 보호하고 생명을 존중합니다. 더불어 붕괴한 지역 공동체를 회복하는 의미까지 함께 담고 있습니다.

Z
느리고 불편한 소비, 그럼에도 핸드메이드를 찾는 이유

Z가 '나에게 의미 있는 물건', '크래프트', 즉 핸드메이드 상품에 열광하는 대표적인 사례로, '아이디어스' 이야기를 해보려고 합니다.

작가와 작품이 있는 곳, 아이디어스

'아이디어스'는 핸드메이드 아이템을 판매하는 플랫폼 앱입니다. 불붙은 속도 경쟁 속에서 수공예 아이템으로 '느린 소비문화'를 이끄는 곳입니다. 판매되는 아이템의 종류는 아주 다양합니다. 도자기, 패션, 가구에서부터 농축산물과 수제 반찬, 전국 각지의 유명 베이커리 빵 등 손으로 만들어진 제품을 모두 판매합니다. 수제 케이크로 월 3억 원의 매출을 올린 스타작가가 등장하며 화제가 되기도 했는데요. 신규 작가도 빠르게 늘어나면서 약 2만 5,000여 명의 작가가 아이디어스에서 활동하고 있습니다.

온라인 플랫폼뿐 아니라 작가들의 작품을 직접 체험해볼 수 있는 오프라인 매장도 함께 운영합니다. 온·오프라인 수업인 '아이디어스 클래스'를 통해 작품이 만들어지는 과정을 고객이 함께 경험하는 기회도 제공하죠. 아이디어스는 그동안 인정받지 못하고 소외되었던 한국의 수공예 영역을 국내뿐 아니라, 해외에도 알리겠다는 목표를 가지고 달려가고 있습니다.

어떤 걸 사느냐가 아닌 어떻게 사느냐를 생각하다

핸드메이드에 대한 현대인의 애착은 '킨포크kinfolk'라는 라이프스타일에서 본격적으로 시작됩니다. 킨포크란 '친척, 가족 등 가까운 사람'이라는 뜻인데, 이는 가까운 사람들과 함께 어울리며 여유로운 자연 속의 소박한 삶을 지향하는 현상을 말합니다.

2011년 미국 포틀랜드에서 작가, 화가, 사진가, 농부, 요리사 등 40여 명의 지역주민이 자신들의 일상을 기록하여 창간한 계간지 〈킨포크〉로부터 이러한 라이프스타일이 퍼져나가기 시작했습니다.

소비문화에도 킨포크의 바람이 불었습니다. 언제, 어디서나, 다양한 물건을 빠르게 구입할 수 있는 소비에서 벗어나, 내가 입고 쓰고 먹는 것들의 성분과 원산지를 꼼꼼히 따져 더욱 깨끗하고 좋은 것을 쓰려는 변화로 나타났죠. 이러한 소비 니즈와 '적게 만들어도 좋은 것을 생산하고 싶은' 창작자의 바람이 만나, 다양한 핸드메이드 및 유기농 제품이 만들어졌습니다.

이러한 흐름이 Z세대를 중심으로 우리나라에서도 확산되고 있습니다. 손으로 직접 만들어낸 개성 넘치는 제품에 관심이 높아져, '플리마켓'과 '크라우드 펀딩' 문화가 생겨났죠. 크라우드 펀딩은 작가가 직접 상품 소개를 하고, 구매를 원하는 사람들의 펀딩을 받아 예측 가능한 수량만 만들어 판매하는 형태입니다. 홍대를 중심으로 시작된 플리마켓 역시 작가와 교류하며 다양한 수공예 작품을 살 수 있죠.

아이디어스는 바로 이 플리마켓이 가지고 있는 강점을 온라인으로 옮겨온 플랫폼입니다. 개성이 살아 있는 수공예품을 구입하고 싶은 소비자, 그런 소비자와 만나는 기회를 얻고 싶은 작가들을 연결하죠. 소비자들은 내가 원하는 컬러와 디자인에 특별한 의미를 넣어 주문합니다. 그러면 나만을 위한 물건이 만들어지고, 주문부터 제작, 배송까지 의미 있는 경험과 기억이 남게 되죠.

Z가 핸드메이드 제품을 선호하면서 요즘 필수 아이템인 마스크도 달라졌습니다. 마스크에 자수를 입히는 '마꾸(마스크 꾸미기)'가 유행하는가 하면, 자신만의 개성 있는 스트랩을 제작해 마스크 하나에도 '나만의 스타일'을 표현하죠.

핸드메이드 상품은 특별하고 남들과 차별화될 수 있지만, 한편으로는 제작 기간이 오래 걸리고 구하기도 어렵습니다. 어쩌면 조금 불편한 과정이 될 수도 있죠. 마음만 먹으면 무엇이든 손쉽게 살 수 있는 시대에, Z는 왜 핸드메이드 아이템에 이토록 열광하는 걸까요?

독특한 개성을 드러낼 수 있는 '개인화' 서비스

Z세대는 남과 다른 자신만의 스타일을 갖고 싶어 합니다. 소비에

서도 개성을 추구하죠. 획일화된 제품으로는 자신만의 개성을 드러낼 수 없기 때문입니다. 아이디어스에서는 자신이 원하는 상품을 주문할 수 있습니다.

Z세대 인터뷰에서 만난 함형주 작가는 옷과 아이템에 얼굴이나 이니셜 자수를 놓아주는 '함자수'를 운영하고 있습니다. 고객들의 스토리와 요구사항을 반영해 자수를 놓죠. 밸런타인데이, 어버이날과 같은 특별한 기념일엔 사연을 보내준 분들을 생각하며 더욱 정성 들여 작품을 만든다고 합니다. 함형주 작가 본인이 마음에 들지 않을 땐 처음부터 다시 만들어서 최대한 고객의 요구사항을 반영하기 위해 노력합니다.

이런 개인화 서비스를 통해 받은 제품은, 제품이 아닌 '작품'으로서의 가치를 느끼게 합니다. Z세대에게 핸드메이드 제품을 주문하고 소비하는 일련의 경험은, 자신의 취향을 드러내는 방식입니다. 핸드메이드 제품은 제작시간이 오래 걸릴 수밖에 없습니다. 새벽배송과 최저가를 어필하는 시대의 흐름을 역행하는 핸드메이드 아이템의 매력은 속도보다 과정, 그 과정을 기다리는 설렘, 가치 있는 것을 소비하고 싶어 하는 Z의 소비태도와 맞닿아 있습니다.

Z세대 인터뷰에서 만난 아이디어스 이용자 문유빈 님은 "아이디어스에서 산 물건은 기다리는 게 힘들지 않아요."라고 말합니다. 고객은 작가와의 상담을 통해 세상에 단 하나뿐인 작품이 만들어지는 과정을 즐깁니다. 상대적으로 긴 배송기간을 선물을 기다리는 '기대의 시간'이라고 인식하죠. 물건을 주문하는 재미와 행복감, 도착

한 물건의 포장을 풀면서 느끼는 기대감, 나만을 위한 물건을 사용하는 즐거움까지 더해지니 구매경험이 더 특별해지는 겁니다.

물건에 대한 신뢰 만들어내는 생산자와의 교감

핸드메이드 제품을 살 때, 만든 사람에 대한 호기심이 생깁니다. 아이디어스는 이런 소비자의 니즈를 반영해 플랫폼 내에 메신저 기능을 도입했습니다. 제품에 궁금한 점을 실시간으로 물어볼 수 있죠. 작가는 SNS처럼 창작물에 담긴 스토리와 공지사항을 안내하거나, 댓글과 답글로 소비자와 소통하고요. 이렇게 아이디어스에서 작가와 고객 사이의 소통은 자연스럽게 물건에 대한 '신뢰'를 만들어냅니다. 즉, 아이디어스는 사람과 사람 사이에서 일어나는 역동적인 교류의 중개자 역할을 하는 거죠.

또한, 구매자는 정성을 담은 후기와 '후원'을 통해 만족감과 감사함을 표현합니다. 결제단계의 '작가에게 후원하기' 버튼으로 구매 금액을 반올림해서 작게는 100원에서 크게는 900원까지 후원할 수 있습니다. 제품에 적용되는 후원금 외에도 추가 후원이 가능합니다. 아이디어스의 전체 주문에서 후원하기 버튼을 누르는 고객은 15% 이상이고, 누적 후원금은 8억 원이 넘습니다.

작가들은 고객의 응원에 힘입어 배송할 때 꾹꾹 눌러 적은 손편지나 사탕, 쿠키를 넣어 보내기도 합니다. 아이디어스 이용자 김정희 님은 "물건을 받았을 때 감동이 밀려오는 경우가 많아요. 아이디어스에 물김치나 반찬을 만들어주시는 분이 계시는데, 엄마가 해주는 반찬처럼 어깨를 토닥여주는 기분이 들어요."라고 말했습니다. 작가의 정성이 고객에게 '특별한 교감'을 불러일으킵니다.

이커머스 시장은 어떻게 해서든 더 빠르게 더 싸게 파는 게 중요합니다. 그런데 아이디어스에서는 불편을 감수하며 웃돈까지 주고 물건을 구매하는 고객이 15% 정도입니다. 핸드메이드 작품을 단순한 상품 소비를 넘어 사람과의 관계, 가치를 교환하는 의미 있는 것으로 인식한 것입니다.

아이디어스에서 Z가 가장 많이 구매하는 아이템은 액세서리류입니다. 아이디어스 이용자 문수빈 님(22세)은 "아이디어스 제품은 완전 수공예라 디자인이 돋보이는 제품이 많아요. 하나하나 사서 모으는 재미가 있어요."라고 말합니다. 평소에 하고 다니지 않아도, 단지 예쁘고 화려하고 독특한 디자인의 귀고리를 '소장용'으로 수집한다고 합니다.

Z는 소장용으로 구매하는 경우가 많습니다. 트위터에는 심심할 때마다 아이디어스에서 예쁜 물건들을 감상하며 시간을 보낸다는 이야기도 찾아볼 수 있습니다. 수공예품은 일상의 아름다움을 일깨워주며, 잔잔한 행복감을 선물하죠.

이러한 소비는 개성 있는 물건이나 서비스를 만들고 운영하는 사람과 직접 연결되어 가치를 체감할 때 일어납니다. 앞에서 살펴보았던 마이리얼트립 가이드와 여행자의 신뢰, 채티 작가와 팬의 단단한 팬덤과 비슷합니다. '타다'처럼 운전자와 이동하는 사람의 경험과 만족, 배달 앱과 같이 음식점과 주문하는 사람의 연결에서도 일어납니다. 가령 배달 앱에서도 아이디어스와 같이 자투리 거스름 돈이 발생하곤 하는데요. 음식점 사장님을 응원하기 위해 재치 있는 문구를 남기기도 합니다.

Z는 서비스를 받을 때 서비스를 제공한 사람을 생각합니다. 그가 시간과 노력을 들여 만든 결과를 공정하지 못한 방법으로 가져가면 안 된다는 신념이 있죠. Z에게 소비는 매너입니다. 스푼라디오 DJ 에게 후원하는 팬은 내가 받은 감사한 시간에 대한 보상으로 후원 금을 보낸다고 합니다. 카카오페이지에서는 인기 작가의 작품 댓글 에 후원금 기능을 넣어달라는 요청이 달리기도 합니다. 디지털 콘 텐츠에 대해서도 Z는 불법다운로드를 근절하고, 정당하게 이용료 를 내야 한다는 마인드를 갖추고 있습니다.

내가 산 물건을
특별하게 만드는
모든 것

핸드메이드 제품을 '사서 모셔두는' 사용패턴은 Z가 굿즈를 사용하는 패턴과도 연결됩니다. 굿즈는 연예인, 작가, 특정 브랜드 등이 출시하는 기획상품으로 팬덤 기반으로 제작됩니다. 최근에는 웹툰, 영화, 드라마, 소설, 애니메이션 등 이야기와 콘텐츠가 담겨 있는 문화 장르 팬덤 전반에서 흔하게 볼 수 있습니다. 굿즈 역시 사용하기보다는 '모셔두는' 경우가 많습니다.

이들이 당장 쓸모 있는 물건이 아님에도 기꺼이 구매하는 이유는 뭘까요? 심리적으로 높은 만족을 주기 때문입니다. 한정판 굿즈를 '득템'한 경우에는 희소성 있는 물건을 소유했다는 가치를, 새로 나온 굿즈를 소유한 경우에는 제일 처음 구매했다는 우월감을 느낍니다. 감각 있는 소비를 했다는 자기만족감 등의 심리적인 작용이 큽니다.

272

상품이 아닌 '의미'를 판매하자

Z는 상품의 '기능'과 '가격'만을 생각하고 구입하지 않습니다. 자신의 가치관과 취향에 맞아야 합니다. 그래서 만드는 사람의 철학과 전달하는 메시지, 그리고 제품을 구매했기에 얻을 수 있는 가치를 명확하게 제시해주는 것이 중요합니다.

아이디어스는 '작가'와 '작품'이란 명칭으로 생산자와 수공예품에 특별한 의미를 부여합니다. 작가들이 만든 핸드메이드 아이템에 담긴 스토리와 고객에게 전하는 의미, 고객의 삶에 어떤 가치를 줄 수 있는지를 표현하고 있죠. 고객은 아이디어스에서 정성이 들어간 특별한 작품을 구입할 수 있을 거라는 신뢰를 가집니다.

Z세대는 '나만을 위한 개인화된 물건'과 '특별한 기억과 경험을 가진 물건'에 애정을 가집니다. 재미 위주의 일회성 굿즈를 넘어서, 브랜드가 가지고 있는 스토리와 철학을 고객에게 효과적으로 전달하기 위한 목적으로 굿즈를 제작해보는 건 어떨까요? 한번 즐기고 잊히는 굿즈보다, 두고두고 '모셔두는' 작품으로서의 가치를 지닌 굿즈가 고객에게 더 많은 여운을 줍니다.

Z는 남들과 똑같은 것을 갖기보다 희소한 것을 소유하고 싶어 합니다. 이 심리는 한정판 상품이나 구하기 어려운 상품에 웃돈을 얹어서 구입하는 현상으로 나타납니다. 제품 자체의 희소성 외에도 상품에 각인을 새겨주는 서비스만으로도 주문이 몰립니다. 나와 강하게 연결된 물건이라는 느낌을 주기 때문이죠. 일반적인 상품이라도 내 이름이 이니셜로 들어가 있거나 원하는 색상의 배색을 적용

할 수 있는 선택지가 생기면, 고르는 재미와 참여하는 즐거움을 경험합니다.

최근 수제비누 브랜드 '한아조'에서는 예쁜 모양의 비누를 만들고 남은 자투리 비누를 나무상자에 담은 '퍼그램 박스'를 판매했습니다. 주문자의 이니셜을 새겨주는 이벤트로 인기를 얻었습니다. 추석에 맞춰 선물용으로 준비했던 퍼그램 박스는 이벤트를 시작한 지 이틀 만에 품절됐죠.

광고 말고 팬심으로 올리는 매출

아이디어스는 작가와 고객을 유기적으로 연결합니다. 이는 다른 커머스와 확연히 다른 점이죠. 작가들은 일상생활을 공유하거나 이벤트를 열기도 합니다. 이런 기회를 통해 소통하고, 작가를 후원하는 문화가 형성되어 있습니다. 내가 원하는 대로 커스텀을 해주는 작가에 대한 감사함, 작가가 나를 위해 만든다고 생각할 때의 특별함이 자연스럽게 후원으로 이어지는 것이죠.

감사의 마음을 넘어 작가에 대한 팬심을 갖게 되는 고객도 많습니다. 기꺼이 돈을 지불하고, 또 같은 작가의 작품은 믿고 사게 되는 충성 고객이 되는 것이죠.

그래서 이벤트를 자주 하거나 고객들과 활발히 소통하는 작가가 인기가 많습니다. 팬들이 많은 작가는 새로운 제품을 만들면 고객에게 푸시push알림을 보내는데, 그럴 때마다 고객들이 일부러 와서 구입하기도 해요. 당연히 팬심 고객이 많은 작가가 매출도 높습니다.

다른 커머스의 경우 대체로 광고로 돈을 많이 쓴 아이템들이 많이 노출됩니다만, 아이디어스에서는 광고가 아닌 고객들의 데이터와 팬심으로 인기순위가 결정됩니다. 아이디어스 상단에는 인기상품과 구매후기, 실시간 판매 랭킹을 볼 수 있습니다.

2
META CONNECTING
경계가
사라진 세계의
새로운 연결

이번 챕터에 등장하는 앱

스푼라디오 ··

Z세대가 밤마다 모여드는 실시간 소통, 라이브 오디오 방송 앱. 2016년 3월 출시 이후 전 세계 기준 다운로드수 3,500만 회, 월 이용자는 300만 명을 넘어섰다. 한국을 넘어 글로벌 성장세도 가파르다. 한국, 일본, 미국 등 전 세계 20여 개 나라에서 매달 300만 명 이상이 스푼라디오를 듣는다. 투자업계는 스푼라디오를 차세대 유니콘으로 점 찍고 있다. 2021년 말에는 450억 원 투자를 유치하며 기업가치 3,000억 원을 인정받았다.

> "저희 목표는 이야기를 통해서 세상을 연결하는 것입니다. 음악 듣고 싶을 때 뮤직 스트리밍 플랫폼을 찾듯이 이야기가 있는 오디오 콘텐츠를 듣고 싶을 때 스푼라디오를 찾도록 하는 것입니다. 아직 갈 길은 멀지만 '스푼라디오'가 일반명사가 되길 바랍니다. 스푼라디오 DJ가 누구나 아는 새로운 직업이 되어 '스푸너'라는 말이 '유튜버'처럼 널리 사용되도록 서비스를 확장하고 싶습니다."
>
> — 최혁재(스푼라디오 CEO)

배틀그라운드

배틀그라운드 모바일은 '플레이어 언노운스 배틀그라운드PLAYER UNKNOWN'S BATTLEGROUNDS' IP를 기반으로 만든 서바이벌 슈팅 게임이다. PC 버전의 배틀그라운드는 출시 이후 '가장 빠르게 1억 달러 수익을 올린 스팀STEAM 얼리 액세스Early Access 게임'을 비롯한 기네스북 세계 기록 7개 부문에 등재되었다(참고로 얼리 액세스는 세계 최대 규모의 전자게임 소프트웨어 유통망 스팀의 기능 중 하나로, 정식 한국어 명칭은 '앞서 해보기'지만, 인터넷 커뮤니티에서는 '얼리 엑세스'가 더 널리 쓰인다). 그뿐 아니라 국내외 다수의 게임 어워드를 수상하며, 배틀로얄 게임(넓은 맵에서 한 사람이 살아남을 때까지 싸워 승자를 가리는 방식)의 세계 선두주자로 자리매김한 게임이다. 배틀그라운드 모바일은 PC 버전의 그래픽과 요소를 모바일에 오롯이 담아냈으며, 2021년 기준 누적 가입자수는 국내 3,000만 명(전 세계 10억 명)이다.

> "지금은 게임을 즐기는 것 자체가 하나의 문화로 자리 잡고 있어요. 특히 친구와 같이 게임하는 문화가 만들어져 있어요. 배틀그라운드 모바일의 누적 가입자수가 3,000만 명인 것을 감안하면, 모바일 게임을 즐기는 사람은 배틀그라운드 모바일을 한 번 정도는 경험해봤다고 생각할 수 있습니다. 그중 배틀그라운드 모바일의 주 이용자는 'Z세대'로 불리는 1525라고 생각하시면 됩니다. 70% 정도는 Z세대가 이용자죠."
> – 오세형(배틀그라운드 마케팅 팀장)

Z

혼자 있고 싶지만
연결되고 싶어

영상 콘텐츠가 넘쳐나는 시대, Z는 왜 오디오 방송에 모여들까요? 오디오 플랫폼의 어떤 매력이 요인으로 작용했을까요? 콘텐츠를 음식에 비유해보겠습니다. Z세대에게 매일 먹던 음식이 영상이라면 '오디오 라이브'는 새롭게 등장한 신메뉴이죠. 음성은 상대방의 정서와 성향을 감지할 수 있는 본능에 가장 충실한 커뮤니케이션 도구입니다. 그렇다면 스푼라디오를 이용하는 Z는 오디오 플랫폼에서 어떻게 시간을 보내고 있을까요?

라디오가 낯선 세대, 오디오 콘텐츠의 매력에 빠지다

'스푼라디오'에서는 매일 10만 건 이상의 오디오 라이브를 접할 수 있습니다. 누구나 직접 방송할 수도 있고요. 사용자 중 70% 이상이 18~25세로, Z세대 사이에서 '오디오계의 유튜브'로 불리고 있습니다.

스푼라디오에서 DJ와 청취자는 짧게는 2시간, 길게는 10시간 이상 대화를 나눕니다. 대화에 특별한 목적은 없습니다. '사람과 나누는 이야기'에 초점이 맞춰져 있습니다. 이용자들은 취침모드로 방송을 설정해두고, DJ의 이야기를 들으며 잠들기도 하죠. Z는 평소 고민, 좋아하는 과자 이야기, 학교에서 있었던 이야기 등 소소한 이야기를 나누기 위한 소통의 수단으로 스푼라디오를 사용하죠. 팬덤이 존재하는 커뮤니티에서는 팬미팅을 진행하기도 하고요. 앱스토어에서 스푼라디오는 엔터테인먼트, 오디오 캐스트 카테고리에 있지만, Z의 일상에서는 메신저와 같은 소셜네트워크 역할을 합니다.

모닥불에 둘러앉는 것은 미디어의 원형이다

라디오를 경험한 적 없는 Z가 오디오 플랫폼에 매력을 느끼고, 매일 밤 찾아드는 이유는 뭘까요? 결국 사람과 사람 사이의 '유대감 있는 연결' 때문일 것입니다. 저널리스트 글로리아 스타이넘Gloria Steinem은 "인간의 역사 중 95%에 속하는 시간 동안 인류는 모닥불에 둘러앉아 서로 이야기를 나누며 지내왔다. 이제 현대 미디어는 바로 '세상의 모닥불'이 돼야 할 것이다."라고 말했습니다.

인류 최초의 미디어 원형은 '불'이라고 할 수 있죠. 인류는 모닥불을 피워 놓고 따뜻한 온기 주변에 동그랗게 모여 앉아 서로의 이야기를 나누며 살아왔습니다. 우리가 미디어에 기대하는 것은 서로를 잘 연결해주고, 그로 인해 따뜻한 온기가 흐르도록 해주는 것입니다

그림18 아람 바톨의 설치미술 작품

다. 베를린을 기반으로 피지컬 디지털 월드Physical Digital world의 관계에 대해 탐구하는 개념미술가conceptual artist인 아람 바톨Aram Bertholl은 모닥불의 열에너지가 전기에너지로 전환되어 사람들이 스마트폰을 충전할 수 있는 설치미술을 선보였습니다.

[그림18]의 V5라는 작품을 보면 원시 수렵시대와 같이 모닥불을 중심으로 삼삼오오 사람들이 둘러앉아 스마트폰을 충전하며 대화를 나누고 있습니다. 충전이 끝난 사람은 일행과 함께 있지만, 각자의 스마트폰을 바라보고 있죠. 현대를 살아가는 우리의 일상이 그대로 재현되고 있습니다. Z가 스푼라디오에 모여앉아 형성한 '유대감 있는 연결'은 미디어의 진화에 따른 소통방식입니다.

생각하고 집중하게 만드는 오디오의 매력

라디오를 경험한 적이 거의 없는 Z에게 스푼라디오는 새로운 감각의 놀이입니다. Z세대는 오디오 콘텐츠에서 어떤 경험을 하는 걸까요? 전화가 처음 발명되었을 때를 생각해보면 한층 이해가 쉬워질 겁니다.

오른쪽 [그림19]는 기술 발전에 따른 연결 방식의 변화를 나타낸

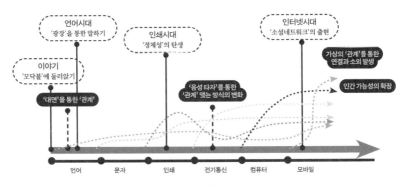

그림19 기술 발전에 따른 연결 방식의 변화 ©크로스IMC

것입니다. 아주 오래전, 인류는 모닥불에 둘러앉아 불을 피워 놓고 커뮤니케이션했습니다. 이후 관계 맺기의 방식은 대면을 통한 관계를 지나 문자, 음성, 영상으로 진화했죠.

기술의 발전은 인류에게 소통의 확장으로 새로운 가능성을 열어 주었습니다. 얼굴을 맞대고 소통하던 인류는 확장된 공간인 '광장'을 통해 자신의 생각을 대중을 향해 말할 수 있게 됐죠. 인쇄기술의 개발은 문자로 기록했던 지식을 획기적으로 널리 전달하게 되었고 문명은 새로운 전환을 맞습니다.

인쇄기술로 만들어진 '명함'은 나의 이름과 직책 등으로 정체성을 표현하는 도구입니다. 지금 우리가 소셜미디어에 사용하는 프로필은 명함이 해왔던 역할을 대신하죠. **명함이 나의 이름과 직업 정보를 전달하는 데 그쳤다면 소셜미디어는 내가 무엇을 추구하는 사람인지, 관심사와 취향이 무엇인지, 어떤 일을 하는지, 여가와 일상을 어떻게 보내고 있는지, 나의 사회적 지위와 소속을 드러내고**

나의 존재를 인증하며 정체성을 표현하는 도구입니다.

전화는 인류의 소통방식을 또 다른 차원으로 이끌었습니다. 나의 음성은 나를 식별케 하는 나만의 아이덴티티입니다. 목소리를 통한 대화는 얼굴을 마주 보는 대화에 비해 더 많은 집중력을 요구합니다. 스푼라디오는 라디오와 (친구와 주고받는 개인적인) 전화의 경계를 넘나들며 청취자의 참여를 제안합니다.

화려한 이미지와 속도감 있게 넘어가는 영상에 익숙한 Z에게 오디오 콘텐츠는 색다른 매력으로 다가갑니다. 그 안에서 소소한 일상 이야기를 나누는 한편, 주변 사람들에게는 차마 할 수 없었던 속 깊은 이야기를 털어놓습니다. 또 일상의 다양한 인증 놀이가 벌어지며 그들만의 방식으로 방송을 즐깁니다. 실제로 만난 적이 없는데 스마트폰 너머의 목소리로 나누는 대화는 우리를 상상하게 하고 호기심의 여백을 가득 채우는 설렘의 시간을 가져다줍니다. 청취자가 오로지 목소리에만 집중하기 때문에 어떻게 연출하는지에 따라 엄청난 힘을 발휘하기도 하죠.

웹2.0 시대에 이르러, 스마트폰의 등장으로 우리의 소통은 획기적인 전환점을 맞이합니다. 소셜미디어는 개방된 플랫폼에서 유저가 적극적으로 참여하고 공유하는 문화를 가능하게 했습니다. 스푼라디오에 Z가 적극적으로 호응하는 것도 자신의 목소리로 아이덴티티를 표현할 수 있고, 여기에 함께하는 유저들의 참여로 소통방식이 구현되기 때문입니다. '광장'에서 불특정 다수에게 외치는 것이 아니라 **방송을 듣는 다수의 유저가 함께 참여하는 것이죠.**

밤 10시, 그들만의 이야기와 일상을 나누는 만남의 장소

스푼라디오는 방송의 90%가 라이브로 이루어집니다. 밤 9시에 방송을 시작해, 잔잔한 노래와 함께 잠을 재워주는 '잠방'을 하다가 DJ가 팬들과 함께 잠들기도 하죠. DJ 내가그린 님은 새벽 3시 20분에 방송을 진행합니다. 잠들지 못하거나 생각이 너무 많아서 힘든 Z세대 친구들을 위해 방송을 여는데 이용자들은 취침모드로 설정해두고 잠든다고 해요.

함께 공부하는 방송, 숨소리만 내는 수면 방송, 청취자들을 연결해주는 소개팅 방송, 언더그라운드 뮤지션들의 온라인 콘서트, 얼굴을 드러내기 싫은 사람들의 공부 방송 등이 있습니다. DJ 중에는 가끔 핸드폰을 들고 집 앞 공원에서 산책 방송을 진행하는 사람도 있습니다. 편의점에서 아르바이트하며 방송을 진행하다가 청취자와 만나는 경우도 종종 있죠. 이것이 바로 오디오 플랫폼의 장점입니다. 대화에 참여할 때는 목소리에 귀를 기울이고 집중하지만 때로는 DJ도 청취자도 편하고 자유롭게 방송을 즐깁니다. 오디오 플랫폼에서 Z는 멀티태스킹 능력치를 한껏 발휘합니다.

Z세대의 인간관계

스푼라디오는 관계 형성의 장이기도 합니다. Z는 혼자 있고 싶지만, 어느 세대보다 연결되고 싶어 하는 세대죠. 스푼라디오에서 발견한 Z세대의 관계 맺기 특성은 크게 2가지입니다. 유년기와 초등학교 시기에 이미 스마트폰을 접한 Z는 '인친'과 '실친'을 구분하지 않습니다. 사전적 의미로 '친구'는 '가깝게 오래 사귄 사람'이죠. 그런데 이들은 학교에서 만난 옆자리 친구보다 온라인에서 만난 친구를 더 가깝게 느끼기도 합니다. SNS에서 만난 친구와 많은 이야기를 나누고, 공통의 관심사를 공유합니다. 부모님도 모르는 재능을 인친들이 알아봐주죠.

DJ 하이유 님은 스푼라디오에서 만난 팬들이 가장 위로가 되는 '친구'라고 말합니다. 실제로는 대면한 적은 없지만, 하이유 님에겐 가깝게 느껴지는 친구인 거죠. DJ 내가그린 님은 팬들과 오픈채팅방에서 대화하고, 여행도 같이 다닙니다. 실친과 인친을 가리지 않고, 나를 알아주고 이해해주는 친구와 보내는 시간을 특별하게 여깁니다. 하루 중 대부분을 내가 좋아하는 관심사와 연결된 디지털 세계에서 보내는 Z에게는 '인친'이 더 의미 있는 친구일 수 있습니다.

또한 소외될지 모른다는 두려움이 다양한 연결로 이어집니다. 사람은 누구나 소통하고 싶어 하는 존재입니다. 수많은 볼거리와 정보가 넘쳐나는 세계에선 누군가와 언제 어디서든 연결될 수 있죠. 그러나 반대로 이런 세계는 소외를 불러일으키기도 합니다. 인간관계는 더욱더 단편적이고 개인화되어가고 있고요.

Z세대는 쏟아지는 정보와 연결의 세계에서 더 깊은 외로움과 불안감을 느끼고 있습니다. 소외에 대한 두려움을 표현하는 'FOMO Fear of Missing out'라는 신조어도 등장했죠. SNS에선 남들이 지금 무엇을 하는지 실시간으로 들여다볼 수 있습니다. Z는 어디선가 재미있

는 일들이 벌어지고 있지만, 자신만 소외된다는 생각에 늘 불안을 느낍니다. 이런 불안감은 어딘가에 소속되고자 하는 열망과 다양한 형태의 연결을 만들어냅니다. 스푼라디오에서도 DJ와 청취자뿐만 아니라 청취자와 청취자, DJ와 DJ가 서로 연결되는 식입니다.

왜 얼굴도 모르는
DJ에게 돈을 쓸까?

라디오를 자주 경험해보지 못한 Z에게 스푼라디오는 '새로운 경험'이자 '놀이'입니다. 방송이라고 생각하면 거창해 보이지만, 이들은 스푼라디오의 오디오 콘텐츠를 일종의 SNS로 여깁니다. SNS로 자신의 이야기를 하고, 댓글을 다는 것처럼 스푼라디오 방송에서도 소소한 일상 이야기를 주고받습니다. 기존 30~40대가 소비하는 오디오 콘텐츠와는 다른 내용이죠.

앞서 이야기했듯, 스푼라디오는 Z세대에게 '연결'을 제공하는 오디오 플랫폼입니다. 청취자와 DJ 간의 연결을 통해 새로운 커뮤니티가 형성되기도 합니다. DJ마다 팬을 관리하는 카카오톡 오픈채팅방이 각각 있고, 정기모임과 팬미팅도 운영합니다.

이러한 방식의 연결은 새로운 문화를 만듭니다. 스푼라디오 청취자들은 DJ에게 자발적으로 디지털 캐시 '스푼'을 선물합니다. 스푼은 스푼라디오의 주요 수입원이죠. 스푼라디오의 2021년 매출은 486억 원이었습니다. 이 매출은 광고 없이 오직 유저들의 후원으로 만 만들어진 매출입니다. Z는 왜 얼굴도 모르는 DJ에게 스푼을 선물할까요?

팬심을 적극적으로 표현하고 싶은 마음

스푼을 받은 DJ는 선물한 청취자의 이름을 불러주거나, 이모티콘을 보내는 등 특별한 반응을 보여줍니다. DJ 반응을 보려고 돈을 쓴다고? 의아해할 수도 있지만, 이들에게는 특별한 교감입니다. 수많은 청취자 중의 한 사람인 '나'를 알아봐주고 이름을 불러주고 감사의 마음을 전하며 노래를 불러주기도 하죠.

Z는 자신의 팬심을 적극적으로 표현하고 싶어 하고, 자신이 받은 만족감만큼 상대에게 보상해주고 싶어 합니다. 스푼라디오 청취자는 "재미있어서 시간 가는 줄 모르고 듣게 되는 방송이 있으면 후원하게 돼요. DJ의 재능에 대한 인정을 스푼으로 표현하는 거죠."라고 말합니다. Z는 '후원'에 대해 방송을 들으면서 '내가 받은 즐거움과 위로를 선물로 표현하는 것이고 그 사람을 응원하기 위해 스푼을 쏜다'고 합니다. 특히 후원은 상대방에게 위로를 받았거나, DJ 덕분에 잠깐이나마 힘든 일상을 잊고 심리적 만족을 얻었을 때, 함께 웃을 수 있는 특별한 감정이 일어났을 때 더욱 크게 일어납니다.

DJ와 청취자 간의 상호작용이 활발해질수록 친밀감, 신뢰도, 애착심이 솟구칩니다. 이때 이들이 주고받는 스푼은 친근감을 표시하고 마음을 전달하는 자연스러운 수단인 거죠. DJ 하이유 님은 "정말 애정으로 후원하기 때문에 친밀감이 더 느껴져요."라고 말합니다. Z세대와 특별한 감정을 공유하는 관계는 자연스럽게 후원으로 연결됩니다.

수많은 청취자 중 그가 나를 불러줄 때

스푼라디오에서는 DJ별, 청취자별로 스푼 선물 금액 순위가 표시됩니다. 선물 금액에 따라 DJ 이름의 색깔도 다르게 나타나죠. 팬이라면 내가 좋아하는 DJ의 순위를 올려주고 싶은 마음이 들 겁니다. 청취자 선물 순위에서도 상위권에 들고 싶을 거고요. 앞서 다룬 '팬심'이 경쟁심리로 이어지는 현상입니다.

그리고 사실 '재미'가 없으면 돈을 쓰지 않겠죠. 스푼을 보내는 순간 극대화된 존재감과 채팅창 한가득 펼쳐지는 비주얼, DJ의 반응을 즐기는 거죠. DJ의 반응은 다양합니다. 스푼을 선물한 팬에게 별도로 감사 메시지를 전하거나, 한 사람만을 위해 노래를 불러주기도 합니다. 팬들은 이러한 DJ의 반응을 보기 위해서라도 부지런히 스푼을 보냅니다. 수많은 청취자가 보는 가운데 나에게만 보내주는 DJ의 리액션에서 느껴지는 특별한 기분과 설렘 때문이죠.

이름을 불러주었을 때,
브랜드로 달려가
충성 고객이 된다

어린 시절부터 스마트폰을 손에 쥐고 자란 Z세대는 다른 세대보다 자신을 알아봐주길 바라는 욕구가 더 강합니다. 브랜드와의 관계에서도 마찬가지죠. Z는 브랜드가 데이터 속에서 소비하는 대상으로 자신을 대하는 것이 아니라, 특별한 존재로 봐주길 바랍니다. 어떻게 하면 이들을 특별한 존재로 바라볼 수 있을까요? 가장 대표적인 방법으로 '이름 불러주기'를 꼽을 수 있습니다.

관계형성의 시작, 이름을 불러주자

"내가 그의 이름을 불러주기 전에는 그는 다만 하나의 몸짓에 지나지 않았다. 내가 그의 이름을 불러주었을 때 그는 나에게로 와서 꽃이 되었다." 김춘수의 시 '꽃'은 누군가에게 의미 있는 사람이 되는 것을 '꽃이 되는 것'으로 빗대어 표현했습니다. 관계의 시작은 이름을 불러주고 그를 기억해주는 행위입니다. 스푼라디오의 DJ는 어느 방송에서나 청취자가 입장할 때마다 항상 이름을 불러주고 알아봐줍니다. DJ 하이유 님은 이렇게 말합니다. "한 번이라도 이름을 불렀던 기억이 있으면 다시 오셨을 때 아이디만 봐도 기억이 나요. 그래서 반갑게 '준영 님, 또 와주셨네요!' 하고 인사를 건네죠."

하이브엔터테인먼트가 구축한 플랫폼 '위버스'에도 비슷한 기능이 있습니다. 위버스에 가입하면 다음 방문 때 BTS 7명의 멤버가 내 이름을 띄워주는 것이죠. 마치 말을 걸어주듯이요. 나를 반겨주는 BTS가 있으니 매일 자발적으로 방문하고 싶어지겠죠?

앱스토어 리뷰 코너가 브랜딩의 시작

이름을 불러주고 관계를 시작했다면, 나서서 말하기보다 잘 들어주는 게 중요합니다. 잘 듣는 것은 언뜻 당연한 이야기 같습니다. 그러나 마케팅에서 고객과 만나는 순간, 우리는 대부분의 시간과 자원을 '브랜드가 하고 싶은 이야기'를 전하는 데 씁니다. 우리 물건을 팔기 위해, 서비스를 이용하게 만들기 위해, 우리 공간을 방문하게 하기 위해 많은 시간을 들여 고민하고 멋지게 말하기 위해 공을 들입니다. 그러나 '잘 말하는 것'만큼이나 '잘 들어주는 것'이 중요합니다. 그냥 들어주지 않고 온 마음을 다해 들어줘야 합니다.

Z와 정서가 통하는 앱인지 아닌지는 앱스토어 리뷰를 보면 바로 알 수 있습니다. 앱스토어 리뷰에 댓글을 다는 건 매우 중요합니다. Z가 당장 원하는 기능을 수행해주기 어렵더라도, 그들의 의견을 기

업에서 듣고 있다고 느끼게 하는 게 중요하죠. 그때서야 비로소 기대하고 응원하는 마음을 가지게 됩니다. 앱스토어 리뷰에, 홈페이지 CS 게시판에 정성스럽게 올린 댓글 하나가 파장을 만들어내어 거대한 웨이브를 이룰 수 있습니다. 앱스토어와 홈페이지는 브랜드의 첫인상임을 잊지 말아야 합니다. Z의 무관심과 무플은 브랜드에 가장 치명적입니다.

Z를 팬으로 만들 기회

Z에겐 자신의 이야기를 들어줄 사람이 필요합니다. 2부 1장에서 살펴보았듯 잼페이스의 이용자는 앱 관리자인 '잼페언니'와 소소한 일상을 나누고 고민을 이야기합니다. 많은 이용자들이 잼페이스를 계속 이용해야겠다고 마음먹는 결정적인 계기가 바로 잼페언니와의 대화입니다.

Z가 원하는 '따뜻함'이란 자신의 이야기를 묵묵히 들어주고, 공감해주는 마음에 있습니다. 그들이 필요할 때 언제든 이야기를 경청해주고 공감해줄 수 있는 브랜드의 모습을 만든다면, Z세대와 친구가 될 수 있습니다. Z세대는 이야기를 듣는 자세에서 브랜드의 태도와 인격을 느끼기 때문이죠.

Z를 적극적인 팬으로 만들 방법은 그들을 브랜드의 여정에 참여시키는 겁니다. 이들은 기획단계에서는 그들이 필요로 하는 것, 바라는 것, 브랜드가 가져야 할 도전 요소를 이야기해줄 겁니다. 탐색 단계에서는 각 과정에서 느낀 불편함, 좋았던 점을 이야기해줄 것

입니다. 또 구매 후 직접 느낀 점도 이야기해줄 것입니다. 이 과정에서 특별한 관계가 형성될 수 있죠. 잠재고객을 자연스럽게 우리 브랜드의 팬으로 만들 기회는 구매 과정에서 어떤 대화와 어떤 경험을 선사할지에 달려 있습니다.

　Z세대는 10대 학생이거나 대학생 또는 사회초년생들입니다. 앞의 챕터에서 보셨듯이 주로 Z의 개인적인 시간이 시작되는 저녁 8시 이후부터 소통이 활발해지기 시작해서 새벽 2시에 절정을 이룹니다. Z가 주로 앱을 사용하는 피크타임은 잠들기 직전과 아침에 일어나자마자입니다. 9시부터 6시, 근무시간에만 열려 있는 기업의 소통방식으로는 이들과 관계 형성이 어렵습니다. 디지털 세계에서 Z와 의미 있는 관계를 맺기 위해서는 이들과 만날 수 있는 시간대에 대화의 창구를 열어두는 것이 필요합니다.

Z가 선택한 '오디오 기반 소셜 네트워크 플랫폼'은 뭘까?

'스푼라디오'에서 오디오 서비스를 찾는 Z의 이야기를 살펴봤습니다. 2021년 클럽하우스의 등장과 함께 오디오 기반 플랫폼이 여럿 등장했습니다. 오디오 서비스의 주된 무대는 스마트폰입니다. 오디오 콘텐츠의 특성상 언제 어디서나 쉽고 편하게 연결할 수 있기 때문이죠. 멀티태스킹이 용이하기에 상대적으로 적은 부담으로 소통에 참여할 수 있는 것도 오디오 서비스의 장점입니다. Z의 선택을 받은 오디오 플랫폼과 Z세대의 선택을 받지 못해 초반의 흥행을 이어가지 못한 클럽하우스의 차이를 비교해서 살펴보면 Z와 소통하기 위한 중요한 단서들을 확인할 수 있습니다.

지금 뜨는 오디오 소통 서비스들

Z가 주로 사용하는 오디오 기반 플랫폼은 스푼라디오, 디스코드,

트위터 스페이스입니다. 디스코드는 온라인 음성 채팅 앱으로 시작해서 현재는 영상 채팅까지 가능합니다. 게임할 때 주로 사용하기에 게임을 즐기는 Z에게는 '게임 전용 메신저'로 친숙한 앱입니다. 게임처럼 실시간 반응이 중요한 사용환경에서는 속도가 제일 중요합니다.

디스코드는 채팅방과 소통 내용이 암호화되어 참여자의 대화 유출 등 보안 문제에서 유저가 안전하다고 느낄 수 있도록 합니다. 보안 문제는 논란이 되는 중요한 이슈입니다. 디스코드는 아이디를 공유하지 않아도 서로 대화할 수 있습니다. 디스코드의 특징은 '서버'와 '채널'입니다. 서버에 친구와 유저를 초대할 수 있죠. 서버 내에는 목적에 맞게 채널을 개설할 수 있습니다. 음성 전용, 게임 전용, 채팅 전용 방을 개별적으로 개설할 수 있습니다.

서버 운영자는 참여자에게 역할을 부여할 수 있는데, 온라인 카페에서 관리자를 설정하는 방식과 유사합니다. 타 소셜미디어의 봇계정처럼 특정 동작을 주기적으로 반복하는 봇 역시 만들 수 있습니다. 커뮤니티에 악영향을 주거나 기본적인 매너를 갖추지 못한 사용자는 관리자가 직접 차단할 수 있습니다. 서버에서 일반 참여자도 개인적으로 차단할 수 있는 기능이 있습니다. 이 기능은 다른 프로그램에서 찾기 어려운 기능이며, Z세대가 참여하는 결정적인 이유 중 하나로 보입니다. 권한과 역할이 민주적이고 디지털 네이티브 이용자의 소통문화를 잘 반영하고 있죠.

디스코드는 협업툴로 사용하기에도 적합한 기능들을 갖추고 있는데, 다소 복잡해 처음에 들어가면 어렵게 느껴질 수 있습니다. 이런 특성으로 인해 게임 오디오 채팅에서 커뮤니티 기반의 소통 플랫폼으로서 블록체인, NFT 커뮤니티를 기반으로 활성화되고 있습니다. 2021년 3월 기준으로 기업가치가 70억 달러(8조 원), 월간 실사용자 수는 1억 4,000만 명, 매출은 1억3,000만 달러(1,472억 원)에 달합니다. 게임을 하며 디스코드로 채팅하다 보니 사용자가 머무는 시간이 길고 팬데믹을 거치며 미국에서는 게임 외 채널 비중이 70%로 늘어났습니다. 프랑스에서도 코로나 이전보다 이용자 수가 2배 이상 늘었습니다. 트위터 사용시간의 2배 수준이죠. 2020년 게이머들만 이용한다는 이미지에서 벗어나기 위해 브랜드 로고를 '유어 플레이스 투 톡 앤 행아웃Your place to talk and hangout'으로 바꿨습니다.

디스코드의 수익모델은 광고가 아닌 유료 구독입니다. 광고가 사용자 경험을 망친다고 보는 거죠. 구독 서비스 설계가 잘 되어 있어서 '니트로'라는 유료서비스를 이용하지 않을 경우 이모지 등 서비스 이용에 차등을 둡니다. 커뮤니티에서 다양한 이모지를 이용해서 대화하는데 혼자만 삭막한 텍스트로 소통하다 보면 무리에서 소외된다는 느낌이 들겠죠. 게임에서처럼 빠르고 정확한 커뮤니케이션이 가능하고 광고에 시달리지 않아도 되는 것이 디스코드가 성장한 이유입니다.

디스코드는 무엇보다 커뮤니티 형성에 적합한 구조와 모델을 가지고 있습니다. 유튜브처럼 멤버십을 운영할 수 있다는 특징이 있습니다. 서버 관리자들이 다양한 멤버십을 만들고 서버 내 참여자들에게 판매할 수 있죠. 프리미엄 멤버십의 경우에는 10% 수수료를 서버 관리자에게 제공합니다. 이러한 멤버십은 커뮤니티 내 유대감을 강화해 크리에이터 경제에 이바지합니다. 이러한 방법으로 커뮤니티를 잘 구축할 수 있기 때문에, NFT 시장에 진출할 경우 강력한 모멘텀을 창출할 잠재력이 있습니다.

트위터 스페이스는 기존의 트위터 계정과 연동할 수 있는 것이 가장 큰 장점입니다. 오디오 서비스가 가지는 한계를 극복하고 자유로운 화면전환이 가능합니다. 클럽하우스에 비해 스피커 수가 제한적이긴 하나 트위터가 가진 홍보효과를 극대화할 수 있고, 타 오디오 서비스와 달리 자막 서비스나 이모지가 활성화되어 있습니다.

트위터는 본래 아이돌 팬들이 가장 활발하게 이용해온 소셜미디어입니다. 아이돌 팬덤이 중요한 기반인 셈이죠. 거기다 최근에는 NFT 아티스트들이 글로벌 교류를 위해 참여하면서 트위터 스페이스가 활성화되었습니다. 애플은 기기에서 육각형의 NFT 프로필을 사용할 수 있는 유료서비스를 제공합니다. 이처럼 해외 작가나 콜렉터들과 교류하기 위해 아티스트를 중심으로, 트위터 스페이스가 NFT에 적합한 환경을 제공하는 소셜미디어로 떠오르고 있습니다.

게임,
Z세대 트렌드 만드는
'힙한' 주류문화가 되다

어려서부터 스마트폰과 게임을 자연스럽게 접한 Z에게 게임은 더 이상 서브컬처가 아닙니다. 스마트폰의 급진적인 발전은 모바일 게임의 성장과 변화를 견인했습니다. 친구들과 게임에서 채팅하며 놀기도 하고, 유튜브에서 만나 게임을 함께 즐기기도 하죠. 게임은 소통하고 함께 즐기기 위한 소셜 문화입니다. 이번 챕터에서는 배틀그라운드를 통해 어른들은 모르는 Z의 놀이문화를 엿보고자 합니다.

'하는 게임'에서 '보는 게임'으로

게임은 그저 승리를 위한 수단뿐 아니라, 아바타를 통해 게임에 몰입하고 라이프스타일을 즐기는 하나의 문화로 자리 잡고 있습니다. 다소 부정적인 인식이 강한 서브컬처였던 게임이, 점점 '힙한'

주류문화로 자리 잡고 있는 것이죠.

Z세대들을 중심으로 만들어지고 있는 트렌드의 대다수가 게임에서 시작될 정도로, 게임은 Z의 메인 문화로 자리 잡고 있습니다. '하는 게임'에서 '보는 게임'으로 진화하면서, 게임 대회는 세계적으로 엄청난 팬덤을 형성했습니다. 국내 게이머들은 뛰어난 실력으로 해외시장에서도 큰 영향력을 미치고 있죠. 리그오브레전드 게임의 페이커 프로게이머는 전 세계적으로 존재감을 나타내며, 손흥민 선수, BTS와 함께 한국을 대표하는 인물이 되었습니다.

또 유튜브나 트위치, 아프리카 TV 등 개인 라이브 채널이 발전하면서, 자신만의 방식으로 풀어내는 게임 영상을 공유하고 즐기는 문화가 자리를 잡았죠. 특히, 탄탄한 팬덤을 보유한 게임 유튜버는 다양한 산업에서 영향력을 발휘합니다. 게임 '마인크래프트' 유튜버로 시작한 도티 님은 '샌드박스'라는 크리에이터들을 위한 멀티채널 네트워크를 만들어 운영하고 있고, 스포츠 게임 유튜버로 유명한 감스트 님은 실제 공중파 스포츠 중계를 진행해서 화제를 모았습니다.

게임과 게임 유튜버들이 다양한 분야에 영향을 주고 있는 만큼, Z가 자주 사용하는 신조어도 게임에서 시작된 것들이 많습니다. 예를 들어, '순삭'이란 단어는 '순간 삭제'의 줄임말로 손도 쓰지 못하고 게임 속에서 순식간에 죽었을 때 사용하던 말이지만, 지금은 일상생활에서도 자주 사용하는 단어죠. 팀워크 게임에서 팀을 승리로 이끄는 행위인 '하드캐리'도 게임에서 유래된 단어입니다. 디지털 세계에서 밈 형성과 확산의 속도가 빨라지면서 Z세대와 기성세대 간의 언어 격차가 점점 더 벌어지고 있습니다. 함께 게임하는 문화가 Z세대에게 '힙한' 이미지로 소통할 기회가 될 수 있습니다.

게임 속 가상세계에 진심인 이유

게임 속 세상에서 여가를 즐기는 방식은 현실과 다를 게 없습니다. 이러한 메타버스의 흐름은 배틀그라운드 모바일에서 잘 나타나고 있습니다. 배틀그라운드 모바일의 가장 큰 특징은 뛰어난 그래픽으로 게임 속에서 자신의 아바타를 꾸밀 수 있다는 점입니다. 유저들은 가상세계 속 아바타를 자신의 '부캐'라 여기고 많은 시간과 비용을 투자합니다. 배틀그라운드 안에서 '생존'을 위한 활동뿐 아니라 다양한 아이템으로 자신의 개성을 나타내고 유저들과 어울리며 소통합니다.

Z세대가 좋아하는 브랜드와 컬래버레이션도 활발합니다. '배달의민족'과의 게임에서 치킨을 먹으면(배틀그라운드 모바일 게임에서 최종 생존을 하게 되면 '이겼닭! 오늘 저녁은 치킨이닭!'이라는 문구가 뜨는 것에서 만들어진 용어) 실제 치킨 쿠폰을 증정하는 이벤트를 진행해 유저들이 뜨거운 반응을 보였습니다. 또 에버랜드와 협업으로 오프라인에서 직접 체험할 수 있는 놀이기구를 만들었고, 베이프, 커버낫 등 패션 브랜드와의 협업을 통해 게임 스킨을 현실에서 구매할 수 있도록 옷을 제작했습니다. 최근에는 Z의 관심사를 공략할 스토리를 만들어 숏 무비나 웹툰 콘텐츠 형태로 제공합니다.

배틀그라운드 모바일의 과금은 오로지 자신의 아바타와 무기를 꾸미는 데만 사용할 수 있습니다. 그러나 캐릭터의 옷이나 무기, 춤 등 아이템은 게임의 승리에는 영향을 주지 않죠. 즉, **캐릭터의 기능이나 스킬을 올릴 수 없어도, 게임의 실제 목표인 '살아남는 것'에 전혀 도움이 되지 않아도, 자신만의 개성이나 취향, 재미를 위해 돈과 시간을 투자합니다.**

Z에게 게임 속 공간은 어떤 의미일까요? 그들은 가상과 현실을 오가면서 어떤 라이프스타일을 즐기고 있을까요?

게임이 만드는 부캐들의 유대감

게임을 함께하는 유저들은 나이, 성별, 직업과 관계없이 친구가 됩니다. 배틀그라운드 모바일은 2018년 론칭 후, 전국적으로 오프라인 게임대회를 개최했습니다. 신촌, 강남, 부산 벡스코, 양양 서퍼비치 등 다양한 지역에서 총 15회 대회를 열었죠. 다양한 연령층의 이용자들이 대회에 참석했는데 그중 한 60대 유저는 15회의 대회에 전부 참가했고 그를 응원하기 위한 팬클럽도 생겼습니다. 지나가는 고등학생과 40대 남성이 즉석에서 팀을 꾸려서 대회에 출전한 사례도 있었죠. 게임이라는 공통분모 안에서는 나이와 성별은 문제가 되지 않습니다. 게임은 친구들과 함께 하는 문화입니다. 특히 배틀그라운드 모바일은 친구, 가족, 가까운 지인들과 같이 즐기는 경우가 많습니다. 같이 할 친구가 없으면, 게임 속에서 아예 모르는 사람들과 만나서 게임을 하거나, 디스코드 오픈채팅에서 함께할 사람을 구하죠.

특히 개인플레이가 아닌 팀전에서는 소속감과 유대감이 형성됩니다. 게임에서 만난 이용자들끼리 오프라인에서 만나 함께 시간을 보내기도 합니다. 배틀그라운드 모바일 이용자인 유튜버 퀸뜨 님은 다양한 지역에 사는 '게임 친구'들을 만나기 위해 여행을 떠난다고 합니다. 게임 속 부캐로 만난 이들은 서로 나이와 직업을 몰라도 인연을 계속 이어갑니다.

게임에서 승패는 굉장히 중요합니다. 하지만 Z는 **게임 속에서 친구를 만나고 팀을 이루면서 함께 해나가는 성취감을, 승리의 기쁨보다 중요하게 생각합니다.**

Z
현실의 욕망을 구현하는
나만의 공간

Z는 메타버스 구현도가 높은 게임일수록 몰입합니다. 아바타를 가지고 다양한 형태로 자신의 개성과 스타일을 구현해내죠. 네이버의 자회사 스노우의 '제페토'는 가상세계 속에서 3D 아바타를 만들어 놀 수 있는 앱입니다. 최신 유행하는 스타일과 아이템으로 꾸미고 친구들과 놀 수 있는 카페나 편의점 등 원하는 메타버스 공간을 만들어 일상생활을 즐기죠. 게임 속에서는 시간과 장소에 구애를 받지 않기 때문에 다양한 욕망들을 구현합니다.

부캐가 입는 옷과 무기에 아낌없이 투자한다
배틀그라운드 모바일 이용자들은 게임 속 캐릭터를 부캐의 취향과 콘셉트에 맞게 스타일링합니다. 랜덤으로 얻을 수 있는 아이템과 스킨에 많은 시간과 돈을 들여서 자신이 원하는 스타일을 얻어내죠. 배틀그라운드 모바일 이용자이자 유튜버 세드 님은 현실에선 남자이지만, 게임 속에선 스킨으로 '컨셉질'을 하며 여자 캐릭터를 사용합니다.

Z는 현실 세계에서 옷을 구매하는 것만큼 배틀그라운드 모바일 속 캐릭터 스킨을 구매하는 걸 좋아합니다. 자신의 캐릭터를 꾸미기 위해서 돈과 시간을 투자합니다. 현실에서 패션 브랜드가 주는 가치를 사는 것처럼, 온라인에서도 아바타를 자신이라고 생각하고 꾸미는 문화가 만들어져 있죠.

특히 배틀그라운드 모바일에서는 감정을 나타내는 '이모트', 춤을 추는 '이모션' 기능으로 아바타를 통해 감정을 표현할 수 있습니다. 배틀그라운드 유튜버 퀸뜨 님은 이모트와 이모션, 스킨을 활용해서 짤막한 스토리를 만들고 이 스토리를 틱톡에 공유해 친구들과 즐기죠.

메타버스를 사는 Z, 우린 그런 거 모르는데?

'아바타'라는 용어와 함께 '메타버스'는 1992년 미국의 SF 작가 닐 스티븐슨의 공상과학소설《스노 크래시》에서 처음 사용되었습니다. VR 공간, 게임 및 세계와 모두 연결된 3D 가상현실 인터넷을 메타버스로 불렀고, 어니스트 클라인Ernest Cline의 책《레디 플레이어 원》에서 '오아시스'로 묘사되었습니다. 최근에 메타버스는 새로운 경제적 의미와 미래가치를 창출하면서 주목받고 있습니다.

영화 '레디 플레이어 원'과 같은 가상세계인 메타버스를 경험하려라면 스마트폰이 아닌 HMD인 오큘러스 퀘스트2나 MS 웨어러블 기기를 착용해야 유사한 공간감을 경험할 수 있습니다. 크래프톤 장병규 의장은 "메타버스는 모호한 측면이 있고, (크래프톤은) '인터렉티브 버추얼 월드'에 대해 다양한 관점에서 기술적인 기반을 마련하고 있다."고 어느 인터뷰에서 이야기했습니다. 메타의 CEO

마크 저커버그는 "메타버스는 단순히 그 안에 들어가 콘텐츠를 보는 것이 아니라 '체화된 인터넷Embodied internet', 즉 온몸으로 체화하여 체험할 수 있어야 한다. 특히 흥분되는 것은 사람들이 그들이 아끼는 사람들, 함께 일하는 사람들과 더 강한 존재감을 전달하고 경험할 수 있도록 돕는 것"이라고 설명합니다.

《스노 크래시》,《레디 플레이어 원》같은 소설을 통해 메타버스라는 개념이 어떻게 처음 등장했는지 소개했습니다. 메타버스를 VR, AR과 같은 가상현실, 증강현실 기술의 관점에서 바라보는 시각, 웹 3.0에서 상호작용 인터넷으로 정의하는 시각, 그리고 현실과 연결된 가상세계라는 시각에 따라 메타버스의 개념과 범위는 조금씩 차이가 있습니다. 메타버스는 어느 날 갑자기 등장한 것이 아닙니다. 기존에 있던 VR 게임, AR, 라이프로깅(Life logging, 사물과 사람에 대한 일상적인 경험과 정보를 캡처하고 저장하고 묘사하는 기술), 거울 세계(Mirror Worlds, 실제 세계를 가능한 한 사실적으로, 있는 그대로 반영하되 '정보적으로 확장된' 가상세계) 등에서 현실과 디지털 세계를 넘나들며 살고 있었죠. 우리가 특별히 메타버스로 지칭하며 인식하고 있지 않았던 것뿐이죠. 코로나19로 인해 우리의 현실 세계가 급격히 디지털로 이주하면서, 디지털에서 접하는 경험이 중요해졌기 때문에 메타버스에 대한 주목도가 급상승한 것입니다.

이 책에서는 산업의 관점보다는 실제 메타버스 주 이용자라고 알려진 Z가 메타버스를 어떻게 받아들이고 이용하고 있는지, 메타버스가 이들에게 어떤 의미인지, 메타버스에서 어떤 경험을 원하는지에 중점을 두고 접근하고자 합니다. Z가 메타버스에서 바라는 열망을 읽어야 기술이 어디를 향해야 하는지, 메타버스에서 담아내야 하는 핵심이 무엇인지 힌트를 얻을 수 있습니다.

실제 세상과 게임 속 세상을 구분하지 않는다

Z에게 메타버스 이야기를 꺼내면 '그게 뭔가요?'라는 반응이 먼저 나옵니다. 설명을 다 듣고 난 다음엔 "우리가 어렸을 때 놀던 '마비노기', 닌텐도의 '모여봐요 동물의 숲'과 뭐가 다른 건가요?" 하는 질문이 돌아옵니다.

Z세대뿐만 아니라 게임 유저들은 넓은 의미에서 VR게임 같은 메타버스를 이미 간접적으로 게임에서 경험했습니다. 그런데 코로나19로 인해 생긴 현실의 제약으로, 이를 대체할 역할이 메타버스에서 가능해진 것입니다. 동물의 숲은 현실과 동일하게 24시간이 흐르며, 유저들은 모여서 농사를 짓고 노래를 부르며 특정한 목표 없이 가상세계 속에서 일상을 살아갑니다.

전 세계적으로 3억 5,000만 명이 이용하는 3인칭 슈팅 게임 '포트나이트'는 메타버스를 가장 잘 구현한 게임으로 평가받습니다. 포트나이트는 슈팅 게임이지만, 게임 속 공연장에서 BTS의 신곡을 듣거나, '스타워즈' 미개봉판을 볼 수도 있죠. 포트나이트는 가상과 현실세계의 경계가 사라지고 있는 모습을 가장 잘 보여주는 게임입니다. Z가 경험해왔던 게임 세계와 우리가 이야기하는 메타버스는 무엇이 다른지, 그리고 Z가 인식하고 받아들인 메타버스의 의미는 무엇인지 살펴보겠습니다.

- 평면의 세계가 3차원의 공간을 만난다는 의미
- 가상의 세계가 존재하니 세계관이 존재한다는 의미
- 가상의 세계가 게임과 달리 현실과 연결되어 경험이 확장된다는 의미
- 아바타를 매개로 현실과 가상의 경험을 연결한다는 의미

Z는 메타버스를 아바타로 만나는 세계라고 인식합니다. 그 세계에서 결국 '실재감 있는 새로운 연결'을 지향합니다. 그들은 이렇게 말하죠. "줌은 같이 있다는 느낌이 들지는 않아요. 작은 동굴에서 모닥불과 의자 몇 개 놓고 이야기할 수 있으면 좋겠어요. 오프라인 활동이 자유롭지 못한 상황에서 비슷한 관심사를 가진 새로운 사람들을 만나보고 싶어요. 혼자 있다는 느낌이 안 들었으면 좋겠어요."

앞의 [그림19]에서 살펴보았듯이 기술은 시간과 공간, 거리의 문제를 기술적으로 진화시켜나갔습니다. 그러나 궁극적으로 기술이 해결해야 하는 것은 사람과 사람이 직접 만났을 때 이루어지는 정서적인 교감과 유대감을 어떻게 만들어나갈 것인가에 대한 문제입니다. 문자로 주고받는 소통에서 이러한 비언어적 커뮤니케이션의 한계 때문에 이모지와 같은 보다 인간적인 감정을 표현할 수 있는 도구들을 지속적으로 개발하고 있죠. 영상, 오디오를 활용한 소통에서 해결하지 못하는 부분을 여전히 메타버스에서도 원하고 있습니다. 가상공간의 업무 효율과 소통을 위해서 개발된 메타버스 플

랫폼이라도 인간의 정서적인 교감을 어떻게 만들어낼지는 여전히 과제입니다. 특히 소셜파티를 지향하는 메타버스에서는 아바타를 통한 감정교감과 자기표현이 제일 중요한 요소입니다.

인터뷰에 참여한 Z가 메타버스에서 가장 원하는 것은 '자신만의 공간'을 가지는 것입니다. 가상의 공간이라도 실제처럼 영속성이 있어서 그 공간의 주인이 되면 의미가 클 것 같다고 하죠. 그곳에 나의 관심사와 취향을 전시하고 사람들을 초대해서 대화하며 함께 시간을 보내기를 원합니다.

직접 그린 팬아트 전시회에 아이돌이 직접 찾아온다거나, 직접 그린 아트 또는 소장하고 있는 아트를 전시하는 것, 또는 무엇이든 직접 창작한 디지털 콘텐츠를 전시하고 사람들과 교감하고 싶어 하죠. 지나간 추억을 소환하여 친구들과 함께 콘서트에서 떼창하고 춤추었던 경험을 메타버스에서 되살린다든지, 채팅이나 음성 소통에서 표현하기 어려운 환호, 탄성, 응원을 경험하고 싶어 합니다.

다음으로 Z가 메타버스에 기대하는 것은 실감 나는 경험입니다. 전혀 새로운 곳이나 모르는 공간보다는 현실에서 알고 있지만 경험하기 어려운 곳을 원합니다. 시간적, 물리적 제약으로 가볼 수 없거나 즐길 수 없는 곳을 가보고 싶어 합니다. 예를 들면 BTS 멤버의 집에 들러 흔적 남기기, 옥토버 페스트, 코첼라 페스티벌과 같은 문화생활, 스카이다이빙, 암벽 클라이밍, 우주 무중력 체험처럼 겁이 많아 못 하는 고난이도 액티비티를 하는 아바타를 보며 대리만족을 느낍니다.

다들 아바타 하나쯤은 가지고 계시죠?

이러한 가상공간에서 실재감 있는 연결과 경험은 아바타가 있어야만 가능합니다. HMD나 웨어러블 안경과 같은 가상현실 기기가 없는 경우에 아바타와 온전히 일체화된 경험을 하기에는 어렵습니다. 일종의 '선택적 몰입'이 필요하죠. Z 중에서도 10대 Z가 메타버스 수용성이 높은 것은 바로 선택적 몰입을 잘 받아들이고 '설정 놀이', '과몰입'에 능숙하기 때문입니다.

제페토에서도 Z가 많이 모여 있는 학교 교실 등에 가면 상황극이 벌어지는 것을 자주 목격할 수 있습니다. 어렸을 때 엄마 역할, 의사 역할을 하며 소꿉놀이를 했듯이 메타버스에서는 아바타로 보다 편리하게 이미지를 설정하는 것이 가능하기에 자연스럽게 역할놀이에 몰입할 수 있죠. Z는 감성이 맞으면 댓글창에서도 설정 놀이를 펼칠 수 있는 재능을 장착하고 있으니까요. 수업시간 상황극, 조선시대 상황극 등 어디서든 대본 없이 즉흥적으로 맡은 역할에 몰입합니다.

메타버스에서 이루어지는 모든 경험은 아바타에 의해 구현됩니다. Z는 게임 캐릭터와 아바타를 다른 것으로 인식합니다. 게임 캐릭터를 꾸미고 표현하는 데도 공을 들이지만 아바타는 실제 자신의 정체성이 반영된 좀 더 깊은 연결을 가진 것으로 받아들이죠. 아바타로 입장할 때 아바타의 모습과 표현에 민감하며 개인별로 요구하는 사항이 무척 구체적입니다.

아바타를 꾸미는 데도 Z는 자유도가 높은 것을 선호합니다. 의상을 선택했어도 내가 원하는 핏이 나오길 원합니다. 가령 소매를 걷어 올려서 좀 더 시크한 아바타를 만들고 싶어 하는 거죠. 아바타를 설정하는 데도 각기 다른 취향을 가졌습니다. 인간이지만 나를 그대로 닮은 아바타, 또는 나보다 좀 더 예쁜 외모를 가진 아바타, 사람이지만 인간과 거리가 있는 귀여운 3등신 모습을 선호하기도 합니다. 나를 그대로 닮은 아바타는 현실의 자기 모습이 그대로 연상되기를 바라며, 자신의 실체를 드러내고 싶어 하죠. 나보다 좀 더 예쁜 아바타를 구현하는 곳에는 대표적으로 제페토가 있습니다.

사람과 너무 유사하면 '불쾌한 골짜기(인간이 아닌 존재를 볼 때, 인간과 더 많이 닮을수록 호감도가 높아지지만 일정 수준에 다다르면 오히려 불쾌감을 느낀다는 이론)'가 생각나서 차라리 사람의 실제 모습과 거리가 있는 아바타 또는 클레이 느낌의 따뜻한 감성, 2D를 선호하기도 합니다. 그래서 사람과 거리가 먼 아바타의 경우에는 메타버스에서 사람들과 교감할 때 표정이 더 잘 드러나도록 한다거나, 특정 활동을 할 때 불필요한 요소는 과감히 생략하기도 합니다. 한마디로 이용자가 아바타를 대하는 태도에는, 메타버스에서 추구하는 활동과 현실의 자의식, 내면의 욕망이 관련됩니다.

특정 유형의 아바타 취향을 가지고 있더라도 공통적인 것은 아바타를 통한 개성 표현입니다. 비싸더라도 한정된 시간 동안 나만 이용할 수 있는 헤어스타일로 특별함을 표현하고, 눈 크기, 코 높이, 피부색 등 팔레트를 돌려서 색감을 선택하는 것처럼 섬세하게 설정합니다. 이들은 아바타 스타일을 보고 어떻게 꾸밀지 바로 머릿속에 그림이 그려진다고 해요.

메타버스에서 '튀기 위해' 어떤 설정이 좋을까 하는 관점에서 접근하죠. 아바타의 모습이 다른 사람에게 어떤 인상을 남길지, 아바타 무리 중에 나의 독특함과 특별함을 어떻게 표현할 수 있을지에 대해 의식합니다. 실제 현실사회에서처럼 아바타를 통해 상대방의 '인상형성impression formation(낯선 사람을 처음 만날 때 느낌이 형성되는 것을 뜻하는 심리학 용어)'이 이루어집니다. 아바타 취향 표현에 덜 민감한 성향을 가졌더라도 그날의 기분, 가보고 싶은 공간, 설정한 MBTI에 따라 패션과 스타일에 변화를 주기도 합니다.

20대 대학생 홍지나 님(가명)은 이렇게 말합니다. "너무 깡마른 아바타를 보면 거부감이 들어요. 성에 대한 고정관념을 고착화하는 것은 별로예요. 몸매나 외모가 강조되는 그런 캐릭터는 거부감이 들어요." 아바타에서도 자신의 가치관과 신념을 표현하는 것입니다. 좋아했던 인물, 영화 주인공으로 변신을 원하는 Z도 있습니다. 이때 성별을 바꿔서 등장하길 원하죠. 실제로 게임 캐릭터의 경우, 남성 게이머가 여성 캐릭터로 등장하는 경우가 많습니다. 강아지나 고양이처럼 데리고 다닐 수 있는 동물을 선호하기도 합니다.

아바타가 가상세계에서 이미 '나'를 대신해서 활발하게 활동하고 있습니다. 화상 미팅에 아바타를 등장시키고, 소셜미디어 대문에 아바타를 등장시키고, 메타버스에서는 여러 스타일로 콘셉트를 만들어 활동하고 있죠. 아바타로 등장하는 세계에선 누구든 될 수 있고 무엇이든 해볼 수 있을 것 같은 자신감이 들지 않나요? 이제 나의 취향을 담은 아바타 하나쯤은 가져야겠지요?

메타버스로 이주하는 Z

이미 Z는 현실의 나보다 아바타에게 더 비싼 옷을 입히고 있습니다. 현실의 내가 사는 집보다 메타버스에 더 멋진 공간을 만들어 사람들을 초대하고 싶어 하죠. 매력적인 경제활동의 공간이 메타버스에 만들어지면서, Z는 놀면서 일하듯 게임을 하며 돈 벌고 창작활동을 하며 새로운 생태계를 만들고 있죠. 아바타로 크리에이터 활동을 하는 Z는 메타버스에서 가상사물을 만들어 팔고, 가상패션으로 재능을 펼치고, 게임을 만들어 친구들을 초대합니다. 그러면서 10년 차 대기업 직장인 이상의 수익을 내고 있습니다.

분명 호기심과 놀이로 시작한 일인데 매일 출근하는 장소가 되어가고 있습니다. Z에게 메타버스란 재미와 창작이 동시에 가능한 세계이면서, 새로운 경험과 나를 성장시킬 기회가 만들어지는 곳입니다. 지금껏 일어나고 있는 흐름은 단발성 이벤트가 아니라 꾸준히 작동하게 될 것입니다.

로블록스, 마인크래프트에서 Z는 직접 건물을 짓고 게임을 만듭니다. 미리 프로그래밍 되어 있는 대로 움직이지 않고 원하는 대로 활동할 수 있습니다. Z는 게임 안에서 제공하는 툴을 이용해서 다양한 사물들을 만들어낼 수 있는 오픈월드를 선호합니다. 마인크래프트는 샌드박스 게임이라고 하는데 오픈월드Open World, 프리롬Free Roam이라 불립니다. 이용자가 가상세계를 자유롭게 돌아다니며 구성요소들을 의지에 따라 자유롭게 바꿀 수 있는 게임디자인의 한 유형입니다.

Z가 좋아하는 게임 방송 상위 50위 안에는 샌드박스 게임 방송을 하는 유튜버가 많습니다. 유튜브로 마인크래프트 도구 사용법을 배우기도 하고 도전해보며 함께 성취한 보람을 느끼죠. 직접 생산한 콘텐츠를 끊임없이 공유하고 소비하는 선순환 구조가 만들어지는 겁니다.

경제생태계 실현이라는 측면에서 가장 성공적으로 Z세대의 호응을 만들어낸 것은 로블록스입니다. 로블록스에서는 로블록스 스튜디오를 이용해서 게임과 게임에서 사용하는 아이템을 직접 만들고 공유할 수 있습니다. 로블록스에 처음 들어가는 분들은 다소 거칠고 황량한 맵을 보고 당황하실 수 있는데요. 화려한 3D 그래픽의 멋진 아바타는 아니지만, 미국 초등학생이 유튜브, 틱톡보다 많은 시간을 보내는 데에는 이러한 이유가 있습니다. 내가 직접 프로그래밍한 게임에 친구를 초대하여 노는 것은 마치 모래 위에 집을 짓고 친구와 성 만들기 놀이를 하는 것과 유사합니다. 내가 만들어낸 세계에 친구를 초대하기에 그 성이 조금 허술하게 생겨도 큰 문제가 안 되죠. **본질은 '내가 만든 세계에 초대한다'는 것입니다.**

여기에 주어지는 탄탄한 보상체계는 Z의 참여가 이루어지는 경제생태계로 작동합니다. 로블록스에는 '로벅스'라는 화폐단위가 있는데, 월정액 서비스를 구독하거나 아바타를 꾸미는 아이템을 살 수 있습니다. 로블록스는 2020년 기준 한화로 약 2,960억 원가량의 수입을 창작자에게 지급했습니다. 플랫폼 운영자가 제공한 판에서 누구나 게임의 창작자로서 콘텐츠를 생산하고 수익을 창출할 수 있는 플라이휠인 '크리에이터 이코노미'가 작동하도록 한 것입니다.

아바타를 중심으로 크리에이터 이코노미에 시동을 걸고 있는 곳이 제페토입니다. 제페토 크리에이터 렌지 님은 유튜브에 아바타 의류 제작을 전문으로 하는 회사를 세우고 신입 디자이너에게 툴 교육을 하며 사람들이 좋아하는 디자인 트렌드에 대해 이야기하고 디자이너들과 서로 의견을 나누는 것을 방송으로 내보냅니다. 제작 과정을 포함해 모든 것이 콘텐츠가 됩니다. 기성세대가 보면 마치 사장 놀이, 회사 놀이를 하는 것처럼 보이겠지요. 아바타 의상 제작으로 렌지 님은 월 1,500만 원 이상의 수익을 내고 있습니다.

제페토에서 활동하는 창작자는 아바타 의상과 아이템, 맵을 제작합니다. 3D 툴과 포토샵 등을 다룰 줄 알아야 의상을 제작할 수 있습니다. 제페토 스튜디오의 심사를 통과하면 자신이 만든 상품을 등록할 수 있습니다. 상품등록 후에는 5,000잼 이상 판매해야 현금으로 전환 가능합니다. 잼은 제페토에서 아이템을 구매할 수 있는 재화입니다. 크레딧 샵에서 충전할 수 있고, 아바타 크리에이터에게 후원할 수도 있고, 아이템을 구매할 수도 있습니다.

메타버스는, 현실과 가상이 연결된 경험이 새로운 Z를 참여하게 하고, 놀면서 수익을 낼 기회로 연결함으로써 지속가능한 생태계의 선순환 구조가 되었습니다. 제페토에는 기존 인기 유튜버가 부캐 아바타로 활동하기도 하지만 오로지 아바타로만 활동하는 크리에이터들이 있습니다. 스마트폰에서 가상사물을 만들고 공간을 기획하고 게임을 제작하는 Z는 크리에이터 이코노미의 주인공으로 부상했습니다. 취미생활을 하듯이 일하면서 수익을 내고 있고 디지털 생태계의 규칙을 친구들과 함께 만들어나가고 있습니다. 이들이 NFT 생태계에서 새로운 전환을 이끄는 주체입니다.

게임에서 BTS 신곡 듣고 영화도 보고

메타버스는 주로 게임과 엔터테인먼트 분야를 중심으로 시작되었습니다. Z가 게임 속 세상에 더 많은 비용과 시간을 투자하고 있기 때문입니다.

인기 걸그룹 블랙핑크는 배틀그라운드 모바일과 협업을 통해 블랙핑크를 모티브로 한 다양한 스킨과 아이템, 노래를 홍보했습니다. 유저들은 게임을 하면서 자연스럽게 블랙핑크의 신곡을 듣고 아이템을 구매하기 위해 돈을 쓰죠. 음악을 홍보하는 전통적인 플랫폼을 넘어, 음악을 소비하는 타깃의 라이프스타일을 파악하고, 그들이 많은 시간을 쓰는 게임 공간에 홍보한 것입니다.

BTS도 포트나이트 파티에서 신곡 '다이너마이트'를 최초로 발표했습니다. 트래비스 스콧Travis Scott, 힙합가수 영 서그Young Thug, 노아 사이러스Noah Cyrus는 포트나이트에서 콘서트를 개최했습니다. 스콧이 세계투어로 벌어들이는 수익이 18억 원이었다면 포트나이트 콘서트에서 벌어들인 수익은 그 수치를 훨씬 압도합니다. 콘서트 참여자만 해도 1,230만 명이 넘었죠.

다른 산업군이 메타버스에서 Z와의 접점을 만든다면 게임 스킨이나 IP를 활용해 스토리 마케팅을 진행해볼 수 있습니다. 게임과의 협업에서 중요한 것은 '디테일'입니다. 앞서 설명했던 것처럼 게임속 세상은 현실 세계와의 싱크로율이 높을수록 몰입도가 높습니다. 게임 속에 브랜드이미지나 스타일을 녹일 때는 실제 제품 수준으로 디테일을 살려주는 것이 중요합니다. Z는 브랜드가 얼마나 게임문화를 잘 이해하고 있는지 바로 파악하기 때문이죠.

이는 게임 속 세상에 현실 세계를 구현하는 방식입니다. 온라인 레이싱게임 '카트라이더 러쉬 플러스'에 현대자동차가 등장해 눈길을 끌었던 것이 그 사례죠. 게임에서 주최하는 대회에서 우승하면, 실제 현대자동차를 상품으로 주는 방식이었습니다. 대회 속 게이머들이 타는 자동차는 현대자동차의 소나타 N라인을 본떠서 제작하기도 했습니다.

게임이 가지고 있는 이미지가 브랜드와 매칭되지 않는다면, 게임을 즐기는 문화를 활용해 마케팅해볼 수 있습니다. 예를 들어 게임 유튜버와의 흥미로운 컬래버레이션을 준비해보는 것이죠. '휠라'의 경우 게임 유튜버 우왁군 님과의 협업으로, 그의 팬들과 함께 휠라를 활용한 굿즈를 제작했습니다. 이는 Z에게 휠라의 이미지를 탈바꿈하는 계기가 되었습니다. 물론, 이후 휠라가 Z의 감성을 자극하는 제품과 지속적인 캠페인을 이어갔기에 가능한 일이었습니다. 유튜버와의 컬래버레이션을 어떻게 기획하느냐에 따라 Z세대에 깊은 인상을 남기고 나아가 팬덤으로 연결되느냐가 결정되죠.

컬래버레이션할 땐 유튜버가 가지고 있는 스타일과 성향 중 브랜드와 연결고리가 있는 지점을 정확하게 파악해야 합니다. 유튜버에 대한 팬심에만 기대는 광고는 효과를 길게 가져가기 어렵습니다. 실제로 평소에 유튜버가 즐기거나 팬들과의 소통에서 자주 언급됐던 요소들을 포인트로 잘 잡아서 운영해야 합니다. 또, 게임에서 시작된 다양한 신조어들을 활용해서 SNS를 운영하고, 홍보물을 제작해볼 수 있죠. 신조어를 잘 활용하면 트렌디한 이미지를 줄 수 있지만, 유래를 정확하게 파악하지 못한 채 남발하면 부정적인 영향을 줄 수도 있으니 조심해야 합니다. 중요한 것은 게임을 하는 Z세대의 문화를 파악하는 것이죠.

3

개인의 시대,
세상에 없던
세계가 열린다

NFT용어, 이것만은 꼭!

민팅	minting. 원래는 화폐 주조라는 뜻의 용어로, 디지털 파일을 블록체인에 올려 거래 가능한 토큰(NFT)의 형태로 만드는 행위.
리스팅	Listing. 민팅을 완료한 후, 가격을 등록하고 판매를 시작하는 것.
디지털 지갑	암호화폐가 저장되어 있는 지갑. 소유하고 있는 암호화폐에 따라 지갑의 종류가 달라짐. 메타마스크MetaMask, 카이카스Kaikas 등의 지갑 서비스가 있음.
에어드랍	Air Drop. 코인 등을 무료로 지급하는 이벤트.
가스비	한 지갑에서 다른 지갑으로 코인을 전송할 때 드는 수수료 비용.
홀더	NFT의 보유자, NFT를 국내 유저들이 간편하게 칭하는 말.
PFP	Picture for Profile. SNS의 프로필로 사용하기 좋은 NFT 아트.
제너러티브 아트	컴퓨터 알고리즘을 통해 랜덤 아트를 조합하는 형태의 아트로 보통 컴퓨터가 1만 개 정도의 결과물을 만들어 낸다. 크립토펑크, BAYC 등이 대표적.
화리(화이트리스트)	NFT 프로젝트 운영팀이 미리 합의된 조건에 부합하는 프로젝트 참여자를 선정하여 NFT 발행 전 우선적 구매 권리를 주는 것.
ICO	Initial Coin Offering. 암호화폐를 판매하여 자금을 조달하는 방법. 일반적인 주식을 상장하는 기업공개(IPO)와 유사.
NFT 마켓플레이스	NFT 아트를 사고파는 플랫폼. 대표적 마켓플레이스로 오픈시OpenSea가 있음.

NFT 문화를 이해하기 위해 알아두면 좋은 용어

드랍파티	Drop Party. NFT 작가가 새로운 작품을 민팅하는 등 이벤트가 있을 때, 그 작가가 속한 커뮤니티 동료 작가와 팬들이 모여 축하하는 자리.
OG	Original Gangster. 초기의 시장 진입자.
DAO	Decentralized Autonomous Organization. 탈중앙화된 자율화 조직으로 조직의 모든 운영 방침과 과정들이 투명하게 공개되는 블록체인 기반의 조직.
P2E	Play to Earn. 게임을 할수록 돈을 벌 수 있는 새로운 형태의 블록체인 게임.
WAGMI	We are all gonna make it. '우린 모두 해낼 거야'라는 뜻으로 커뮤니티원들을 격려하기 위한 표현.
DYOR	Do Your Own Research. 커뮤니티에 너무 많은 질문을 하며 의지하지 말고 스스로 공부하며 알아보라는 뜻.

지금까지의
세상에는 없던 것을
소유한다

요즘 NFT 관련해 쏟아지는 기사들을 보면, 매일 새로운 NFT 프로젝트들이 론칭하고, 새로운 NFT 아이템들이 시장에 선보여지고 있습니다. 특정 콘텐츠와 아트는 천문학적인 가격에 판매되는 반면, 민팅 하자마자 바닥가를 기록하는 NFT 아이템들도 눈에 띕니다. 언뜻 보면 평범한 디지털 이미지 파일로 보이는 것이 수백억 원에 거래되고 트윗, 스포츠 카드, 디지털 밈 등이 예상을 초월하는 가격에 거래되죠. 이게 어떻게 가능한 건지 실감이 나지 않을뿐더러 나와 상관없는 다른 세상의 이야기로 들립니다. 물론 이 중에는 거품이 끼어 있는 경우들이 종종 있습니다.

NFT는 이제 시작점에 있지만, 2021년 기록적인 성장세와 함께 다양한 시도가 이루어졌습니다. 블록체인 조사기관 댑레이더DappRadar에 따르면 거래액은 2020년 9,490만 달러(한화 1,143억 원), 2021년

250억 달러(한화 29조 8,000억 원)에 달한 것으로 나타났습니다. 미국 투자은행 제퍼리스Jefferies는 2025년에 96조 원에 달할 것이라는 보고서를 내놓고 있습니다.

현재까지는 상위 이노베이터들이 확실하게 시장을 리드하고 있습니다. 과학 학술지 〈네이처〉에 실린 논문에 의하면 이더리움과 WAX 블록체인의 4년간 거래 데이터 610만 건을 분석한 결과, 10%의 거래자가 모든 NFT 거래의 85%를 차지합니다. 한국 시장의 경우, 그 주인공은 디지털 생태계를 주도하고 있는 밀레니얼 세대와 Z세대입니다.

이들은 NFT 프로젝트 창시자로서, NFT 아트 창작자로서, 컬렉터로서, NFT 생태계와 커뮤니티를 키워나가고 있습니다. 새로운 실험에 주저하지 않고, 변화를 유연하게 주도하는 아티스트와 Z세대는 NFT 생태계의 주체로서, 탈중앙화라는 웹3.0 철학을 확산하고 이끄는 데 능동적으로 참여하고 있는 것이죠.

NFT를 제대로 이해하기 위해서는 웹3.0의 철학과 DAO가 지닌 정신이 어떤 것인지 살펴야 합니다. NFT는 탈중앙화 금융 디파이 DeFi와 함께 블록체인의 다양한 응용사례를 만들 수 있는 잠재력을 가지고 있습니다. NFT는 산업적, 기술적, 사회·문화적, 경제적 관점 등 다양한 측면에서 블록체인 전반의 생태계를 함께 살펴봐야 합니다. 이 책에서는 지금까지 살펴본 Z의 문화와 소비 특징, 디지털 생태계에서 사는 방식이 NFT와 메타버스에서 어떻게 연결성을 가지고 나타나는지, 이로 인해 앞으로 어떤 변화가 나타날지에 초점을 두고 말씀드리고자 합니다.

NFT로 인해 새로운 창작자 생태계가 형성되고 있습니다. 디지털 아트는 이미 존재해왔던 영역이어서 NFT 아트가 새로운 것이 아니라는 시각, 기존의 미술계와 아트신에서 NFT 아트를 예술로 인정하기 어렵다는 시각이 분명히 존재합니다. 그러나 NFT 아트신에서 일어나고 있는 현상을 면밀히 관찰하면 NFT 아트를 새로운 문화 장르로 보는 것이 합당하다고 봅니다. 이 책에서는 일관되게 Z의 관점에서 Z가 디지털 생태계에서 어떻게 행동하고 흐름을 수용하는지, NFT 아트와 디지털 문화, 토큰 경제가 만나서 형성하고 있는 제너러티브 아트 또는 커뮤니티형 NFT의 크립토 컬처에 초점을 두고 이야기하려 합니다.

제너러티브 아트를 근간으로 한 커뮤니티형 NFT는 디지털 원주민다운 거버넌스를 형성하며 새로운 문화를 창발하고 있습니다. 바텀업 방식, 투표를 통한 의사결정, 커뮤니티의 일원이 의견을 내고 아이디어를 실현해나가는 DAO의 철학은 누구도 경험해보지 못한 영역입니다. 커뮤니티는 실험하고 시행착오를 겪으며 성장해나갈 것입니다. Z세대의 스마트폰 사용행태와 앱을 통해 확인한 디지털 문화(창작, 놀이, 연결, 정체성 실현, 팬덤 형성, 관계형 소비, 소통방식)와 밀접한 관련성을 가지고 상호작용하면서 말이죠. 그들만의 컬처코드를 이해할 수 있어야 크립토 컬처를 중심으로 NFT에서 만들어지고 있는 생태계와 흥미롭게 연결되는 부분을 체감하실 수 있습니다.

NFT가 대체 뭐길래

먼저 NFT란 무엇인지 한번 짚어보겠습니다. NFT Non-Fungible token 는 '대체 불가능한 토큰'의 약자입니다. 블록체인 플랫폼에서 발행하는 토큰의 한 종류죠. 자산 소유권을 명확히 함으로써 게임·예술품·부동산 등의 자산을 디지털 토큰화하는 수단입니다. 쉽게 말해, 디지털 자산의 소유권을 증명하는 일종의 '전자적 증표'로 생각하시면 됩니다.

가상화폐는 몇 개가 만들어지든 동일한 가치를 가집니다. 가령 비트코인 1개는 다른 비트코인 1개와 동일한 같은 가치를 지니지만, NFT는 이런 가상화폐와는 조금 다릅니다. 어떤 작품이나 콘텐츠, 상품이 고유한 가치를 지님을 보장하는, 일종의 진품 보증서 같은 역할을 합니다. 우리가 한정판 물건을 사면 시리얼 넘버로 정품 인증과 한정된 소유자임을 인정받는 것과 같은 원리입니다.

NFT는 블록체인을 기반으로 하고 있어서, 소유권과 판매 이력 등 모든 정보가 블록체인에 저장됩니다. 최초 발행자가 누구인지 언제든 확인할 수 있어서 위조가 불가능하죠. 또 암호화폐나 기존의 가상자산과 달리 NFT 별도의 고유한 인식 값을 가지고 있어서 상호 교환할 수 없다는 특징이 있습니다. 그야말로 '대체 불가능한' 토큰이죠.

블록체인 기술을 기반으로 한 NFT를 발행하게 되면 누구든지 소유자의 디지털 자산 지갑 주소, 발행일, 거래내역과 같은 데이터를 열람할 수 있습니다. 사전적으로는 "NFT는 복사, 대체, 세분화할 수 없는 고유한 디지털 식별자로 블록체인에 기록되며 진정성과 소유권을 인증하는 데 사용된다."라고 정의됩니다.

디지털 콘텐츠는 누구나 복제가 가능한 데 비해, NFT가 적용된 창작물은 진본임을 인증하고 **디지털 자산의 원작자와 구매자의 소유권을 보호하고 불법복제 문제까지 해결할 수 있습니다.** 이를 통해 디지털 콘텐츠의 가치를 높일 수 있는 문화를 형성해나가는 것이 가능해진 것이죠. NFT는 '원본 확인'과 '고유성', '희소성'이라는 현대 사회의 소비가치를 선명하게 보여줍니다.

트윗부터 멤버십까지⋯ 무궁무진한 NFT 세상

디지털 자산으로서의 가치를 가질 수 있는 모든 콘텐츠가 NFT로 발행될 수 있습니다. 즉 디지털 아트, 게임, 디지털 문서, 디지털 음원, 스포츠 경기 영상, 아이돌 포토카드 이외에도 **가치를 지니는 것, 역사적 의미를 지닌 디지털 자산 역시 NFT로 활발히 발행**되고 있는데요. 그 예로 트위터를 만든 잭 도시가 15년 전에 처음 올린 트윗을 NFT로 발행해 1,639.58이더리움에 판매한 사례가 있습니다. 당시 한화로 33억 원에 달하는 금액이었죠.

그런가 하면 간송 미술관은《훈민정음 해례본》100개를 각 1억 원의 NFT로 발행했습니다. 그리고 2021년 5월 이세돌 9단과 인공지능 알파고와의 대국이 "인간이 인공지능을 이긴 마지막 대국"으로 남게 되어, 그 가치를 인정받아 NFT로 발행되었고 약 2억 5,000만 원에 팔렸습니다. 자신의 DNA를 NFT로 발행한 조지 처치

George Church라는 학자도 있습니다. **세상에 유일무이한 고유성을 지닌 가치가 NFT로 발행된 사례들**이죠.

희소성과 원본 확인이 중요한 명품에서는 NFT가 **디지털 보증서 개념**으로 사용됩니다. 라벨에 붙어 있던 한정판 식별번호가 NFT로 옮겨온 것이죠. NBA 탑샷NBA Top Shots은 2020년 5월에 미국 회사 대퍼 랩스Dapper Labs가 선보인 NFT 플랫폼입니다. 이름대로 미국 프로농구 NBA 선수들의 놀라운 경기 장면을 짧은 동영상으로 만들어 판매하고 있습니다. 스포츠 스타의 경기 장면을 수집할 수 있는 카드로 발행한 것입니다. 현실에서 좋아하는 스타의 카드를 **수집하는 문화**가 디지털로 옮겨가 NFT와 만난 경우죠.

NFT의 영역은 디지털 세상과 물리적 세상 모두

NFT의 활동영역은 디지털 세상과 물리적 세상 모두에 해당합니다. 따라서 NFT는 소유권을 증명하는 전자적 증표 외에 멤버십이나 티켓처럼 사용할 수 있습니다. 커뮤니티형 NFT의 경우 소유자에게만 한정된 권한을 줍니다. 커뮤니티형 NFT에서는 제너러티브 아트 또는 PFP의 가치를 알아본 홀더들이 커뮤니티를 형성하여 커뮤니티에서 가치를 키워내고 있습니다. 유저가 만들어낸 시장, 즉 '커뮤니티가 가치를 창출한다'라는 것이 NFT 생태계의 특징입니다.

가령 아이돌의 콘서트 티켓과 포토카드를 NFT로 발행하면, 이는 NFT를 소유한 사람만이 콘서트에 참여할 수 있기 때문에 입장권 역할과 팬덤 멤버십의 개념을 지니게 됩니다. NFT를 소유한 사람들만의 커뮤니티가 형성되죠. 멤버십이 NFT 마켓 플레이스에서 이용권으로 판매되는 사례들이 본격적으로 나타나고 있는데, 이는 서비스 접근 권한으로써 NFT가 활용된 예입니다.

2022년 1월, 세계 최초로 스시 레스토랑 멤버십이 NFT로 발매되었습니다. 뉴욕 맨해튼에 있는 '플라이피시 클럽'은 NFT로 회원권을 판매해 1,500만 달러의 수익을 벌어들였습니다. 멤버십은 플라이피시 레벨과 오마카세 레벨 2가지로 발행되었습니다. 플라이피시 레벨은 2.5이더리움에 레스토랑, 칵테일 라운지, 아웃도어 라운지 등의 시설을 이용할 수 있으며, 그보다 높은 플라이피시 오마카세 레벨은 4.25이더리움에 오마카세 룸을 포함한 모든 시설을 이용할 수 있습니다. 이 멤버십은 발행되자마자 완판되었고, 1달 만에 오픈시 거래소에서 3배 오른 가격으로 거래되고 있습니다.

완판 이후 NFT 보유자들이 회원권을 거래하여 1개월 사이에 2,300만 달러의 거래가 이루어졌는데요. 플라이피시는 그 거래액의 10%인 230만 달러의 추가수익을 거두었습니다. 아직 레스토랑을 오픈하지도 않았지만, 크루즈 선상 파티가 열리는 등 커뮤니티 교류가 활발합니다. 보유자들은 온라인상에서 '플라이피시 멤버'라는 프레스티지를 드러낼 수 있고, 오픈시와 같은 거래소에서 언제든 간편하게 멤버십을 판매할 수도 있기 때문에 환금성이 획기적으로 개선된 투자 상품이 되었습니다.

기업에서 특정 VIP를 대상으로 한 멤버십은 이전에도 존재했습니다. 클럽이나 레스토랑에 대한 접근권한을 부여했죠. 사회·경제적 지위가 비슷한 사람들과의 배타적 교류가 목적이었습니다. VIP 멤버십을 회원이 되팔더라도 그 혜택은 멤버십 판매자에게 돌아가는 구조였습니다.

그런데 플라이피시의 경우 VIP 멤버로 구성된 탄탄한 커뮤니티와 NFT 멤버십 발행으로 얻은 수익 외에도, 지속적으로 멤버십 거래가 이루어질 때마다 거래액의 10%가 수익으로 발생합니다. 플라이피시 클럽의 성공사례는 마케팅 관점에서 적용할 수 있는 인사이트를 주며, 앞으로 환대산업hospitality industry뿐만 아니라 타 산업군에서도 커뮤니티형 NFT 발행의 가능성을 시사합니다.

NFT는 고유성, 희소성의 가치를 지닌 현실의 재화에서부터 디지털 세계의 아트, 수집품, 콘텐츠, 멤버십, 백서, IP에 이르기까지 모든 분야에 적용할 수 있습니다. 스마트폰과 웹2.0이 모바일 생태계를 형성했고 디지털 네이티브인 Z가 그 주인공이었습니다. NFT는 아직 초기 단계이지만 Z가 다양한 실험과 참여를 통해 주도적으로 새로운 문화를 형성해나가고 있습니다.

NFT 기록이 나의 아이덴티티가 된다

NFT를 거래하려면 마켓플레이스에 회원가입을 해야 하고, 암호화폐를 저장할 디지털 지갑을 보유해야 합니다. 그다음에는 오픈시 같은 마켓플레이스에 나의 지갑을 연결시켜야 합니다. 지갑을 들고 장을 보러 가는 것과 같습니다. 지갑은 마켓플레이스별로 거래가 가능한 암호화폐로 채워둬야 하고요. 이제 마켓플레이스에서 내가 원하는 NFT 아트를 구매하면 됩니다. NFT 아이템별로 민팅 조건을 어떻게 설정하는지에 따라 거래방식은 다양합니다. 작가가 제시한 금액으로 바로 구매하든지, 아니면 원하는 가격을 올려놓고 정해진 시간까지 아무도 그 이상의 가격을 제시하지 않으면 그 사람의 소유가 됩니다.

NFT는 누가 저작권자인지 또는 소유권자였는지가 모두 기록으로 남습니다. 발행일, 거래내역 같은 데이터도 열람할 수 있죠. 이로 인해 디지털 거래상으로 내가 소유했었던 기록을 통해 나의 취향과 안목, 경제적 지위를 드러낼 수 있습니다. Z에게 **'어떤 NFT를 소유하고 있는지'는 자신의 취향과 안목, 경제적 지위를 공개적으로 보여줄 수 있는 일종의 인증 장치입니다. 디지털 지갑의 기록이 곧 나의 아이덴티티**라고 볼 수 있죠.

기성세대 관점에서 바라보면 '왜 비싼 돈 주고 소유한 작품을 디지털에 잠재우고 있는지?' 의아할 수 있습니다. 그런데 실물 아트는 소유하더라도 집에 두고 나만 볼 수 있으나, NFT 아트는 언제든지 스마트폰에서 꺼내 볼 수 있고, 소셜미디어 프로필과 피드에 게시할 수 있습니다. 디지털 세계에서 향유가 가능해진 것이죠. **디지털 네이티브는 디지털 세계와 현실 세계의 경계를 구분하지 않습니다. 오히려 삶의 무게중심이 디지털 세계로 더 많이 옮겨가 있습니다.**

앞에서 소셜미디어에서 취향과 트렌드를 확인할 수 있는 안목이

Z의 새로운 지위를 나타낸다고 언급했습니다. **NFT 아트를 소장하거나 인기 있는 NFT 프로젝트를 경험한 이력은 그들 사이에서 가치를 알아보는 안목과 경제력을 보여주는 일종의 기호입니다.** 취향을 드러내고 싶어 하는 욕구는, 유튜브나 클럽하우스처럼 취향 중심으로 가볍게 연결되는 커뮤니티에서도 잘 나타납니다. 이러한 커뮤니티에서는 집에 소장한 작품들을 보여주고 갤러리 같은 집을 공개하는 것이 인기입니다. Z세대는 1인 가구의 작은 원룸이든 오피스텔이든, 어떤 공간도 작품 하나로 그 공간을 자신의 취향대로 연출해냅니다.

Z가 NFT 아트에 주목하는 이면에는 취향을 드러내는 소비 트렌드라는 측면 외에도, 현실에서 충족되지 못한 '욕망의 실현'이라는 의미도 있습니다. 현실에서 부동산을 소유하고 잘나가는 현대미술 작가의 작품을 소유하기는 어렵지만, 디지털 세상에서는 내가 좋아하는 작품, 나의 일상을 채우는 콘텐츠, 나의 취향과 문화가 드러나는 아이템들로 채울 수 있죠. NFT는 디지털 지갑 속 나의 자산이자, 나를 증명하는 아이덴티티인 셈입니다.

Z
크리에이터 경제,
누구나 창작자가 될 수 있다

앞서 채티에서 활동하고 있는 작가, 스푼라디오에서 활동하는 DJ, 아이디어스에서 핸드메이드 제품을 만드는 작가, 제페토에서 가상 아이템을 만들어서 수익을 올리는 크리에이터, 마이리얼트립에서 특별한 여행 스토리로 활동하는 가이드, 팬튜브로 아이돌의 콘텐츠를 앞지르고 있는 덕후 등 플랫폼을 이용하면서 자신만의 판을 구축해 비즈니스의 성격을 새롭게 규정하는 Z의 여러 모습을 살펴봤습니다.

Z는 스마트폰을 손에 쥐고 디지털 도구들을 자유자재로 사용하는 창작자이자 생산자입니다. 창작자들은 이미 스스로 브랜드화하면서 커뮤니티에서 수익을 창출하고 있지요. **브랜드와 힘의 균형 면에서 오히려 우위에 있는 측면도** 있습니다. 여기서 말씀드리는 Z세대, 즉 크리에이터는 인플루언서와는 구분됩니다. 장르와 분야

를 불문하고 스스로 콘텐츠를 기획하고 제작할 수 있는 개인을 의미합니다.

글로벌 마케팅 분야 구독 서비스인 WARC에 의하면, '크리에이터 경제'는 약 200억 달러(한화 약 24조 3,500억 원) 규모로 대폭 성장했습니다. 특히 크리에이터 경제에서 NFT가 가지는 의미와 가치는 본질적인 변화를 예고하고 있습니다. 크리에이터가 향후 창작활동에서 보호받을 수 있는 권리를 컬렉터와 직접 소통하고, 시장에서 가치를 평가받는 구조, 커뮤니티, 무엇보다 새로운 경제적 가치를 창출할 수 있기 때문입니다. NFT는 크리에이터 경제의 핵심동력이 될 것입니다. NFT는 크리에이터에게는 원저작권자로서, 구매자에게는 소유권자로서 모두가 주체라고 느끼게 하는 P2P 거래를 가능하게 합니다.

이제 크리에이터에게는 플랫폼 선택권이 주어졌습니다. 원하는 플랫폼에서 창작물을 거래할 수 있고, 주체가 되어 각 소셜미디어의 성격에 맞게 플랫폼을 활용할 수 있습니다. 또 창작자 개인뿐만 아니라 NFT를 시도하는 모든 IP와 브랜드에도 해당하는 것이 있습니다. 바로 가격과 서비스를 자유자재로 나누고 쪼개고 세분화시켜 가치를 생성할 수 있다는 것입니다.

소유권자에게는 커뮤니티의 소속감, 흥미, 가치 성장에 대한 기대감을 주죠. 바로 지금, 크리에이터 경제로 진입하고 있는 Z세대 창작자들과 컬렉터가 NFT를 중심으로 서로 응원하며 새로운 문화를 형성해나가는 현장을 살펴보겠습니다.

밤마다 아티스트로 변신하는 Z

포토콜라주 아티스트로 활동하고 있는 블루밍 작가는 BTS 팬아트를 그리면서부터 NFT 아트를 시작하게 됐습니다. 직장 때문에 힘들고 현실에 갇혀 있는 느낌으로 답답할 때, 퇴근하고 돌아와 BTS 음악을 들으며 작품을 만드는 시간이 위안이 되었다고 합니다. 작업 과정에서 BTS를 상징하는 보라색을 좋아하게 되었고, 작품의 주제의식과 아이덴티티를 상징하는 컬러로 삼게 된 것이죠.

블루밍 작가는 취미로 그리기 시작해 꾸준히 작업을 이어갔고 소셜미디어에 공개했습니다. 그러다 팔로워의 추천으로 오픈시 플랫폼에 작품을 민팅 했지요. 민팅 후 NFT 아티스트 커뮤니티에 초대받아 본격적으로 NFT 아티스트로 활동하게 되었습니다. 파리에서 열린 NFT 아트 전시에도 참여하면서, 활발하게 아티스트로서의 삶을 살아가고 있습니다. 이제 작가로서 자신만의 탄탄한 주제의식과 스토리를 기반으로 세계관을 확장해나가고 있다고 합니다. 팬심으로 시작한 취미활동이 블루밍 작가의 특별한 경험이 된 것입니다.

크루세라 작가는 첫 번째 드랍파티에서 작품 완판의 순간을 경험했지요. NFT 아티스트가 되기 위해 다른 작가의 작품과 해외 플랫폼에 올라온 작품들을 리서치하며, 자신의 스타일을 잡기 위해 부단히 노력했다고 합니다. 특히 '크루세라'라는 작품의 세계관을 잡는 데 가장 많은 시간을 쏟았다고 합니다. 크루세라 작가의 작품에 나오는 소녀는 세상의 모든 컬러를 품고 있는데 자신의 손이 닿는 것은 뭐든 아름답게 만드는 능력이 있습니다. 작가는 앞으로 이

소녀가 세상을 만나면서 성숙해지는 과정을 그려나가겠다고 말합니다.

NFT 아트는 많은 관심 속에 새로운 장르로 자리를 잡아가고 있습니다. 다른 분야에서 일해오다가 2021년에 전업하기 시작한 아티스트, 여전히 다른 직업을 가지고 있으면서 NFT 아티스트로 활동하는 작가 등 NFT 아티스트를 목표로 신진작가들이 대거 진입하고 있습니다. Z세대 신진작가가 NFT 아트라는 장르로 재능을 꽃피우고 새로운 가능성의 문 앞에 서게 된 것입니다.

도쿄대 강상중 교수는 저서《나를 지키며 일하는 법》에서 "여러 개의 스테이지에서 여러 개의 정체성을 가지고 살라."고 말합니다.

불확실한 시대 속을 살아가면서, 인생에 여러 축을 만들어놓는 안전장치가 필요하다는 것이죠.

서로가 서로의 팬덤으로 협력하고 성장한다

NFT 아트를 창작하는 작가들은 서로가 서로의 팬입니다. Z는 창작자이면서, 다른 아티스트의 팬이 되고, 때로는 팬덤의 운영진으로 활동합니다. 팬으로서 아티스트의 가치를 알아보고, 아티스트로서 팬커뮤니티에 감사와 존중의 마음을 표현합니다. 창작자와 창작자, 창작자와 컬렉터, 컬렉터와 컬렉터가 연결되어 서로의 가치를 알아보고 끌어주고 육성하고 함께 가치를 키워서 성장해나가고 있습니다.

2021년 초기 NFT 전업작가로 일찍이 자리를 잡은 레이레이 작가의 경우, 게임 디자이너로 일하다가 자신만의 IP를 만들겠다는 생각으로 퇴사 후 2년여 동안 홀로서기를 준비했습니다. 이 과정에서 NFT 아트의 상징적 존재로 여겨지는 미국의 디지털 아트 작가 비플의 뉴스를 듣고, NFT를 발행해 지인에게 선물했다고 합니다. 레이레이 작가는 '마이너 히어로즈'라는 사소한 초능력을 가진 캐릭터를 창조했습니다. 마치 80년대 또는 90년대 픽셀 게임과 같은 이미지이죠.

창작자로서 주체적인 삶을 결심한 후, 준비하는 동안 다른 사람과 자신을 비교하면서 불행에 빠졌던 시간도 있었다고 하는데요. 그런 감정조차 스스로 만들어낸 것이라는 깨달음을 얻고, 있는 그

대로의 나를 소중한 존재로 인정해야 진정한 행복이 온다는 것을 깨달았다고 합니다. 이러한 감정을 겪고 극복하는 과정에서 마이너 히어로즈에 대한 영감을 얻었고, 앞으로도 계속해서 자신만의 주제 의식을 심화시켜나갈 것이라고 합니다.

레이레이 작가는 자신이 NFT 아티스트가 되기 위해 겪었던 것들을 다른 작가에게 알려주기 위해 적극적으로 나섭니다. 첫 민팅을 시도하는 작가를 위해 클럽하우스에서 드랍파티를 열어주기도 하고, 해외 NFT 아티스트를 한국에 소개하기도 합니다. 인터뷰에서 첫 민팅에 성공한 신진작가의 뜻깊은 순간, 국내 진출을 원하는 작가에게 기회를 열어준 순간, 이런 순간을 함께하는 데서 행복을 느낀다고 이야기했습니다.

NFT 아티스트로 활동하는 국내 작가들은 카카오톡 단톡방에서 소통합니다. 2021년 12월을 기준으로 약 875명의 아티스트가 교류하고 있습니다. 한 번이라도 민팅 경험이 있는 작가는 단톡방에 초대받는데, 정보를 교류하며 서로서로 격려하고 응원합니다. 팬으로서, 협력자로서, 영감을 주고받는 멘토로서 협력하는 것이죠.

NFT 아트 창작은 그 과정에서 기술적인 스킬뿐 아니라, 작품의 입체적인 완성도를 위한 음악, 스토리 등 다양한 영역의 전문성이 필요합니다. 각 분야의 전문성을 가진 아티스트가 모이기도 하고, 각자 다른 세계관을 가진 아티스트가 서로의 작품세계에 참여하기도 합니다. 배경을 만드는 작가, 컬러를 입히는 작가, 일러스트를 올리는 작가가 여러 층위에서 협업하며 작품을 공동 창작합니다. '따로 또 같이' 효과적으로 작업을 진행할 수 있고, 서로에게 좋은 영향을 주고받기도 하죠.

이들은 서로의 작품을 위해 컬래버레이션하고 과정을 공유하면서 상대 작가에 대한 이해를 넓혀갑니다. 또한 무엇보다 서로를 알아가는 즐거움과 협업과정 자체가 주는 재미가 협업의 동력이 됩니다. 다른 작가의 세계를 공감하고 간접경험 해보면서 내 작품세계는 어떤 스타일로 어떻게 표현할까, 나의 작품을 상대 작가는 어떻게 표현할까 하는 기대가 생기기도 하고요. 또 컬래버레이션 자체가 이슈를 만들어낼 수도 있기 때문에, 함께하는 작업의 가치를 더 키울 수 있습니다.

디지털 네이티브의 세상에서 새로 쓰이는 예술

NFT를 중심으로 형성되고 있는 새로운 문화는 트렌드 흡수가 빠르고 변화를 유연하게 받아들이는 밀레니얼 세대와 Z세대가 주도하고 있습니다. 핍세이Pipsay 조사에 의하면 비플 NFT 입찰자 중 91%가 새롭게 경매에 참여한 사람들이었고, 이 중 58%가 밀레니얼 세대와 Z세대였다고 합니다. 미국의 경우는 이들이 41%, 영국은 45%가 NFT 시장에 참여하고 있는 것으로 추정됩니다.

2030세대는 창작자로서, 투자자로서, 컬렉터로서 NFT 아트 생태계를 활발하게 만들어가고 있습니다. 무엇보다 아티스트로서의 활동의지를 가진 10대들도 눈에 띕니다. Z는 어떻게 NFT 흐름을 주도하게 되었을까요?

아트와 커머셜의 경계에서 '잘 노는' 사람들

Z는 디지털 세계에서 창작하고 소통하며 놀 줄 압니다. 판이 깔리면 그 안에서 무궁무진한 콘텐츠들을 생산하고 즐기죠. 바로 이런 Z세대의 '즐기는 태도'와 '노는 방식'이 NFT 아트의 시장을 형성해가고 있습니다.

아티스트와 컬렉터의 직접 거래는 Z세대가 가진 '아트에 대한 태도'와 관련 있습니다. 미술시장은 전통적으로 엘리트 문화가 강한 곳입니다. 기존의 미술시장은 갤러리가 검증하고 가치를 매긴 작품을 컬렉터가 수집하는 체계였다면, NFT는 아티스트와 컬렉터가 직접 만납니다. 작가가 직접 NFT 마켓 플레이스에 작품을 민팅 하고 리스팅합니다. 아티스트는 작품을 민팅 하기 전부터, 소셜미디어를 통해 꾸준히 작품을 올리고 팔로워와 소통을 해왔지요.

Z는 평소에 작품을 대할 때 권위 있는 전문가, 전문 큐레이터의 추천보다 자신의 감상과 느낌을 소신껏 당당하게 표현합니다. 작품이 자신의 취향에 맞는다면, 그 작품은 자신에게 가치 있는 것이 됩니다. NFT 아트신에서는 디지털 콘텐츠에 익숙한 밈, 인터렉티브 요소, 디지털 아트 특유의 작업물이 호응을 얻고 있습니다. 아트가 새롭게 정의되고 아트를 즐기는 문화가 풍요로워지면서 새로운 가치가 형성되는 것이죠.

Z가 아트에 특별히 관심을 보이게 된 것은 투자심리 외에도 유튜브, 클럽하우스와 같은 소셜미디어의 영향이 있습니다. 최근 소장하고 있는 작품에 대해 이야기를 나누거나, 집을 공개해 소장 예술

품을 보여주는 콘텐츠가 높은 인기를 보여왔습니다. 또한 독립출판물 작가들로 구성된 전시회인 '언리미티드'에 참가하는 Z를 통해서도 그 인기를 확인할 수 있습니다. 코로나 이전까지는 매년 전시회가 열릴 때마다 팬심 가득한 Z세대 독자들로 발 디딜 틈이 없었습니다. 언리미티드에 참석한 작가와 팬은 소셜미디어를 통해 소통해오다가 행사를 통해 직접 대면하는데, 이때 작가의 작품뿐만 아니라 굿즈도 활발하게 거래됩니다. 작가 사인회, 인증샷, 행사 기간 한정 굿즈를 득템할 수 있는 그들만의 즐거운 축제의 시간입니다. 무엇보다 아트 시장에 새롭게 진입한 밀레니얼 세대와 Z세대의 숫자가 아트에 대한 관심과 반응을 확인시켜줍니다.

작가와 컬렉터의 교류와 소통이 만드는 '팬덤'

NFT 아티스트와 작품을 구매한 컬렉터 사이에는 특별한 관계가 만들어집니다. 창작자에게 '팬덤'은 지속적으로 창작활동을 할 수 있는 핵심동력입니다. 디지털 세계에서 창작자는 일방적으로 메시지를 전달하는 것이 아니라, 팬들이 적극적으로 창작자에게 의견을 내고 반응하면서 영향을 주고받습니다. 전 〈와이어드〉 편집장이자 테크미래학자인 케빈 켈리Kevin Kelly가 '진정한 1,000명의 팬'이라고 화두를 던졌듯이, 작더라도 로열티 높은 팬덤이 핵심입니다.

NFT 아티스트는 작품을 구매한 컬렉터가 원할 경우, 별도로 소통할 수 있는 방으로 초대하여 지속적인 교류를 이어갑니다. 작가와 컬렉터, 컬렉터와 컬렉터 사이에 커뮤니티가 만들어지는데 여기서 작가의 전시회 소식, 다음 작품의 민팅을 알리고 가장 먼저 작품을 구매할 수 있는 정보를 제공하죠. 특별한 컬렉터에게는 감사의 카드와 함께 실물 작품을 선물하기도 합니다. 커뮤니티에서는 작가의 세계관과 소장한 작품에 관한 대화나 개인적인 일상 얘기가 오고 갑니다. 작가의 소통이 활발한 커뮤니티는 오프라인에서도 관계가 이어지고 작가와 직접 팬미팅을 하기도 합니다.

컬렉터 입장에서 팬덤의 시작은 아티스트의 세계관과 작품 스타일 그리고 인간적인 매력에서 옵니다. 아티스트가 가진 세계관이 곧 작품의 고유함이자 작가의 철학을 반영한 것이니까요, 이미지는 흉내 낼 수 있어도 철학과 고유한 스타일은 복제가 안 됩니다. 아티스트의 작품을 디지털 IP라는 관점에서 보면 IP의 가치는 세계관과 작품 완성도, 작가의 신뢰를 기반으로 만들어집니다.

결국 NFT 아트를 수집하는 Z세대도, NFT 아티스트도, **결국 사람에게 투자하고 있는 것이죠.** NFT 작품만을 보는 것이 아니라 사람을 보는 것입니다. 내가 좋아하는 작품을 즐기고 향유하는 문화와 아티스트에 대한 관심과 애정, 나아가 서로 관계를 형성하고 소통하며 NFT 아트의 씨앗이 뿌려지고 있습니다.

이로 인해 작가는 작품을 표현하고 창작하는 능력뿐만 아니라 스토리텔링과 소통능력도 중요해졌습니다. 소통을 잘할수록 커뮤니티가 활성화되고 작품의 가치가 올라갑니다. 앞에서 살펴본 Z의 창작과 **'관계를 기반으로 한 소비문화'**에서 확인된 사실이죠. 이런 교류를 통해 아끼는 작가의 가치를 키우고 육성하기 위해 커뮤니티가 자발적으로 활동하고 후원하는 분위기가 만들어집니다. 좋아하는 작가를 위해 자발적으로 한 행동이 결과적으로, 작가의 가치를 올리고 그것이 나의 가치로 돌아오는 '팬덤 경제'가 NFT로 인해 더욱 활기를 띠게 될 것입니다. 팬덤이 크리에이터 경제에 활기를 주는 동력인 것입니다.

NFT 아티스트들이 창작하는 문화와 컬렉터와의 소통문화가 앞에서 살펴보았던 웹소설 플랫폼 '채티'와 많이 닮았지요? 채티에서 활동하는 10대 작가들은 이미 디지털 세계에서 자신의 세계관을 이해하는 팬과 소통하고, 지속적으로 영향을 주고받으며 관계를 형성하고 있습니다. 이 관계가 작품의 가치를 키워주고 꾸준히 작품활동을 하는 원동력이 됩니다.

단 1명이라도 가치를 인정해주는 팬과 깊게 연결될 수 있다면, 창작활동을 시작할 수 있습니다. 무엇보다 채티의 작가와 작가를 지지하는 커뮤니티는 탄탄하게 서로를 응원하고 후원합니다. 더 나아가서 커뮤니티에서 응원하는 작가의 작품을 다른 누군가가 표절하는 경우, 엄격하게 검열하고 그들이 만든 규칙과 질서에 의해 자발적인 자정작용이 일어나고 있습니다. 작가는 팬 커뮤니티뿐만 아니라 다른 작가들과의 커뮤니티에서 아이디어를 주고받으며 자유롭게 협업합니다. 이 모든 활동이 스마트폰에서 이루어지죠.

팬이 창작자를 응원하는 방식은 '스푼라디오'에서는 스푼 후원으로, '아이디어스'에서는 웃돈으로 나타납니다. 배틀그라운드에서는 파티에 참여해 구독과 좋아요를 누르며 마음을 표현합니다. Z 창작자들을 위해 Z친구들은 때로는 청취자로서, 때로는 구독자로서, 때로는 소비자로서, 때로는 독자로서 크리에이터 친구들이 활동할 수 있도록 후원금을 보냅니다. 비록 금액이 많지 않더라도 내가 받은 시간과 즐거움을 보상해야 한다는 마음을 가지고 있습니다. 창작하고 소통하고 협업하며 후원을 통해 경제적인 보상으로 응원하는 Z의 문화는 창작자 생태계에 새로운 가능성을 보여줍니다.

디지털 네이티브의 문법으로 진화하는 아트

Z세대 아티스트는 디지털 네이티브의 문법으로 아트를 새롭게 쓰고 있습니다. 자신들의 방식으로 디지털 아트를 즐기고, 가치를 키워내고 있는 것입니다. 기성 아티스트에게도 새로운 기회가 열리는 것은 물론, 새롭게 진입한 아티스트도 디지털과 블록체인에 익숙하다면 영민하게 시장을 읽고 리드합니다.

NFT 아트로 인해 전시회의 디스플레이 방식에도 변화가 생겼습니다. 디지털Digital과 피지컬Physical이 만나서 '피지털Physital 전시회'라는 개념이 생겼지요. 디지털로 존재하는 작품을 모니터로 구현하는 방식에 차별화가 이루어지고 있습니다. 디지털에서 시작했지만 피지컬 세계에서 본격적으로 전시되죠, 아트 컬렉터는 비트코인을 먼저 시작한 얼리어답터 성향의 사람들입니다.

마르셀 뒤샹Marcel Duchamp은 소변기에 '샘'이라는 제목을 붙여서 창조와 해석을 근본적으로 바꾸어놓았습니다. 이로 인해 현대 개념 미술이 상징적으로 태동하게 되었죠. 뒤샹의 예술철학은 예술이 개인의 경험, 특히 미적인 경험을 담고 있어야 한다는 것이었습니다. 뒤샹은 프랑스에서 태어나 성장하며 소변기 사용에 불편함을 겪었습니다. 그리고 미국으로 건너와 잘 만들어진 인더스트리얼 디자인을 경험하고 나서, 그것의 효용성과 심미성에 감동하여 예술로 컨셉화한 것이죠. 산업사회 시기에 공장에서 만들어진 기성 물품을 전혀 다른 예술적 맥락으로 끌어들인 것입니다. 소변기에 작가의 개인적인 미적 경험과 독창적인 해석을 담아서 말이죠.

웹3.0 시대, 디지털 네이티브들에 의해 아트가 새로 쓰여지고 있습니다. 뒤샹이 현대 개념 미술을 제시했던 것처럼, 'NFT 아트'라는 장르가 탄생했습니다. NFT 아트는 새로운 패러다임입니다. 새로운 장르, 신흥 컬렉터의 출현, 아트를 즐기고 소유하는 방식의 변화, 아티스트와 컬렉터가 만들어나가는 소통방식의 변화는 디지털 네이티브가 살아가는 방식과 그대로 닮아 있습니다.

'스마트폰에 그냥 저장되는 디지털 파일을 굳이 왜 살까?'라는 의문이 들 수도 있습니다. Z세대는 내가 어디를 가든 나의 스마트폰에서 언제든지 꺼내 볼 수 있고, 소셜미디어에 포스팅하거나 메타버스 공간에 전시하며, 적극적으로 이 소장품들을 자랑하고 싶어 합니다. NFT 아트 컬렉터로서의 위상뿐만 아니라 미래 투자가치를 품고 있죠. NFT 아트는 Z세대의 성장과 함께 무궁무진한 잠재력을 지니고 있습니다. 이러한 변화가 불편해 애써 외면할 수도 있지만 이미 새로운 전환은 일어나고 있습니다.

Z

"당신의 미래가치가
궁금해서 투자합니다."

제너러티브 아트는 IP와 세계관이 출발점이고, 팬덤과 같은 커뮤니티가 핵심입니다. 따라서 IP로 활용할 수 있는 엔터테인먼트, 게임, K-POP, 웹툰, 스포츠처럼 콘텐츠, 캐릭터 성격을 가진 분야가 커뮤니티형 NFT를 빠르게 시작할 수 있는 분야입니다.

커뮤니티 형성을 목표로 한 제너러티브 아트는 사업적으로 접근할 수 있는 영역입니다. DAO 기반의 거버넌스, NFT 가치를 함께 키워나가는 경제공동체, 무엇보다 커뮤니티만의 세계관을 기반으로 한 문화와 재미가 커뮤니티를 지속할 수 있는 근간이 됩니다.

NFT 아트 컬렉터이면서 커뮤니티형 NFT 프로젝트에 적극적으로 참여하고 있는 Z는 이렇게 말합니다. **"당신의 미래가치가 궁금해서 투자합니다."**

핵심은 NFT 기반 커뮤니티

NFT 커뮤니티는 카드 수집문화와 유사합니다. 포켓몬스터 카드를 수집하고, 좋아하는 아이돌의 포토카드를 수집하고, 동경하는 스포츠 스타의 카드를 수집했던 문화가 NFT의 PFP 수집문화와 연결되어 있습니다. 그런데 PFP는 보다 상징적입니다. 투자가치로 환산되는 희소성, 소셜미디어 프로필을 통한 정체성의 표현, 경제적 지위를 드러내는 측면을 담고 있습니다.

Z는 자신이 소유한 NFT 프로젝트에 따라 다양한 커뮤니티에 소속되어 있습니다. NFT 커뮤니티에서는 현실 사회에서 일어나는 욕망이 그대로 표출됩니다. 커뮤니티 내에는 지위가 존재하고 그 지위 계층은 얼마나 희귀한 아이템을 소유하고 있느냐로 결정됩니다.

제너러티브 아트의 시초격으로 라바랩스Larva Labs가 개발한 '크립토펑크'의 예를 들어보겠습니다. 1만 개의 작은 8비트 스타일 펑크가 각각 고유한 특징을 갖고 있습니다. 남성, 여성, 유인원, 외계인, 좀비도 섞여 있죠. 서로 다른 속성들이 다양하게 조합되어 1만 개의 펑크들이 모두 개별적으로 존재합니다.

크립토펑크는 NFT의 가치에 대한 실험으로 2017년에 시작되었고, 지금 우리가 알고 있는 커뮤니티형 NFT의 장을 열었습니다. 총 1만 개의 NFT 아트가 발행되었는데, 이 중 1,000개는 직원들을 대상으로 무료로 뿌려졌습니다. 이후 2021년, 소더비에서 140억 달러에 판매되며 인기를 끌고 있습니다. 2022년 1월 기준으로 최저가는 4억 원에서 최고가는 6,225억 원에 달합니다. 현재는 BAYC에서 전격적으로 크립토펑크 인수를 발표한 상태입니다.

크립토펑크의 경우 눈의 색깔, 모자 착용 여부, 외계인인지 좀비인지 등 캐릭터의 특징에 따라 가격이 달라집니다. 커뮤니티 내에서의 지위는 얼마나 희귀한 아이템을 보유하고 있느냐에 달렸습니다. 크립토펑크를 소유한 사람들은 자신의 소셜미디어 프로필에 PFP를 공개하며 NFT를 구매할 수 있는 경제력과 정보력, 새로운 트렌드를 잘 수용하는 사람임을 표현합니다. 자신은 크립토 문화를 일찍이 이해하고 있는 트렌디한 사람이고, 블록체인과 암호화폐에 초기에 투자한 얼리어답터이면서 경제적 지위를 가진 사람임을 인증하는 것입니다.

이더리움의 대체불가 토큰 표준인 ERC-720을 기반으로 한 제너러티브 아트는 BAYC가 문을 열었습니다. 유가랩스Yuga labs 프로젝트팀이 2021년 4월에 1만 개의 '지루한 원숭이'를 표정, 의상, 헤어, 컬러, 액세서리 등 170개 이상의 특성들을 랜덤하게 조합하여 발행했습니다. 발행 당시 0.8이더리움(25만 원 상당)으로 판매한 컬렉션이 하루 만에 완판되었습니다. 이후 인플루언서, 유명 연예인, 작가들이 소유한 것이 알려지면서 주목받았고, 첫 달에만 1,660만 달러 이상의 판매량을 기록했습니다.

2022년 1월을 기준으로 약 1조 2,000억 원가량 거래되었고, 가장 비싸게 판매된 NFT는 소더비 경매에서 팔린 '#8817 Ape'로 819이더리움(약 40억 원)에 달합니다. 170개의 조합 중에 가장 희소성 있는 아이템을 장착한 NFT일수록 그 가치가 높게 책정됩니다. BAYC의 독특한 점은 콜렉션 구매자들에게 IP 사용권을 준 것입니다. BAYC 는 홀더에게 NFT 소유권뿐만 아니라, 각자의 비즈니스에 자유롭게 이용하도록 사용권한을 줍니다. 이에 지루한 원숭이는 상업적인 광고, 굿즈, 콘텐츠에 등장하면서 그 가치를 확장해가고 있습니다.

앞서 IP와 세계관, 팬덤을 기반으로 한 커뮤니티가 핵심이라고 이야기했는데, 프로젝트팀이지만 이 본질을 명징하게 보여주는 사례가 BAYC입니다. BAYC는 바닥가 86.75이더리움(약 2억 8,000만 원) 가량의 시세를 보이고 있고, 422만 회 정도 거래되었으니 가장 활발한 프로젝트이지요. BAYC의 가치는 커뮤니티 멤버십으로서 혜택과 얼마나 이 커뮤니티에 들어오고 싶은 사람들이 많은가, 향후 미래 투자가치 등으로 결정됩니다. 이 문화를 알고 있는 이들은 커뮤니티에 소속되고 싶어 하는 열망을 가집니다. NFT 문화를 모르는 사람들에게는 완전히 새로운 세계죠.

세계관에 동참한 경제공동체

NFT는 디지털 네이티브의 정서와 커뮤니티 문화를 알지 못한 채 단기투자 대상으로만 접근하면 그 묘미를 제대로 알기 어렵습니다. 투자를 결정하기 전에 중요하게 살펴야 하는 부분은 바로 커뮤니티의 진정성과 세계관이 구현된 로드맵입니다. NFT 발행 주체가 구매자들을 얼마나 경제공동체로 인식하고 NFT의 가치를 올리기 위해 적절한 행동을 하는지, 거버넌스를 형성하려고 노력하고 있는지, 시장의 화제성과 참여를 이끌어 나갈 자질이 있는지, 마케팅 능력을 갖추었는지 등을 살펴야 합니다.

여기서 Z세대에게 가장 중요한 투자가치 요소가 IP 가치와 세계관입니다. NFT가 단발 프로젝트로 끝나는 게 아니라 추후 메타버스로 이행하기 위해 어떤 비전을 갖추고 있는지 로드맵을 확인하기 때문입니다.

크립토펑크를 초기에 보유한 멤버를 OG Original Gangster 라고 부릅니다. 이들에게는 갱스터 문화가 있고 자신들의 정체성을 해커 정신에서 가져왔다고 말합니다. 주류사회에 대한 반항과 저항정신을 가진 서브컬처 정서이기도 하지요. 기존 질서에 대한 저항, 뭔가를 재빨리 만들어내고 시험해보는 태도와 같은 의미를 품고 있습니다. 빠르게 움직이고 과감하게 틀을 깨뜨리자는 정신이 크립토펑크 커뮤니티의 아이덴티티인 것입니다.

BAYC NFT는 멤버십 입장권이자 캐릭터 이용권, 사업권과 같은 역할을 합니다. BAYC는 암호화폐 가격의 급상승으로 큰돈을 벌어, 세상의 모든 일에 대해 지루해진 원숭이의 비밀 사교모임이라는 세계관을 가지고 있습니다. 이 세계관에 공감하는 유명인들이 BAYC를 구매하면서 이 사교클럽의 일원이 되고 싶어 하는 사람들이 늘어났죠.

BAYC는 소유자들만이 접속할 수 있는 게시판을 열어서 흔적을 남길 수 있도록 했습니다. 뉴욕에서 열린 NFT 컨퍼런스 기간에는 BAYC 보유자들만이 참석할 수 있는 요트 파티인 Ape Fest를 열어 입장권을 나눠주기도 했습니다. 이 파티에서는 BAYC 보유자인

래퍼 릴 베이비와 록밴드 스트록스의 공연, VIP 경매 등이 열렸습니다.

BAYC 세계관에 몰입한 커뮤니티 멤버들은 파티에서 원숭이탈을 쓰거나 바나나를 꼭 지참하는 방식으로 그들의 문화를 즐겼습니다. 이러한 경험이 커뮤니티에 더 단단한 소속감을 부여하는 것이죠. 커뮤니티에서 자발적으로 활동하고 의사결정 과정에 투표로 참여하면서 모두가 커뮤니티의 주체라고 인식합니다.

무엇보다 커뮤니티에는 지속적인 수익과 가치 창출이 이루어져야 하는데, 희소성의 가치가 무너지는 순간 NFT의 가치는 하락합니다. 따라서 계속해서 새로운 프로젝트를 기획하고 컬렉션을 제공하는 과정이 필요합니다. BAYC는 2021년 6월, 늪의 비밀 클럽에서 외로움을 느낄 원숭이들에게 네발 달린 친구가 필요하다는 컨셉으로 기존의 보유자들에게 랜덤으로 제공하기도 했습니다. 2021년 8월에는 원숭이 사교클럽 하수도에 사는 하층계급 설정의 '돌연변이 원숭이 요트 클럽Mutant Ape Yacht Club'을 만들었습니다. MAYC NFT를 2만 개 발행해 1만 개는 기존 보유자들에게, 나머지 1만 개는 3이더리움에 경매로 판매했습니다. 위트 있는 설정과 세계관, 커뮤니티를 확장해 가치를 유지시키는 방안을 유연하게 적용하고 있습니다.

무엇보다 BAYC가 IP 비즈니스라는 인식을 명징하게 보여주는 예가 사용권을 인정한 부분이라고 말씀드렸습니다. 이제 크립토펑크 인수로 인해 크립토펑크 사용권까지 제공하게 되면 브랜드가치는 더욱 상승할 것으로 예상합니다. BAYC 멤버들은 자신이 보유한 NFT를 활용해서 굿즈를 만들기도 하고 보드, 맥주 등 기존의 브랜드에 모델로 적용하기도 합니다. 세계관을 중심으로 탄탄한 커뮤니티가 형성되어 있으니 이미 확보된 커뮤니티 멤버를 대상으로 더욱 다양한 시도가 가능한 것이죠.

먼저 그들의 일원이 되어 공감대를 형성한다

크립토펑크와 BAYC 사례를 보면 커뮤니티를 통해 가치가 창출되고, 커뮤니티의 지속성이 가치를 상승시킨다는 것을 확인할 수 있습니다. 커뮤니티는 서로 그 가치를 인정하고 탄탄한 신뢰가 형성될 때 지속가능하고 미래가치를 함께 창출할 수 있습니다. NFT는 커뮤니티 입장권 역할을 합니다. 특별한 아티스트를 좋아하는 '나'는 그렇지 않은 다른 사람과 구분되고, 같은 아티스트를 좋아하는 사람들과 더욱 견고한 커뮤니티를 형성합니다. 더불어 이들에게는 특별한 소속감이 생기죠.

커뮤티니형 NFT에 참여한 기업의 사례로 비자와 아디다스를 들 수 있습니다. 비자와 아디다스가 NFT 커뮤니티의 일원이 된 것은 상징적인 의미를 지닙니다. 일단 커뮤니티의 일원이 되면 해당 NFT가 지닌 힙한 이미지를 브랜드에 접목할 수 있습니다. 해당 커뮤니티의 멤버와 일체감 있는 유대감을 만들어주죠. 무엇보다 메타버스로 진화하기 위한 발판을 만든 영민한 접근이었습니다.

비자는 크립토펑크 '#7610'을 15만 달러(한화 약 1억 8,500만 원)에 구매해 커뮤니티의 일원이 되었습니다. 비자는 "고객과 파트너들이 NFT에 참여할 수 있도록 NFT를 구매, 저장, 활용하기 위한 인프라 요건을 직접 이해하기 위해서"라고 발표했죠. 비자는 크립토펑크의 가치를 키우는 것뿐만 아니라 이 생태계 내에서 계속 암호화폐를 지원할 계획이라고 합니다.

아디다스 역시 BAYC의 일원으로 커뮤니티에 소속된 멤버들과 공감대를 형성했습니다. 아디다스는 BAYC 멤버에게 제공된 사용권을 활용하여 BAYC와 컬래버레이션한 NFT 아이템을 출시하고, 커뮤니티 멤버들에게 먼저 구매할 기회를 주었습니다. 커뮤니티에 소속된 것 자체로, 새로운 혜택에 먼저 접근할 기회를 얻은 것이죠. 마찬가지로 기업에게 NFT는 고객과 직접 만날 수 있는 기회입니다. 브랜드가 NFT를 중심으로 커뮤니티를 형성한다면 이는 새로운 잠재고객을 찾는 기회이자, 브랜드와 커뮤니티가 함께 경제공동체로서 가치를 키워나가는 의미를 가집니다. 개인도 기업도 커뮤니티와 공감할 수 있는 세계관, 취향과 문화 공유, 미래가치에 대한 신뢰를 형성할 수 있다면, NFT 아트 세계에서는 대등한 위치에서 시작할 수 있습니다.

이 새로운 판을 주도하기 위해서는 탄탄한 커뮤니티 형성이 관건입니다. 이를 위해서는 강력한 세계관으로 Z와 공감하고 상호 작용하며 즐길 수 있는 감각을 갖춰야 하며, 디지털 세계에서 일어나는 문화를 이해해야 합니다.

Z
국경을 넘어 같은 문화를 공유하는 '부족'

제너러티브 NFT를 보유하는 것은 국경을 뛰어넘어 같은 화폐를 사용하고 문화를 공유하는 부족의 일원이 되는 것입니다. 문화인류학자인 레비 스트로스Claude Levi Strauss는 포스트 소비 자본주의 시대의 문화부족은 원시공동체의 혈연관계는 아니지만, 문화적 취향에 따라 서로 다른 소통체계와 기호체계를 가지고 있으며 특정한 행동과 선택에 있어서 다른 무리와 구분된다고 언급했습니다.

제너러티브 NFT는 다른 문화부족과 구분되는 기호체계의 성격을 가집니다. 커뮤니티의 세계관에 따라 그들만의 독특한 소통방식과 문화를 가지고 있죠. 국가의 경계에서 자유롭고 소셜미디어에 그들만의 영역을 점유하고 있고 메타버스로 진화한다면 디지털 영토에 새로운 문화부족을 세우는 셈이 됩니다.

제너러티브 NFT는 커뮤니티 입장권 역할을 합니다. PFP가 커뮤니티의 상징이자 심미적인 스타일을 표현하기에 '문화부족의 기호' 역할을 합니다. PFP는 캐릭터로 표현되기도 하는데 근래 인기 있는 PFP에는 주로 동물들이 등장하죠. 원숭이, 고릴라, 개, 고양이 등입니다. 개인 소셜미디어에 본인 소유의 PFP를 걸어둠으로써 내가 소속되어 있는 커뮤니티를 표현합니다. 일종의 문화부족을 상징하는 표식이 됩니다.

흥미로운 것은 이 표식 가운데에도 희귀한 아이템이거나 희소성을 지닌 것이 가치를 인정받습니다. 커뮤니티 내에서도 구분 짓기와 서열이 만들어지죠. 커뮤니티 내에서는 희귀템에 대한 발표가 있기 전까지 소유한 아이템의 가치에 대해 스토리를 만들어내고 소통하며 커뮤니티만의 문화를 즐깁니다. 민팅 후에 일종의 커뮤니티 놀이이자 소통이 시작됩니다.

NFT로 이루어지는 구분 짓기와 무리 짓기

피에르 부르디외Pierre Bourdieu는《구별짓기》에서 '아비투스habitus'를 통해 문화적 취향이 어떻게 사회적 지위를 부여하는지 설명합니다. 아비투스는 세상을 사는 방식과 태도입니다. 개인의 문화적 취향과 소비의 근간이 되는 성향을 의미하는데, 이는 사회적 지위를 나타냅니다. 부르디외는 은근하게 지위를 드러내는 것이 문화적 소양이며, 이는 상류층과 다른 계급을 구분하는 차별점이 된다고 언급했습니다.

디지털 생태계에서는 NFT의 등장으로 부를 직접적으로 드러내는 것보다 그것을 '알아볼 수 있는 사람들' 사이에서만 공유됩니다. 희귀한 아이템을 알아보고 얻을 수 있는 운 또한 능력입니다. 높은 가격보다 접근성의 정도가 차별화의 기호가 된 것입니다. 새로운 기술과 트렌드를 알아보는 능력, 쉽게 살 수 없는 것을 구할 수 있는 능력, 디지털 문화를 이해하는 능력이 새로운 문화부족을 탄생시켰습니다.

NFT 커뮤니티에도 희소성에 따라 지위가 나뉜다

앞서 이야기했던 것처럼 이 커뮤니티에 들어오고자 비자, 아디다스는 직접 크립토아트를 구매하고 커뮤니티의 일원으로서 참여해 BAYC 그룹과 컬레버레이션을 진행했습니다. 여기서 기업이 얻는 것은 힙한 브랜드 이미지와 커뮤니티 일원으로서 함께한다는 동류의식입니다.

비자는 선상 파티를 열고 크립토아트를 즐기는 사람들을 초대해서 커뮤니티와 함께 했습니다. 아디다스는 영리하게 크립토아트에 아디다스 가상자산을 입혔습니다. 다른 기업이 메타버스에서 PPL을 하거나 가상 아이템 출시, 가상 매장 오픈 등을 한 것과는 다른 방식입니다. 아디다스는 함께하고 싶은 잠재고객이 있는 커뮤니티에 찾아가 그 판에서 같이 어울리며 놀며 그들의 아이템 가치를 함께 키워낸 것이죠. BAYC와 브랜드가 새로운 형태의 콜라보를 선보이면서 가치를 창출한 것입니다.

비자, 아디다스가 벌인 이벤트는 이 커뮤니티 바깥에 있는 사람들이 안으로 들어오고 싶게끔 열망을 자극했습니다. 동시에 NFT 가치는 더욱 높아졌고요. 브랜드와 커뮤니티에 속한 홀더들이 함께 그 가치를 키워서 함께 나누는 구조가 만들어진 것입니다.

첫 민팅에서는 모두 동일한 가격으로 구매합니다. 초기 멤버십 비용은 모두에게 같은 조건으로 주어지는데, 이후 NFT 마켓 플레이스에서의 2차 거래에서 커뮤니티에 들어오고자 하는 사람들에 의해 가격이 형성됩니다. 이때 가격에 큰 영향을 미치는 것이 희귀도입니다. 제너러티브 아트는 컴퓨터의 조합에 의해 1만 개에서 3만 개 수준에서 발행되는데 여기서 어떤 조합을 가졌는지에 따라 희귀도가 결정되죠. 크립토펑크의 경우, 외계인을 소유하고 있는지, 좀비를 소유하고 있는지, 어떤 액세서리를 하고 있는지 등에 따라서 달라집니다. 특히 크립토아트 번호를 보면 언제 구매했는지 기록이 남기 때문에, 그 시기가 초기라면 크립토아트를 가진 수집가의 안목과 취향이 더욱 존중받게 되죠.

커뮤니티 내에서는 보유한 PFP의 희귀도에 따라 서열이 매겨지고 선망의 정도가 달라집니다. NFT 프로젝트별로 희귀도를 알려주는 전용 사이트까지 나왔을 정도입니다. 이 커뮤니티에 있는 사람만이 그 지위를 식별할 수 있고, 커뮤니티 외부에 있는 사람은 참여하고 싶은 열망을 가지게 되죠. 부르디외가 말했듯 현실 사회에서 작동하는 지위와 계급이 디지털 세계에서도 똑같이 나타난 셈입니다.

많이 복제될수록, 많이 전시될수록 높아지는 가치

NFT 마켓플레이스는 현실 세계를 투영합니다. 현실에서도 예술이 유일무이한 고유성, 희소성을 지녀야 작품으로서의 가치를 인정받습니다. 영국의 미술가이자 그래피티 아티스트 뱅크시Banksy는 "영원성을 가지게 되었다."라고 선언하고, 자신의 작품을 NFT로 발행한 후에 작품을 불태워버리는 상징적인 퍼포먼스를 했습니다. 현실의 진품이 디지털화되면서 새로운 가치를 지니게 된 것이죠.

물리적 공간의 작품을 디지털화하고 현실 작품은 불태움으로써, NFT 아트가 가진 속성을 그대로 보여준 퍼포먼스였습니다. 현실에서는 한정된 물리적인 공간에서만 내가 소유한 아트를 즐길 수 있었다면, NFT 아트는 언제, 어디서든 볼 수 있습니다. 소셜미디어를 통해 쉽게 공개할 수도 있고, 메타버스에서 전시도 가능합니다. 내가 소유한 아트의 가치를 극대화할 수 있죠.

여기서 핵심은 '가치'입니다. 현실 세계의 작품은 나 혼자만 소유할 수 있어 희소성의 가치가 있지만, NFT 아트에서는 얼마나 많은 사람이 이 작품을 복제했는가, 얼마나 많은 사람이 갤러리에 전시했는가, 어떤 사람들이 인정했는가, 즉 인정의 양과 질에서 그 가치의 힘이 나옵니다. 현실의 아트와 가치를 측정하는 기준이 다르죠. 물리적인 작품(아이템)은 많이 찍어낼수록 가격이 하락하지만, 디지털 세계에서는 많이 복제될수록 가치가 높아집니다. 예술이 본래 지니는 의미, 사람들이 삶에서 추구하는 아트의 본질이 구현된 것입니다.

웹3.0, 개인의 시대를 살아가는 사람들

Z는 자신의 재능과 창작능력을 활용해서 새로운 직업을 창출하며 디지털 생태계의 주인공이 되었습니다. 어려서부터 수익을 창출하고 팬덤을 경험했죠. 스마트폰이 이 모든 일을 가능하게 한 핵심 동력이자 도구입니다. 블록체인과 NFT를 기점으로 가상자산의 축적이 더해져 패러다임 전환기를 맞이하고 있습니다. 아직 정부의 규제와 해킹 우려 등 주류로 가기 위해서는 해결되어야 할 과제들이 많습니다.

그러나 블록체인을 일찍이 공부해왔고 암호화폐 투자를 경험했던 이들은 시행착오를 겪으며 다양한 실험을 하고 있습니다. 웹1.0과 웹2.0까지는 인터넷 환경과 기술이 만들어지고 그 바탕 위에 기업이 먼저 움직이고 시장이 열리며 사람들의 행동양식과 소비문화가 바뀌는 방식이었습니다. 웹1.0에서 웹2.0까지 오는 데 10여 년, 웹2.0에서 웹3.0 전환까지 10년이 넘게 걸렸습니다. 웹2.0이 추구했던 참여, 공유, 개방이라는 핵심가치는 진정한 의미로 본다면 지금에서야 구현되고 있습니다.

지금은 웹3.0으로의 대전환 과정에서 디지털 생태계에서 사람들이 사는 방식이 먼저 변화하고 있습니다. 디지털 네이티브가 생태계에서 가치를 창출하고, 웹3.0, DAO 철학을 커뮤니티에서 실험하면서 기술과 제도를 앞서나가고 있습니다. 이 에너지는 매우 독특합니다. NFT 프로젝트 창시자들은 로드맵을 제시하고, 커뮤니티를 먼저 형성한 후에 멤버들과 로드맵을 구현하는 과정과 방향에 대해 논의하며 투표로 의사결정을 합니다. 커뮤니티가 형성된 후에는 커뮤니티에서 프로젝트를 성공시키기 위해 함께 움직입니다. 아직은 시작단계에 있지만 커뮤니티에서 추구하는 가치, 아이디어와 기대가 기술과 개발 속도를 앞서나가고 있는 형국입니다. 웹3.0, DAO 커뮤니티를 새로운 문화부족으로 바라본 이유 중 하나입니다.

Z는 디지털 생태계의 원주민답게 NFT 아트의 창작자로서, 컬렉터로서, NFT 프로젝트의 창시자로서, 커뮤니티 참여자로서 이 흐름의 중심에 올라타 있습니다. 우리는 웹1.0, 웹2.0 웹3.0의 전환 과정을 경험했습니다. 미래 대전환은 디지털 네이티브인 Z세대가 주도하게 될 것입니다.

그럼에도 변하지 않는 것

Z의 스마트폰을 통해 디지털 생태계를 직접 관찰하고 목격한 결과, 하나로 모아진 가장 핵심이 되는 키워드는 개인이 크리에이터가 되면서 본격적인 '개인의 시대'가 열렸다는 것입니다. 크리에이터는 인플루언서와 구분되는 개념입니다. 시각예술, 디지털아트를 하는 아티스트뿐 아니라 지식콘텐츠 생산자, 음악가, 웹소설 작가, 유무형의 콘텐츠를 만드는 모든 창작자를 칭합니다.

개인이 하나의 독립된 경제주체로서 창작과 생산, 팬덤을 기반으로 한 소비를 모두 주도하게 되었습니다. 문명의 전환기에는 새로운 경제주체가 등장합니다. 자원의 핵심이 변화하기 때문입니다. 새로운 물결에서는 개인의 핵심자원이 노동이 아닌 창조성입니다. 그래서 개인의 지적 능력과 상상력이 더욱 중요해집니다. 예술, 문화, 과학, 기술, 경제 각 분야에서 개인은 창조성을 자본으로 전에 없던 새로운 직업Job을 창출하고, 새로운 혁신을 만들어낼 것입니다. 여러분이 속한 곳이 창조산업군이 아니더라도 창조적인 직업이 생겨날 수 있습니다. 이러한 변화가 의미하는 것이 뭘까요? 개인과 기업의 힘의 역학, 관계의 역학이 변화했다는 것입니다.

긴 이야기를 마무리하면서 여러분에게 드리고 싶은 질문은 2가지입니다. **여러분 조직의 (최고) 의사결정권자와 Z세대 사이에 '직접 소통'이 이루어지고 있나요? 여러분 회사의 대외 커뮤니케이션 실무자는 Z세대와 '진짜 대화'를 하고 있나요?**

위의 두 질문에 'Yes'라고 대답할 수 없다면 적신호가 켜진 겁니다. 최고 의사결정권을 가진 분들께서 변화의 거대한 물결을 피부로 직접 체감하지 못하면, 적확한 의사결정이 어렵습니다..

제가 드린 2가지 질문은 '진정성 있는 소통'에 대한 물음입니다. Z 직원이 다듬어지지 않은 질문을 스스럼없이, 자유롭게 말할 수 있는지, 조금 거칠더라도 다양한 생각들을 솔직하게 쏟아낼 수 있는지 돌아보시기 바랍니다. 그러한 환경이 만들어질 때 비로소 대화가 시작되니까요. Z를 대상으로 소셜미디어를 운영하고, 캐릭터를 활용한 마케팅을 하고, 메타버스를 열고, NFT 프로젝트에 뛰어드는 게 중요한 게 아닙니다. 진짜 대화, 진정성 있는 경청과 반영, 즉 '상호작용interaction'이 일어나고 있는가가 핵심입니다. Z를 그저 내 물건의 '소비자'로 보는 한, Z 역시 여러분 기업을 거래관계로만 여길 것입니다.

디지털 네이티브인 Z는 디지털 생태계에서의 생존력과 경쟁력이 가장 앞서 있는 세대입니다. 또 Z는 적극적인 메시지 발신자로서, 주체적 삶을 살고자 하는 에너지를 뿜어냅니다. 우리는 Z가 인간의 근본 욕구와 자율성을 지닌 고유한 주체임을 인정하고, 이들의 목소리를 경청하며 적극적으로 관여할 기회를 열어주어야 합니다. 세대 간의 이해와 존중, 헌신으로 진정한 소통이 이루어질 때, 개인·기업·사회 모두가 더 나은 미래로 나아갈 길이 열립니다.

이 책은 콘텐츠 서비스 폴인의 스토리북 'Z세대 스마트폰엔 뭐가 있을까'에서 시작되었습니다. 브랜드 기획자이자 마케터로서 새로운 세대를 타깃으로 사업을 기획하는 분들을 위해 쓰기 시작한 글이었는데, 예상과 달리 전 세대에 걸쳐 다양한 영역에서 강연요청을 받으며 Z세대에 대한 이해와 관심이 상당히 높음을 확인했습니다. 무엇보다 이 책의 주인공인 Z 친구들이 '바로 내 이야기'라는 공감과 함께 가장 열렬한 피드백을 보내주어 뜻밖의 보람을 느꼈습니다.

모든 것이 너무나 빠른 속도로 변해가지만, 그럼에도 변하지 않는 것이 있고, 그것에 관한 독자 여러분만의 유니크한 인사이트를 얻으셨길 바라며 글을 마칩니다.

감사의 글

가장 먼저 인터뷰에 응해준 Z 친구들에게 무한한 감사를 전합니다. 긴 시간을 내주어 자신들의 이야기를 진솔하게 들려주었기에 이 책이 나올 수 있었습니다. 그리고 비즈니스 현장에서 치열하게 Z 고객과 조응하는 서비스를 만들고 있는 10개 앱 관계자분들께도 감사의 말씀을 전합니다. 아이디어스 김동환 대표님, 블립 김홍기 대표님, 카카오 엔터테인먼트 류정혜 부사장님, 배틀그라운드 오세형 팀장님, 잼페이스 윤정하 대표님, 마이리얼트립 이동건 대표님, 프립 임수열 대표님, 스타일쉐어 정미리 PM님, 채티 최재현 대표님, 스푼라디오 최혁재 대표님(가나다 순)께 감사드립니다.

책에 나오는 10개 앱의 대표님들과의 인터뷰와 Z 친구들의 인터뷰는 폴인 스토리 'Z세대 스마트폰엔 뭐가 있을까'에 수록되었고 게재 당시 열독률 1위 완독률 1위 했습니다. 폴인 스토리 작업 당시에 방대한 인터뷰와 자료수집, 분석 등 전 과정을 함께 해준 크로스 IMC 오정석 이사님, 차승언 매니저에게 진심으로 감사합니다. 그리고 폴인의 라일락 에디터님, 1교를 가장 먼저 보고 제게 아낌없는 조언을 해준 동아사이언스 김수희 본부장님, 전 카카오 방지연 이사님께 감사드립니다. 설문과 심층 인터뷰에 참여해주신 연세대학교 언론홍보영상학부와 언론홍보대학원 석박사과정 학생 여러분들, 홍다예 조교께도 감사드립니다.

한 권의 책이 나오기까지 많은 분의 도움과 참여, 지지, 응원이 있었습니다. 소설 창작을 좋아하는 조카 규현이가 고모의 글쓰기에 각별한 관심을 가지고 물어봐주었기에 끝까지 완주할 수 있었습니다. 이 책을 집필하는 내내 알파세대인 두 조카 규현이와 서현이가 살아갈 미래를 그려보며 새로운 세상에서 잘 성장하기를 바라는 마음을 담았습니다. 이 책이 출간되길 누구보다 기다리신 저의 부모님 박원순, 조효봉 님께 감사의 마음을 전합니다.

Z의
스마트폰

2022년 7월 1일 초판 1쇄 | 2022년 9월 28일 4쇄 발행

지은이 박준영
펴낸이 박시형, 최세현

책임편집 조아라, 류지혜
마케팅 양봉호, 양근모, 권금숙, 이주형 **온라인마케팅** 신하은, 정문희, 현나래
디지털콘텐츠 김명래, 최은정, 김혜정 **해외기획** 우정민, 배혜림
경영지원 홍성택, 이진영, 임지윤, 김현우, 강신우
펴낸곳 ㈜쌤앤파커스 **출판신고** 2006년 9월 25일 제406-2006-000210호
주소 서울시 마포구 월드컵북로 396 누리꿈스퀘어 비즈니스타워 18층
전화 02-6712-9800 **팩스** 02-6712-9810 **이메일** info@smpk.kr

ⓒ 박준영 (저작권자와 맺은 특약에 따라 검인을 생략합니다)
ISBN 979-11-6534-530-3(03320)

쌤앤파커스(Sam&Parkers)는 독자 여러분의 책에 관한 아이디어와 원고 투고를 설레는 마음으로 기다리고 있습니다. 책으로 엮기를 원하는 아이디어가 있으신 분은 이메일 book@smpk.kr로 간단한 개요와 취지, 연락처 등을 보내주세요. 머뭇거리지 말고 문을 두드리세요. 길이 열립니다.